高等职业院校素质教育“十二五”规划教材

大学生
健康教育

袁涤繁 雷晓燕／主编　涂常青 王敬云／副主编
龚群英／主审

COLLEGE HEALTH
EDUCATION

人 民 邮 电 出 版 社
北 京

图书在版编目（CIP）数据

大学生健康教育 / 袁涤繁，雷晓燕主编. -- 北京 : 人民邮电出版社，2015.2（2016.7重印）
高等职业院校素质教育“十二五”规划教材
ISBN 978-7-115-38006-7

Ⅰ. ①大… Ⅱ. ①袁… ②雷… Ⅲ. ①大学生－健康教育－高等职业教育－教材 Ⅳ. ①G479

中国版本图书馆CIP数据核字(2015)第016883号

内 容 提 要

本书结合当前大学生的心理健康状况，简要介绍我国大学生的心理健康理论，并具体针对大学生的自我认知、健康的生活习惯、如何控制情绪、如何人际交往、如何恋爱和遇到疾病或者意外伤害如何自救等进行了讲述。书中既有理论阐述，又有大量拓展性的阅读材料和案例分析，还有心理测试与训练的操作环节，具有较强的可操作性和自我指导意义。本书不仅能帮助大学生解决实际生活中遇到的心理困惑，而且有利于促进大学生健康成长和全面发展。

本书不仅可以作为大学生心理健康教育与辅导方面的通识教育教材，也可以作为高校相关教职人员了解大学生的参考书，还可以作为青少年健康成长的指导手册和青年人提高自身心理素质的自学用书。

◆ 主　　编　袁涤繁　雷晓燕
　副 主 编　涂常青　王敬云
　主　　审　龚群英
　责任编辑　马小霞
　责任印制　张佳莹　焦志炜

◆ 人民邮电出版社出版发行　　北京市丰台区成寿寺路 11 号
　邮编　100164　　电子邮件　315@ptpress.com.cn
　网址　http://www.ptpress.com.cn
　大厂聚鑫印刷有限责任公司印刷

◆ 开本：787×1092　1/16
　印张：11.5　　　　2015 年 2 月第 1 版
　字数：280 千字　　2016 年 7 月河北第 3 次印刷

定价：29.80 元

读者服务热线：(010)81055256　印装质量热线：(010)81055316
反盗版热线：(010)81055315

前　言

党和政府历来十分重视大学生的健康教育工作。1990年4月25日经国务院批准，教育部和卫生部联合颁发的《学校卫生工作条例》中第八条明确规定：学校应当把健康教育纳入教学计划，学校应当开设健康教育选修课或者讲座，开展学生健康咨询活动。健康教育已引起高校领导和教育工作者的普遍重视。此后，国家教委办公厅颁发了《大学生健康教育基本要求（试行）》，使健康教育的内容和教学方法有了共同遵循的规范，促进了高校健康教育的发展。一些地方政府为进一步贯彻落实教育部和卫生部等部委文件精神，相继出台了大学生健康教育指导意见，例如，重庆市教委2007年10月22日印发了《重庆市大学生健康教育指导纲要》（渝教体卫艺〔2007〕26号）文件，该文件针对重庆市高校健康教育的开展与新时期的要求做了适当的扩充，既是重庆市大学生健康教育的指导性基本纲要文件，也是重庆市高校卫生工作和健康教育工作的评估内容之一，这对推动和指导高等学校的健康教育工作起到了积极的作用。

大学生健康教育作为高校教育的重要组成部分，旨在向大学生传授现代健康知识，增进大学生的卫生知识，使其进一步了解健康的价值和意义，增强维护自身健康的责任感和自觉性，提高自我保健和预防疾病的能力；帮助大学生自觉选择健康的行为和生活方式，消除或减少危险因素的影响，从而促进身心健康，改善生活质量，使之成为德、智、体全面发展的社会主义建设者和接班人。大学生健康教育是关系到提高中华民族素质的一项具有战略意义的重要工作。

虽然一些高校相继开设了大学生健康教育讲座或选修课，但应看到，大学生缺乏必要的健康知识，对不良生活方式（最突出的是网瘾、吸烟、酗酒、膳食结构不合理、缺少体育运动、心理应激差等行为）习以为常，甚至随地吐痰、乱扔垃圾等不良卫生习惯到处可见。大学生正处于青春发育后期，又是一个特殊的青年群体，他们的健康意识、心理素质、卫生习惯、行为生活方式和自我保健能力，对个人的健康乃至整个人生的生活质量至关重要。大学生是知识层次较高的群体，开展健康教育具有一定的优势，将来可以成为健康教育的传播者和指导者。大学生又是未来各行各业的骨干或决策者，他们的健康素质将影响到环境保护、道德行为等社会的各个方面，这对国家的发展和提高整个中华民族的健康素质将会产生深远的不可估量的影响。因而，在高校中开展健康教育具有更为重要的意义。

本教材根据教育部颁发的《大学生健康教育基本要求（试行）》和重庆市教委颁发的《重庆市大学生健康教育指导纲要》等文件精神进行编写。同时结合高校当前

前　言

开展健康教育的实际状况，考虑到健康教育的发展趋势和现时需要，以传授健康知识、重点阐述心理健康教育内容、建立良好生活方式、善于调整自我情绪和压力管理等为核心内容，强调系统性、实用性和可读性。大学生具有较高的文化素质，健康教育内容要有一定深度，还考虑到除部分内容可能在课堂由教师讲授外，多数是学生自学，因而尽量选用了适合大学生阅读的有关资料，力求对大学生当前的学习、生活及未来工作具有实际指导意义，体现“学以致用”的原则。

本书由龚群英主审，袁涤繁、雷晓燕担任主编，涂常青、王敬云担任副主编。第1～2章由雷晓燕编写，第3章由张博萍编写，第4章、第7章由孟雁鹏编写，第5～6章由黄利平编写，第8章由涂常青、崔接友编写，第9章由涂常青编写，第10～11章由袁涤繁编写，全书由袁涤繁统稿。另外，本书的编写工作得到了重庆建筑工程职业学院学院领导、学工部、公教部等部门的大力支持，也得到了重钢总医院主治医师李伶的悉心指导，在此一并表示衷心的感谢！在编写过程中，我们参考、引用了有关文献资料，也采用了一些包括百度、360搜索等网上资料，由于网上资料难以一一追本溯源，在此向相关网站和原著的专家学者表示深深的谢意！

由于编写时间仓促和限于水平，而且参加编写人员较多，故本书在内容整体性和文笔风格方面，难免有不足之处，敬请广大师生、专家及家长在使用过程中给予批评指正。

编　者

2014年12月

目　录

目 录

目　录

目 录

第一章

大学生心理健康教育

随着社会发展，人们对心理健康越来越重视，且将它包含于整个人体健康之内。世界卫生组织（WHO）就把“健康”认定为：不但没有身体的欠缺和疾病，还要有完整的生理、心理状态和社会适应能力。换言之，健康包括三层含义：无身体疾患、无心理疾患及具有良好的社会适应能力。

高校作为培养高素质人才的基地，大学生的心理健康状况对大学生学习能力、思想政治素质的提高以及人生价值的实现等，有着至关重要的作用。高度重视大学生心理素质教育，根据大学生的心理发展状态，有针对性地开展教育，切实做好高素质人才的培养工作，为国家未来的建设奠定坚实的、健全的人才基础，是一项重要课题。

什么是真正的健康？怎样才能拥有美好人才？对大学生活的憧憬与大学生活的显示间的差异，或将让大学生在完成学习的同时经历一次重大的生命的成长。

第一节　心理健康的标准与评估

一、心理健康标准

世界卫生组织（WHO）提出，健康是一种生理、心理与社会适应都趋于完满的状态，而不仅是没有疾病和虚弱的状态。健康是生理健康与心理健康的统一，二者是相互联系，密不可分的。当生理产生疾病时，其心理也必然受到影响，会导致情绪低落，烦躁不安，容易发怒，从而导致心理不适；同样那些长期心情抑郁、精神负担重、焦虑的人易产生身体不适。因此，健全的心理有赖于健康的身体，而健康的身体有赖于健全的心理。在实践中，我们认为，大学生心理健康应从以下几个方面进行把握：

一是智力正常。这是大学生学习、生活与工作的基本心理条件，也是适应周围环境变化所必需的心理保证，因此衡量智力是否正常时，关键在于个体是否正常地、充分地发挥了效能，即是否有强烈的求知欲，是否乐于学习，能否积极参与学习活动。

二是情绪健康。其标志是情绪稳定和心情愉快。包括的内容有：愉快情绪多于负性情绪，乐观开朗，富有朝气，对生活充满希望；情绪较稳定，善于控制与调节自己的情绪，既能克制又能合理宣泄；情绪反应与环境相适应。

三是意志健全。意志是人在完成一种有目的的活动时，所进行的选择、决定与执行的心理过程。意志健全者在行动的自觉性、果断性、顽强性和自制力等方面都表现出较高的水平。意志健全的大学生在各种活动中都有自觉的目的性，能适时地做出决定并运用切实有准备的方式解决所遇到的问题，在困难和挫折面前，能采取合理的反应方式，能在行动中控制情绪并言而有行，而不是行动盲目、畏惧困难，顽固执拗。

四是人格完整。人格指的是个体比较稳定的心理特征的总和。人格完善就是指有健全统一的人格，即个人的所想、所说、所做都是协调一致的。一是人格结构的各要素完整统一；二是具有正确的自我意识，不产生自我同一性混乱，以积极进取的人生观作为人格的核心，并以此为中心把自己的需要、目标和行动统一起来。

五是自我评价正确。正确的自我评价乃是大学生心理健康的重要条件。大学生通过自我观察、自我认定、自我判断和自我评价，做到自知，恰如其分地认识自己，摆正自己的位置，既不因自己在某些方面高于别人而自傲，也不因某些方面低于别人而自惭，能够自我悦纳，喜欢自己，接受自己，自尊、自强、自制、自爱适度，正视现实，积极进取。

六是人际关系和谐。良好而深厚的人际关系，是事业成功与生活幸福的前提。其表现为：乐于与人交往，既有广泛而深厚的人际关系，又有知心朋友；在交往中保持独立而完整的人格，有自知之明，不卑不亢；能客观评价别人和自己，善取人之长补己之短，宽以待人，乐于助人，积极的交往态度多于消极态度，交往动机端正。

七是社会适应正常。个体与客观现实环境保持良好的秩序。通过客观观察以取得正确认识，以有效的办法应对环境中的各种困难，不退缩，还要根据环境的特点和自我意识的情况努力进行协调，改变环境适应个体需要或改造自我适应环境。

八是心理行为符合大学生的年龄特征。大学生是处于特定年龄阶段的特殊群体，大学生应具有与年龄和角色相应的心理行为特征。

二、心理健康的评估方法

心理健康状况和心理障碍的评估和诊断，必须以严谨的态度和科学的方法进行。需要依据心理健康标准，综合运用会谈法、观察法、心理测验法、医学检查法进行。

（一）会谈法

会谈法是指咨询者通过与来访者谈话来了解其心理健康状况，达到评估其心理健康状况之目的的一种方法。因此，这种会谈也叫作诊断性会谈。众所周知，心理障碍的许多症状是以来访者的主观体验为主要表现的，如来访者的感知觉、思想活动、情感体验及对疾病的认识等，只有通过谈话才能觉察到它们的存在并了解其内容，所以，会谈法是评估和诊断心理健康状况的一种重要方法。

（二）观察法

很多心理障碍有其外部表现的特征，如焦虑症者坐立不安和愁眉不展；精神分裂症患者常有多种怪异行为、情感淡漠和行为与外界环境不协调等。观察法就是通过有目的、有计划地观察来访者的外部表现，如动作、姿态、表情、言语、态度和睡眠等，来评估和判断其心理健康状况。

（三）心理测验法

所谓心理测验法就是用一些经过选择加以组织的可以反映出人们一定心理活动特点的刺激（如一些日常生活中的事件），让受试者对此做出反应（如回答问题），并将这些反应情况数量化以确定一个人心理活动状况的心理学技术。这些刺激叫作测验材料，使受试者做出反应的过程便是进行测验，所采用的比较标准叫常模。常模要经过在广泛有代表性的人群中大量取样后提炼获得，这一过程也叫作测验的标准化。心理测验的种类繁多，数以千计，比较常用的也有三百多种，我国目前较为常用的量表，大多数都是根据国外量表修订而成的。

按测验的目的不同心理测验可分为智力测验、人格测验、能力倾向测验、神经心理测验等；按测验材料的性质可分为文字测验和非文字测验；按测验的方式可分为个体测验和团体测验；按测验材料的意义肯定与否和回答有无意义限制，心理测验可分为投射测验和非投射测验。

常用人格测验量表包括：EPQ，16PF，MMPI，CPI；常用投射测验：罗夏测验和主题统觉测验。

在心理健康状态评估过程中，常需对个体或群体的心理现象进行观察，并对观察结果用数量化方式进行评估和解释，这一过程称为评定，评定要按照标准化程序来进行，这样的程序便是量表测量法。量表测量法可视为心理测验的一种特殊形式，它是心理健康评估的最常用方法。

评定量表按操作主体的不同可分为自评量表和他评量表：（1）自评量表：填表人为受试者自己，受试者对照量表的各个项目选择符合自己情况的答案，并作出程度判断。如症状自评量表（SCL-90）；（2）他评量表：量表填表人为评定者，一般由专业人员担任。评定者既可根据自己的观察，也可询问知情者的意见，或者综合这两方面的情况来对受评者加以评定。如哈密尔顿抑郁量表（HAMD）。这种方法适用于文化程度低者、盲人、老年人等。

评定量表按量的表达内容的不同可分为：（1）心理卫生综合评定量表；（2）生活质量和幸福度评定量表；（3）家庭功能与家庭关系评定量表；（4）人际关系与态度评定量表；（5）抑郁评定量表；（6）焦虑评定量表；（7）孤独评定量表；（8）自尊与自信评定量表；（9）心理控制源评定；等等。这些量表都可以从不同角度评价人的心理健康。

（四）医学检查法

人的身心是相互作用的，有些心理障碍是大脑器质性改变和躯体障碍的结果，医学检查可以发现相应的异常变化，根据临床症状、体征和辅助检查结果（如脑电图、脑血流图、头部 X 线、CT 检查等）可判断其心理障碍的原因。常见引起精神症状的躯体疾病有颅内感染、癫痫、脑血管病、阿尔采莫氏病、颅脑损伤、颅脑肿瘤。

第二节　大学生心理活动特点

一、大学生的生理心理特点

（一）年龄特点

在人的发展过程中，不同年龄阶段有着不同的心理特征。儿童与成人是不一样的，青年与老年也不相同。一般来说，人的一生可大致分为童年期、青年期、成年期、老年期。其中，青年期是指由儿童向成人转变的过渡期、成熟期。青年期又可细分为青年初期（15、16~18、19 岁）、青年中期（18、19~23、24 岁）、青年晚期（23、24~28 岁）。在我国，绝大多数大学生是处于青年中期这一年龄阶段的。在这个阶段，个体的生理发育接近成熟，已具备了成年人的体格及种种生理功能，而其心理尚未成熟。可以说，青年中期，是人走向成熟的关键期。人的成熟，应具备三个基本条件：

（1）身体的长成。以个体生理成熟为标志，尤其是以性成熟为重要指标。大学生一般都已具备这种条件。

（2）心理发展完善。即形成了完善的自我意识，形成了稳定的个性。

（3）社会化程度的提高。以人的社会成熟为标志，即个体对自己在社会中扮演的角色及所担负的社会责任有正确的认识。

在这三个条件中，身体成熟是心理成熟的物质基础和依据，社会成熟即社会化是心理成熟的必要条件，而社会化程度的提高，取决于个体的社会实践活动。由于大学生在校学习时间长，与社会生活有着某种程度的隔离。他们身在校园，对真正的社会生活并没有直接的深刻了解，他们的社会实践活动比较表面和肤浅。因而，大学生的社会成熟期较长，在整个大学时代，他们都要为这种社会成熟的完成付出努力。对大学生而言，所面临的一个重要任务就是促使心理日益成熟，以便成为一个心理健康的成年人。

（二）自我意识的增强与认知能力发展的不协调

自我意识是指人对自身的认识及对周围事物关系的各种体验。它是认识、情感、意志的综合体，是人心理发展过程中一个极为重要的方面。

自我意识，从童年期就开始产生并逐步发展，青少年时期是自我意识发展最快的时期，它使人心理的各个方面都发生着深刻而广泛的变化。它使一个人能反省自身，有明确的自我存在感，从而以一个独立的个体来看待周围世界，它使人的心理内容得到极大的扩展与丰富。

自我意识的发展不仅与年龄有关，而且与人的知识水平有关。一个人的文化素质越高，其自我意识可能就越强。从这两点来看，大学时代是真正自我认识的时期。大学生所处的年龄阶段及所具备的文化水准，决定了他们不再像中学生那样眼光向外，对外界事物感兴趣，急于去了解世界，把握外部环境，急于显示自己的独立，想做环境的主人，而是眼光向内，注重对自己进行体察和分析，把自我分化为主体的我和客体的我、理想的我和现实的我，注重内省，注重探求自己微妙的内心世界，力图理解自己的情感、心理变化，自觉地从各方面了解自己，塑造自己的形象，设计自我的模式。大学校园这种特殊的环境，又是十分强调独立、注重自我确立的地方，允许大学生在较大程度上按自己的方式安排自己的生活，有一种宽容的自由的氛围；同时，由于大学生所处的独特的社会层次以及具有较高的文化素质，他们对社会上的事有着自己的见解，他们看问题的视野可能较一般人有所不同，有一种以天下为己任的心愿和抱负。一方面他们关心社会发展，这种关心是抛开切身利益，从大视角来进行的，注重的是整个社会的提高与进步。他们热衷于融入社会，对社会舆论愿意进行独立思考，然而另一方面，由于生活阅历有限，与社会有一定的距离，社会实践能力不强，他们在谈论、评价、思考社会问题时，往往带上幻想的色彩，不能十分切合实际。他们对事物的认识，表现出一定程度的片面和幼稚，还不能深入、准确、全面地认识问题。这种不足，与他们极强的自我意识不相协调，这种不协调可能会一直困扰着他们。这是大学生十分重要的一个心理特点。

（三）情感丰富而不稳定

有人说，人实际上生活在自己的情感世界中。如果把这句话理解为人是以自己的主观态度去体验客观世界，从而使任何事物都有一种情绪色彩的话，这种说法是有一定道理的。大学生是一群正在成长的青年，是一个极其敏感的群体，其内心体验极其细腻微妙。他们对与自身有关的事物往往体察得细致入微。随着文化层次的提高、生活空间的扩大，他们的思维空间急剧延伸，必然导致其情感越来越丰富而深刻。

人的情绪、情感是与其需要和价值观相联系的。由于大学生的心理需求发生变化，追求有其独特性，价值观念尚不稳定，时常处于波动、迷惘、抉择之中，其心理成熟又落后于生理成熟，因而大学生的情感是不稳定的。情绪变化起伏较大，易受周围环境变化的影响，心境变化快。学业、生活、人际关系等都会引起情绪的波动，容易偏激、冲动。情绪冲突也比较多。

（四）性意识的发展

性意识是个体心理发展极为重要的一个方面。对青年来说，性意识更是影响心理健康的重要方面。大学生正处于青年中期，生理发育基本完成，所以性意识的明朗化与进一步发展都是正常的。又由于大学校园是年轻人的世界，每个大学生都有充分的机会与同龄异性接触，因而性意识的发展以及与之相伴而来的恋爱问题是大学生心理发展过程中的一个重要内容。一方面，每个大学生都会在心里产生一种愿望，即成为什么样的男子、女子；另一方面，性意识的发展也带来了对异性的倾慕与追求，这是每一个青春萌动的大学生都会遭遇的。而这种愿望，是与大学生不善于处理异性之间的关系、不独立的经济地位及心理上还不足以应付这种问题相矛盾的，从而带来种种烦恼和不安。这是大学生成长过程中的一个敏感问题，也是大学生十分突出的心理特点之一。

（五）智力发展达到高峰

青年时代，由于大脑已充分发育成熟，因而智力也发展到高峰。大学生一般思维敏捷，接受力强，通过专业训练、系统学习，抽象逻辑思维能力得到充分的发展，智力水平大大提高，分析问题解决问题的能力增强，其智力层次含有较多的社会性和理论色彩，这一显著特点，使大学生心理活动的内容得到极大丰富。

（六）社会需求迫切

为了接受系统严格的专业训练，大学生在校园里的生活期限比同龄人长，这使得他们与社会有一定的距离。也正因如此，他们渴望加入社会的愿望更为迫切。在校园里，他们关注社会，评判各种社会现象，并希望自己能加入进去，按照自己的想法去改变各种令人不满的现象，把自己的专业知识服务于社会，体现自己的力量，实现自身的价值。这种迫切的社会需求与大学生正在形成的价值观相互作用，是他们将来走向社会重要的心理依据。这一心理特点支配、决定着大学生的学习态度，从而对大学时代的生活质量产生重要的影响。

二、大学生心理发展阶段

（一）适应准备阶段

新生步入大学，从高考成功的喜悦中冷静下来，首先面临的就是从中学生活到大学生活的急剧转折。生活环境的变迁，人际关系的变化，学习方式的改变，等等，都可能使他们感到不适应，整个身心处于动荡不安之中。原有的、习惯化了的心理结构被一下子破坏，心理平衡被扰乱，周围全是陌生的面孔和事物。在陌生的环境中，需要逐步开始新的生活；在克服各种不适应的同时，力图建立新的心理结构，以达到新的心理平衡，从而开始真正的大学生活。大学新生对大学生活从不适应到适应的过程，称为适应准备阶段。

适应准备阶段是整个大学时代的困难期，很多问题解决不好，会影响到以后几年大学生活乃至毕业之后的生活。适应准备阶段持续时间的长短因人而异，这与个人适应能力的强弱有关。对多数学生来说，需要一个学期左右就可以度过这个阶段了。

（二）稳定发展阶段

这一阶段是大学生活全面深化和发展的时期。入学时的不适应已基本消除，新的心理平衡已初步建立起来，各方面的关系已趋于熟悉、稳定，新的生活秩序开始形成，大学生活进入相对稳定的阶段。这一阶段是大学生活最主要、最持久的阶段，将一直延续到大学毕业前夕，一般有两三年的时间。

在这一看似平静的阶段，大学生会遇到许多新问题、新现象，要求大学生做出抉择和回答。大学生极强的可塑性在这一阶段得到充分展示，每个人都按自身独特的方式塑造着自己。他们可能会遇到许多锻炼提高自己的机遇，可能会有克服困难取得成功的欣喜，也可能会遇到困惑、苦恼，这正是大学生的成长过程，大学教育的主要目标将在此期间完成。

（三）走向成熟阶段

这个阶段是大学生从学生生活向职业生活过渡的阶段。又一次面对环境变迁、角色变化，大学生心理上将又起波澜。不过，此时的大学生已接受了严格的专业训练和独特的校园生活的陶冶，自主感较强，自我意识也有了很大的提高，对未来的生活道路产生种种设想。这些设想多数可能与现实有一定距离。大学生在此阶段必须开始做走向社会的心理准备。进一步深入地了解社会，把握好自己在生活中的位置，是所有大学生面临的任务。何去何从，如何处理与恋人的关系，等等，使大多数大学生感到茫然，心理冲突很多。这个阶段往往是对大学生各方面素质进行综合考验的阶段，同时又是进一步促进大学生心理成熟的阶段。

三、大学生所面临的心理冲突

从大学生的心理特点可以看出，大学生的心理发展正在迅速走向成熟，而又未达到真正的成熟，既存在积极面，又存在消极面。因而在心理发展过程中，矛盾和冲突是在所难免的。正是在解决这些矛盾、冲突的过程中，大学生的心理才进一步成熟起来的。大学生所面临的心理冲突主要有以下几种类型。

（一）独立性与依赖性的冲突

随着自我意识的增强，特别是离开家庭进入了拥有一定社会氛围的大学校园之后，大学生的成人感迅速增强。他们渴望走向独立生活，强烈要求社会承认他们的成人资格，自信心、自尊心、独立意识都有很大提高。同时，大学校园的环境也比他们以往的生活环境赋予个人更多的独立与自由空间。然而由于各种主客观因素的限制，大学生往往有要求独立的想法而没有独立的现实。他们尚无法完全依靠自己的力量来处理好一系列复杂的实际问题，仍处于一靠家庭、二靠学校的状况。这种状况的产生主要是他们经济上的非独立性造成的。同时，我国的文化传统也习惯于给尚未独立工作的大学生以周全的呵护。因此，在大学生身上，一方面有着强烈的独立意识；另一方面又有着显著的依赖行为。这种依赖性与迅速发展的独立性之间，产生了一种现实的矛盾冲突。

（二）理想性与现实性的冲突

每一个成长着的年轻人都会有自己的理想。大学生由于文化层次较高，其悟性和智能都是同龄人中的佼佼者，较之一般年轻人，更富有理想性。然而，理想与现实是有距离的，当理想受挫，不能转化为现实时，必然产生强烈的心理冲突。大学生们跨入大学校门之前都是各地的学习尖子，成长过程比较顺利，因此容易为自己设立较高的理想。而进入大学后，可能会发现现实并非如此，对大学生而言，最常困扰他们的是理想我与现实我、理想社会与现实社会之间所产生的矛盾。由于社会经验的缺乏，自我评价能力的不足，他们往往会发现现实远非自己所想象的、所追求的那样完美，自己也远非想象的那样出色。由此可能引发许多心理上、情感上的苦恼。具体而言，理想与现实的冲突主要表现在以下三个方面：

（1）在学习上对自己成绩的期望与自己的实际情况的冲突，这种冲突在大学生中是相当普遍的。

（2）在职业选择方面，理想与现实的冲突可能更严峻、更突出。如果这种冲突得不到妥善解决，对个体的影响将是长期的。它不仅对大学生的心理健康有害，而且会对其社会适应和事业产生不良影响。

（3）理想与现实的冲突还表现为对自己的行为过分苛求，即个体所追求的“理想”是常人难以达到的，因而个体常常会因为自己的行为达不到要求而感到内疚。这种过分苛求的理想与现实之间的尖锐冲突，往往会使个体陷入极大的困境中。

应该看到，大学生感受到一定程度的现实与理想之间的差距，这种现象是健康的、正常的。现实与理想的差距虽然给大学生带来苦恼和心理冲突，但也正是这种差距，才能唤起他们自我奋进的精神。

（三）心理闭锁与寻求理解的冲突

大学时代，是个既渴望友情又追求孤独的时代。一方面，由于自我意识的发展，大学生常常对自己的内心世界进行细致而全面的探索、反省，希望有一方完全属于自己的自由空间，这是青年期最显著的心理特征之一。这种心理闭锁与真正的自我确立有着一定的关系。另一方面，大学生又害怕孤独，希望自己的情感有一个宣泄的对象，希望自己有一个可以共鸣的知己。这种心理特征上的二重性，使大学生的情感生活更为复杂。

（四）性成熟与性心理的冲突

大学生就其生理和心理发展过程而言，已进入了性生理成熟和性心理趋向成熟的阶段。但是，由于大学生是一个十分特殊的群体，他们在校学习时间的延长导致了他们社会化过程的滞后。在经济上尚未独立，还生活在半社会化的校园中，同时还有比较艰巨的专业学习与专业训练的任务，他们的未来还有许多不确定因素，这一切导致了他们的性心理的成熟落后于性生理的成熟，使得他们处于早熟与晚自立的峡谷之中，由此而产生种种与性心理有关的心理冲突。大学生对这类冲突往往敏感而多焦虑，这对其心理发展与成熟有着重要的影响。

（五）情绪冲突

情绪冲突是大学生心理冲突的最重要的表现形式，上述几种冲突都可表现为情绪冲突。从生理角度看，青春期高级神经系统的兴奋与抑制活动尚不平衡，往往兴奋活动占有优势。从心理角度看，进入大学后，社会角色的变更引起了诸多的心理矛盾，而大学生的社会经验及认识水平尚未达到真正能独立、正确地调节自身行为的程度，这就使得他们独立支配自己行为的强烈要求与其行为的结果相悖，从而使内心产生痛苦和不安。从社会角度看，当前社会的变革也对大学生的情绪有很大影响。在各种社会价值取向面前，大学生可能会对自己以往的价值观产生怀疑，从而导致迷茫和消沉。同时，青年期的情绪又是极为丰富而不稳定的，因而各种矛盾冲突都可能在情绪冲突中得到多种多样的反映。

除了上述几种心理冲突之外，大学生求知欲强而鉴别力相对弱，也构成了一种心理冲突，并主要反映在学习心理上。总之，大学时代是心理断乳的关键期。心理断乳，意味着个人离开父母家庭的监护，彻底切断个人与父母家庭在心理上联系的“脐带”，摆脱对成人的依赖，成为独立的个体，建立自己独立的心理世界。在这一过程中，种种矛盾冲突交织在一起，成为大学生应认真对待的重要课题。如果处理不当，就可能加剧心理矛盾与冲突，导致心理障碍。

第三节　大学生常见心理问题及预防

大学生正处于青年中期或晚期，心理已基本成熟。他们大多数人的心理是健康的，心境开朗，具有统一而稳定的人格，能客观地认识自我，有效地工作及学习，友善而和谐地处理人际关系，与周围社会环境协调一致。但是，由于社会环境快速变化和主观原因等，部分大学生产生了诸多心理压力，面对学习、生活、择业等，出现了种种不适应。其中，一部分人出现心理障碍，不能正确而有效地处理学习、恋爱及人际关系等问题；个别同学甚至走上了犯罪道路，严重的还产生了轻生念头，出现严重的心理疾病。

一、常见心理问题的一般特征

心理疲劳。心理疲劳主要表现为，经过紧张的压力事件后，感到心慌、心绪不宁，对事物有一种无力应付的感觉。心理疲劳是一种常见的心理现象，一般来讲，在紧张事件消除以后，经过一段时间的休息或心理调节，就能康复。

一般性焦虑。焦虑是个体对不确定事件的防御性的身心反映，表现为无明确对象和固定内容的紧张不安、忧心忡忡。一般性焦虑是情境性、暂时的，常会随着事件的结束而消除。但是，如果不确定事件持续性作用，而个体不能及时调适，个体就会出现心理障碍。

一般性抑郁。主要表现为在遭受心理挫折以后，觉得干什么都没有意思，无精打采，疲乏无力，情绪消沉，有一种悲观厌世的感觉。

自我关注。在心理正常的情况下，人们关注的是他周围的世界，对外界有无穷无尽的兴趣。出现心理问题的时候，人关注的是自己，是自己的心理问题如何才能解决，自己为什么就遇到这样的问题……并对此感到困惑，但又找不到答案，因而感到非常痛苦。

心理固着。心理固着指个体在相当一段时期内为某种想法所困扰，不知如何处理，又无法排解的心理现象。在心理正常的情况下，人的心理活动的中心是不断变化的，即会随着情景的变化而思考不同的问题，但在出现心理问题的时候则表现为，在不同的情景中往往总是在思考同一个消极的问题，产生消极的心理体验。例如，遇到挫折后就反复想，我为什么会遇到这样的问题，出现这样的问题就完了，等等。

二、常见心理问题的类型

（一）适应问题

人们在日常生活中经常要面对新的情况，扮演新的角色，执行新的任务，适应新的环境。适应新的角色、任务和环境的过程，会带来许多心理问题。包括新生入校后的心理适应、在校期间角色变化的心理适应、日常行为习惯的心理适应、任务转化中的心理适应、对社会环境的心理适应、毕业时的心理适应等问题。其中以新生入学后一周到两个月之间，心理的不适应表现得最为集中、最为明显。

（二）自我意识问题

在青年的自我发展过程中，既存在着自我认识、评价与实际情况之间的差距，同时又存在着理想自我与现实自我的差距。这不仅反映了青年对理想自我的追求和对自尊、自强的渴望，同时也预示了他们将经历很多的困难和挫折。心理学研究结果表明，理想自我与现实自我之间的过分失调往往是产生青年心理问题的重要原因。如何协调理想自我与现实自我的差距，以及如何正确看待自己，将是青年面临的一个非常重要的课题。青年的自我意识问题主要表现为以下相互矛盾的倾向：过度的自我接受与过度的自我拒绝；过强的自尊心与过度的自卑感；自我中心与从众心理；过分的独立意识与过分的逆反心理。其中，最有代表性的是自卑心理。

（三）人际关系问题

人际交往以及交往基础上建立起来的人际关系不仅直接影响着青年的学习和生活，而且直接影响了他们的心理健康。因为人类的适应，最主要的是人际关系的适应，人类的心理障碍主要是由人际关系失调而引发的。良好的人际关系使人获得安全感和归属感，得到支持与理解，给人精神上的愉悦和满足，促进心理健康；不良的人际关系使人感到压抑和紧张，承受孤独与寂寞，身心健康就会受影响，从而产生心理障碍。

（四）学习心理问题

学习是大学生的主要任务，也是大学生活中的主要内容。如何能完满地完成大学期间的学习任务，掌握扎实系统的专业知识，这是每一个大学生都希望实现的愿望。但在现实生活中，几乎所有的学生都或多或少地受到过来自学习问题的困扰。有的学生缺乏学习动机，总觉得对学习提不起劲来，对学习没有兴趣，拖拉、散漫；有的学生在学习中缺乏自信，总觉得自己不如别人，认定自己不是读书的料；有的学生意志薄弱，制订了学习计划却总也不能执行，或者一次没考好就灰心丧气、一蹶不振。此外，缺乏正确的学习方式、方法也是一个重要问题，有的学生花了大量的时间在学习上成绩却并不理想；还有一些同学出现记忆力减退、注意力不能集中，考试时容易过分焦虑等问题，这些都是大学生经常遇到的学习上的困扰。

（五）性问题

青年常见性问题包括性意识困扰、性行为心理困扰、异性恐惧等。常见的性意识困扰有被异性吸引、常想到性问题、性幻想及性梦等表现。其中，“常想到性问题”是指在遇到有吸引力的异性时想到与对方有关的性意念、裸体表象、性感部位及体验到自身性冲动等，或是在阅读与性有关的书刊时，产生对性的臆想等；“性幻想”通常表现为在某特定因素诱导下，“自编”“自导”“自演”与异性交往内容有关的联想。性幻想可导致生理上的性兴奋、性器官充血，也可偶尔出现性高潮；“性梦”，是进入青春期以后在梦中出现与性内容有关的梦境，一般认为与性激素达到一定水平和睡眠中性器官受内外刺激及潜意识的性本能活动有关。性梦中可以伴有男性遗精、女性性兴奋等。以上三种情况是性冲动的间接发泄形式，属于正常的心理、生理现象。但由于认识的偏差，常常造成青年的性意识困扰，出现不同程度的心理冲突，表现为焦虑、厌恶及内心不安、恐惧、自责等，严重的可出现失眠、注意力不集中、情绪抑郁、不愿与人（尤其是异性）交往，并常陷入焦虑、矛盾、困惑和苦闷之中，从而会影响其日常工作和生活，甚至会干扰自我的正常发展。

性行为心理困扰。从性生理发育的角度讲，随着性生理成熟，在性本能的驱动下，青少年会发生某种性行为。然而由于种种原因，这些性行为活动在事发当时或事隔多年之后，对一部分个体构成了心理困扰，并给其带来了不良的影响。手淫，是构成青年心理困扰的重要方面之一，其中，对手淫行为的生理和道德评价的误区是其主要原因。据调查，手淫后产生焦虑不安情绪的男性占 40.0%，女性占 51.4%。对手淫持否定评价，认为是“恶习”“坏毛病”，属“有害行为”的男性占 31.8%，女性占 39.0%。

异性恐惧。异性恐惧者一方面在异性面前感到异常的紧张和恐惧，另一方面，他们又有与异性接近的强烈愿望，这种愿望有的是鲜明地存在于意识之中，有的是以内驱力的形式埋藏于潜意识里，由此带来的心理冲突伴有严重的焦虑情绪，有的甚至出现异性关系妄想等心理症状。异性恐惧主要表现为：在异性面前的赤面恐惧（面红耳赤）、视线恐惧（目光紧张、竭力回避目光接触）和面部表情恐惧（面部肌肉紧张、表现不自然）。

（六）心理危机

心理危机主要是指自杀的意念和行为。自杀是主体自主采取各种手段以结束自己生命的行为，它既可见于正常人，也可见于精神病人和有人格障碍的人，他们在病理性激情、幻觉和妄想状态下都可出现自杀行为。目前心理学界将自杀分为两大类：第一类为冲动型自杀，也称情绪型自杀，常常因爆发性激情引起，是在有明显偶然事件所引起的激情、悔恨、内疚、羞愧等情绪失控状态下的冲动行为，这种类型的自杀进程比较快，具有突发性。第二类是理智型自杀。与冲动型自杀不同，它是在经过长期的自我评价和体验，进行了充分的推理和判断之后，逐渐萌发自杀意念，并有目的有计划地进行自杀的准备后而采取的自杀行为，这种类型的自杀进程较慢，发展期长，在自杀发展过程中有比较复杂的心理表现。

在自杀过程中，自杀者常常表现出明显的抑郁情绪，估计约有一半以上的自杀者都有明显的抑郁症候群或处在严重的抑郁状态。因此，抑郁情绪被认为是评定自杀危险性的重要指标之一。此外，失望、绝望的心理也是一般自杀者的普遍表现。美国临床心理学家贝克（A.Beck）对 384 例自杀未遂者的研究表明，他们在一般期望量表上的分数很高。贝克认为，失望与自杀意图的联系比抑郁更重要，他们常常歪曲其自身的体验，只预期最暗淡、最悲观的后果。这种失望的态度往往带来无助感，最后发展成绝望。

三、大学生心理问题产生的成因分析

（一）早期经验与家庭环境

许多心理学家都相信，个体的早期经验对其心理的发展起着十分重要的作用，而早期经验又与个体的家庭教育和生长环境密切相关。研究表明，那些在单调、贫乏环境中成长的婴儿，其心理发展易受到阻碍，并且抑制他们潜能的发展。相反，那些接受丰富的刺激、受到良好照顾的个体在许许多多的心理测验中将渐渐成为佼佼者。另外，儿童早期与父母的关系以及父母对儿童的态度也是影响个体心理健康的重要因素。这种早期的母婴关系乃至稍后的儿童与父母的关系对个体以后的人际关系和社会适应有着很大的影响。儿童如果能够在早期与父母建立和保持良好的关系，对其以后的社会适应和人际交往有着积极的促进作用。相反，如果儿童在早期不能建立这种与父母的亲密关系，或者早期与父母的分离等都会对他们以后的成长产生消极的影响。

国内外很多学者对恐怖症、强迫症、焦虑症和抑郁症这四种神经症个体早期家庭关系的调查研究表明，这四种病人的父母与正常个体的父母相比，表现出较少的情感温暖、较多的拒绝态度，或者较多的过度保护或过度惩罚。在个体的早期发展中，父母的爱、支持和鼓励容易使个体建立起对最初接触者的信任感和安全感。而这种信任感和安全感的建立保证了子女成年后与他人的顺利交往。而儿童早期的这种信任感和安全感的缺乏会随着儿童的发展逐渐产生一种孤独、无助的性格，难以与人相处，因此容易产生心理问题，特别是人际交往方面的障碍。同时，对子女的过分保护和过分严厉，也同样会影响他们的独立性以及自信心的发展。这样的个体在以后的发展中也会增加压力，出现过分的依赖或过分的自我谴责。

对高校学生心理健康研究的有关资料也表明，学生早期的家庭环境和教育情况，与其心理健康有明显的相关性。

（二）生活事件

生活事件指的是人们在日常生活中遇到的各种各样的社会生活的变动，如结婚、升学、亲人亡故等，生活事件不仅是测量应激的一种方法，也是预测心理健康的重要指标。例如，大量的研究结果表明，即使是中等水平的应激事件，如果它连续发生，它们对个体抵抗力的影响就可以累加，最终导致心理障碍。对生活事件与心理健康之间的关系进行解释时，一般都认为由于生活事件的产生增加了个体适应环境的压力，换言之，个体每经历一次生活事件，他都要付出精力去调整由于这一事件的发生所带来的生活变化。当个体在某段时间内遭遇很多生活事件时，生活事件对个体的作用就会累加，心理应激就会增加，从而影响个体的心理健康。Ostrow 等人曾对 1036 名大学生进行调查，得到心理问题与生活事件的复相关系数为 0.39 左右，多元回归的决定系数为 0.15，这表明心理障碍或精神病理变异可用生活事件解释的部分占 15%。

（三）特殊的人格特征

每个人都有自己独特的人格特征，这在人与人之间是千差万别的，但其中也有共同的方面，它对人的心理健康有非常明显的影响。由于人们总是依其人格特征来体验各种应激因素，并建立对紧张性刺激的反应方式。因此，特殊的人格特征往往成为导致某种心理问题或心理障碍的内在因素之一。例如强迫性神经症，其相应的特殊人格称为强迫性人格，其具体表现是谨小慎微，求全求美，自我克制，优柔寡断，墨守成规，拘谨呆板，敏感多疑，心胸狭窄，事后容易后悔，责任心过重和苛求自己等。这就是为什么同样的致病因素作用于不同人格特征的人，可以出现非常不同的结果，而同样的疾病发生在不同人格特征的人身上，其病情表现、病程长短和转归结果又都可以非常不同。因此，培养健全的人格已成为实施心理卫生、预防心理障碍或精神病症的一项重要任务。

研究提示：大学生心理健康与艾森克提出的神经质、精神质人格特征呈高度正相关，与内外向人格特征呈负相关。即情绪越稳定、行为越随和、性格越外向者心理健康问题越少；情绪越不稳定、行为越古怪、性格越内向者心理健康问题越多。逐步回归分析进一步证实：大学生心理健康与人格特征中的神经质关系最密切，其次为内外向，再次为精神质。这启示高校确应重视旨在培育良好心理品质的心理健康教育。

（四）应对方式

当我们面对生活事件的压力时，我们自然会采用一定的方法来应付、对待环境压力。我们采取的方式、方法可以称为事件的应对方式，人们在处理压力性事件时采用的应对方式是不同的，同一个人在不同情况下所用的方法也会有差异。一般来讲，随着心理的成长，人们会逐步形成固定化的应对事件的方式，有时也会同时应用多种方式。应对方式可以分为四种：一是策略控制型，即个体通过发挥自己的主观能力，有计划、有策略地控制、处理事件，消除环境压力；二是随机处理型，即没有准备地，随着压力的出现而纯粹应付性地处理遇到的事件；三是回避型，即对压力事件总是采取逃避、回避的方式来对待；四是依赖寻求型，即在遇到压力性事件时，依靠家人、朋友来处理、应付。一般来讲，策略、随机地应付事件的方式是对事件一种积极的认知和行为反应，是心理成熟的标志；而回避、依赖型的处理方式是对事件一种消极的认知和行为反应，是心理不成熟的标志。

第四节 心理咨询与心理调试

消除心理问题，治愈心理疾病，进而达到心理健康的水平，寻找心理咨询是一条非常有效的途径。随着社会的发展，人们更加关注心理健康问题，心理咨询适应了现代人的这种要求，因此有必要了解心理咨询的一般知识。

一、心理咨询的概念和类型

（一）心理咨询的概念和发展

心理咨询是运用有关心理科学的理论和方法，通过解除咨询对象的心理问题（包括发展性心理问题和障碍性心理问题），来维护和增进心理健康，促进个性的发展和潜能开发的过程。心理咨询是一门科学，是一种技术，也是一门艺术。

心理咨询有一个漫长的过去和短暂的历史。早在古希腊时期，人们就常从哲人、圣经的《旧约全书》以及巫医那里得到劝告和帮助。我国古代医学文献中也有许多相关记载，阴阳五行相克和情态相胜理论即是典型的一例。然而，心理咨询作为一种比较成形的理论和方法，却只有近百年的历史。心理咨询的发展是与职业指导、心理测量技术的开展和心理治疗的发展乃至整个社会的变化、科技的进步联系在一起的。1953 年，美国心理学会把咨询心理学作为其第 17 个分支，1963 年，美国心理学会成立心理治疗分会，列为其第 29 个分支。近几十年来，心理咨询和治疗在世界各地得到了迅速发展，理论和方法不断改进，服务领域日益扩大。许多国家的心理咨询工作已经渗透到人们生活的各个方面，发挥着越来越重要的作用。

我国的心理咨询起步较晚。1958 年，我国曾开展过快速综合心理治疗工作。直到近几年，这一工作才逐渐得到了社会各界的重视，发展较快。1980 年前后，在一些综合性医院也开展了心理咨询服务。目前，国内许多医院相继开设了心理咨询门诊，并收到良好的效果。尤其引人注目的是高校心理咨询活动的蓬勃开展，许多院校相继建立了心理咨询机构，对广大青年学生的心身健康、全面发展产生了积极的影响。

（二）心理咨询的类型

心理咨询类型的划分可按人数、内容、方式而定。按咨询对象的多少，可分为个别咨询和团体咨询。前者是最常见的形式，针对性强，双方沟通多；后者咨询面广，效益高，同时有团体成员交互作用的益处，不足之处是同一类问题也可能因不同个体的生活经历、个性特征、触发因素的差异而表现出个体性，单纯团体咨询往往难以兼顾每个个体的特殊性。为此，在团体咨询中，辅之以个别咨询，就能起扬长避短的作用。

按咨询内容划分，可分为障碍咨询和发展咨询。前者指对存在不同程度心理障碍的来访者进行咨询，可从神经症患者到轻微心理失调者；后者指对希望开发自己潜力、作出更好选择的来访者进行咨询。比较而言，前者内容比较具体、实在，但后者咨询的是目标和发展方向。

按咨询方式划分，可分为门诊咨询、通信咨询、电话咨询、现场咨询、宣传咨询。每一种形式都有其长处和不足，重要的是扬长避短，重视把几种形式结合起来。

二、心理咨询的功能

心理咨询究竟起什么作用？它与传统的思想政治工作和一般意义的谈心有什么区别？这是人们所关心的，也是存在许多认识误区的。一般认为，心理咨询能为人们提供一种新的学习经验。对那些行为属于正常范围的人来说，咨询所提供的新环境可以帮助他们扫除障碍以便更好地发挥他们的才干。那些由于心理障碍而遇到麻烦的人则可以在咨询者的帮助下逐渐改变与外界格格不入的思维、情绪和反应方式，并学会与外界相适应的方式。简单地说，心理咨询可以促使人们从一个不同的角度看待自己和社会，用新的方式去体验和表达他们的思想情感，并形成全新的思维方式。具体而言，心理咨询的功能包括以下六个方面。

（1）可以帮助人们认识到他们自身的问题很大一部分是由于尚未解决的内部冲突，而不是由于外界的影响造成的。很多寻求咨询的人往往认为他们的问题是由于他们自身之外的因素造成的。这时咨询者采取的重要步骤就是让求询者认识到，要解决问题最重要的是在自己某些方面做出改变以使问题有所缓解。并且，在咨询过程中，求询者将逐渐认识到，只要解决了自己的内部冲突，不仅问题得到了解决，同时也使自己变得更加坚强。

（2）咨询也为人们更加有效地面对现实问题提供了机会。前来咨询的人在应付现实问题时，往往采用一些无效的防御反应，如逃避、理想化及过分责备他人等。但他们同时还往往认为自己对现实的认识是清楚的，解决问题的方法也是正确的。通过咨询可以帮助求询者更加全面、客观地认识自己和外部世界，并采取积极有效的方式去解决所面对的问题。

（3）心理咨询可以深化求询者对自身的认识，引导他们去发现真实的自我并相应地生活。求询者中关于自我的问题不外以下三种，即有人能明确认识自己，但却要制造假象给别人看；有些人认为已经认清了自己，但实际上并非如此；还有些人则对自己感到迷惑不解，不知自己到底是什么样的人。通过咨询，求询者可以真正地认识自己的需要、价值观、态度、动机、个性特征等，而且可以根据自己的心理状况设计自己的行为，从而可以尽可能快地成长并获得最大程度的进步。这也就意味着，咨询不仅可以帮助求询者认清自己，并且还促使他们根据这个真实的自我同别人交往。

（4）心理咨询为求询者提供了一种建立新型人际关系的机会。因为要成为真正的心理咨询者必须是心理健康的，并且全心全意地关心和帮助求询者的人，同时具备丰富的有关人类行为的知识和帮助别人的技巧。而求询者在现实生活中能与这样的人交往的机会是很少的。他们生活中的某些人可能是关心他们的，但却不一定持久，或者并不一定在心理上比他们健康，而且也往往缺乏有关人类行为的知识和技巧。换句话说，尽管咨询人员不一定十全十美，但他们应该比求询者所接触的所有其他人更有能力提供一种健康的和有益的相互关系。而且，在这种相互关系中的许多特征是人们在其他关系中不常遇见的。

（5）心理咨询可以增加求询者心理的自由度，给予他们更多的心理自由的机会。大多数求询者至少在一个相当重要的方面缺乏心理自由。例如，很多人从来不敢承认自己有过失或缺点（让别人知道自己存在不足的自由），或者是不愿意让别人失望（使别人失望的自由），以及不能容忍自己存在互相矛盾的情感（允许矛盾情感同时存在的自由）等。通过咨询，人们可以发现他们到底在哪些方面缺乏自由，进而增加这种自由。

（6）咨询可以纠正求询者的某些错误观念。许多前来咨询的人的头脑中都存在一些关于自我的错误观念，而纠正这些观念对于解决他们存在的问题是至关重要的。由于这些观念是社会上一大部分人所共有的，所以它们在求询者头脑中不断得到强化。心理咨询也许是第一次为这些人提供了这样的机会，使他们对错误观念进行思考，并代之以更准确的观念。这时，求询者就获得了自己作出有利的决定的自由。

现代社会迅速发展，人际交往和人们的需求日趋复杂，从而对人们的社会适应提出了日益增长的要求。人们需要被理解、被关注。需要相互支持，也需要知识、指导和准确理解现实的能力。总之，人们需要心理的成长和发展。心理咨询适应了现代人类的这种要求，通过咨询，人们获得理解的体验，对现实的认知得到发展，行为得到指导，从而获得精神成长的新鲜经验，个人潜能得到释放，工作学习将更有成效。同时由于心理咨询，促进了心理健康水平的提升，不但有利于身体健康，而且由于良好行为的不断增加，社会文明程度也进一步增长，无疑会使人们的生活质量大大提高。

三、心理咨询的原则

心理咨询是一项专业性很强的工作，它既是一门科学，也是一种特殊的职业。咨询人员必须恪守有关原则，这是心理咨询的首要前提。

（一）保密原则

心理咨询是人与人之间心灵的沟通。当来访者将自己埋藏心底的困惑与苦恼讲述给咨询员，他希望对方理解他的心境，分担他的痛苦，还希望对方不会将自己的隐私和心事告诉他人，以贻笑他人。因此，保守秘密既是职业道德的要求，也是咨询能有效进行的最起码、最基本的要求。因此，在心理咨询中应注意如下事项：（1）来访者的资料绝不能当作社会闲谈的话题。（2）咨询员应小心避免自己有意无意间用个案举例，来炫耀自己的能力和经验。（3）咨询员不应将个案记录档案带离服务机构。至于在工作场所，也要小心保管，避免放错地方，遗失或遗忘在他人可翻阅的地方。（4）若有需要，资料传阅之前，必须经当事人同意，如果来访者可能危及他人或自己的生命（自杀、他杀等），必须与有关人员联系，采取保护措施。此外，由于教学与研究的需要，将咨询内容公开时，必须隐去全部可门诊的来访者的信息。

（二）中立原则

咨询员在心理咨询中应始终保持不偏不倚的立场，确保心理咨询的客观与公正，不得把自己私人的意愿、利益掺杂进去，保持冷静的、清晰的头脑，咨询过程中，不轻易批评对方，不把自己的价值观强加于对方。

（三）信赖原则

咨询员应满腔热情，以真诚的态度，从正面、积极的角度来审视来访者的问题，咨询员是信任与接纳的化身，若要尊重与接纳每一个来访者，必须对人的本质有积极的信念，相信每一个体独特的潜能，重视每一个个体的人性尊严与价值，这样，他才会相信人的可塑性、可改变性，才能采取正面、积极的审视态度引导来访者的转变与成长。

（四）理解与支持原则

此项原则要求咨询员设身处地地去感受来访者的内心体验，以深刻了解其精神痛苦的原因和行为动机。从专业角度看，这种真诚的理解是同感的基础。咨询员对来访者的自我反省与转变的努力予以及时的肯定与支持，则可使他们深受鼓舞，改变对自我的认识，将有助于来访者解除心头的郁结，从而获得鼓励和信心。

（五）成长性原则

人本主义流派认为心理咨询主要不是一种外部指导或灌输关系，而是一种启发与促进内部成长的关系。该流派认为每个人都有成长的巨大潜力，通过咨询激发其潜力，不能对来访者的行为简单地进行解释，明确告诉他应该怎么办，不应该怎么办。成长性原则要求咨询员在咨询过程中对来访者绝对尊重、接纳，竭力推动对方去独立思考，从而强化其自助能力，避免直接出谋划策。

四、心理问题的自我调适方法

（一）心理自动调适法

人类在面临挫折时，常常会调动自身的适应机制，心理学称为心理防御机制。心理防御机制力图减少个体焦虑的情绪，维持心理平衡，是个体自我保护的心理自动机制，它如同人体生理活动具有保持生理、生化活动相对稳定和平衡的内稳能力。心理防御机制的更大价值在于为个体寻找解决挫折更为积极、有效的方法提供时机。常用的心理防御机制有压抑作用、投射作用、文饰作用、补偿作用、升华作用等。

当然，我们需要正确认识心理防御机制，适时适度运用。应该看到有些心理防御机制只能起到暂时平衡心理的作用，并不能解决问题。心理健康的人是在积极的意义上使用心理防御机制，而心理不健康的人总是依赖心理防御机制，结果使其适应能力日趋削弱，人格和心理发展受到影响。

（二）意义寻觅法

意义寻觅法是一种自我寻找和发现生命的意义，树立明确的生活目标，以积极向上的态度来面对和驾驭生活的心理自助方法。心理学家弗兰克（V. E. Frankl）认为："人是由生理、心理和精神三方需求满足的交互作用统合而生成的整体，生理需求的满足使人存在，心理需求的满足使人快乐，精神需求的满足使人有价值感。"对生命和生活意义的探索和追求是人类的基本精神需要，人所追求的既非弗洛伊德所说的是求乐意志，也非阿德勒所说的是求权意志，而是追求意义的意志。而一些人在遭受生活的挫折时常常会感到失去了生活目标，对生活的意义感到迷惘，出现"生存挫折"或"存在空虚"的心理障碍。表现为对生活的厌倦、悲观失望或无所适从。在对美国自杀未遂的大学生调查中，80%的人是因为"存在空虚"所致，在北美和西欧就诊的神经症中约有 20%的病人有"存在空虚"感，可称为"迷惘神经症"。弗兰克认为，人生的意义建立在精神层面的价值感的获得。人生的意义感不是赋予，而是需要寻找，意义寻觅法的核心就是要学会寻找失落的生活目标和价值，建立起明确和坚定乐观的人生态度。

人的健康心理需要精神层面的人生意义来支撑。这是因为：（1）精神追求可以统领所有的心智，使你关注未来的事情，忽略微小的心理波动，以良好的心态投入到生活和工作之中。一些伟人，他们遇到的困难可谓不小，但在伟大的理想支配下，他们全身心投入事业，已经没有时间、没有心思来关心自己的心理苦恼。（2）有了精神追求，还可以使人有勇气面对各种困难，包括心理痛苦。所谓"天将降大任于斯人也，必先苦其心志，劳其筋骨……"。哲学家尼采说过："懂得为什么活着，就什么困难都可以克服。"对于有精神追求的人，痛苦和挫折只是磨炼自己的试金石。

（三）认知调控法

心理问题常伴随情绪反应，情绪反应产生于主体认识到刺激的意义和价值之后，对同一刺激，不同的评价将会引起不同的情绪反应，所以可以用调整、改变认知的方法调控情绪反应和行为。认知调控方法是指当个人出现不适度、不恰当的情绪反应时，理智地分析和评价所处的情境，理清思路，冷静地做出应对的方法。认知调控的关键是控制与即时情绪反应同时出现的认知和想象。例如当人非常愤怒时，常会作出过激行为。如果此时能够告诫自己冷静分析一下动怒的原因，可能的解决办法，可使过分的反应平静，找到恰当的方式解决问题。认知调控方法的原理在于认知对情绪有整合作用。认知和情绪分属于大脑不同部位控制，控制情绪的大脑是较原始的部分，控制认知的大脑是在情绪中枢之上发展的新皮质部分。大脑控制的情绪反应速度快，但内容较原始；皮质控制的认知反应稍迟于情绪反应，但其内容更显理智，能够整合情绪反应。

认知调控方法在实际应用时可分为以下两步，首先分析刺激的性质与程度。人类的情绪反应是进化选择的结果，有利于种族的生存与发展，是驱动我们应付环境、即刻反应的本能冲动。情绪反应虽然伴有认知过程的结果，但即刻的认知往往笼统、模糊，其诱发的反应往往强烈。冷静分析问题所在，可以即时调控过度的情绪反应。其次寻找多种解决问题的方案，比较选择后择优而行。情绪引发的即刻反应往往是冲动性本能反应，很多问题都有多种可能的解决方案，寻找最佳方法至关重要，而思考是解决问题的前提。

（四）活动调适法

活动调适法是指通过从事有趣的活动，以达到调节情绪、促进身心健康的一类方法。包括读书、写作、绘画、雕塑、体育运动、听音乐、歌唱、舞蹈、演戏、劳动等多种活动方式。活动调适寓心理治疗于娱乐之中，不仅易为人接受，而且易于操作，可以广泛地运用于一般性的心理不平衡和轻微的心理障碍。活动调适法的实质在于用活动的过程来充实空虚的生活，用活动中获得的愉悦来驱散不良的情绪。因此，应随时把握利用活动中所提供的有利机遇、信息去发现问题，改变错误的认知，调适不良的情绪，纠正不适应的行为，提高自信心。活动的种类要根据自身的文化程度、原先的个人爱好、兴趣和实际条件来选择。

（五）合理宣泄法

合理宣泄就是利用或创造某种条件、情境，以合理的方式把压抑的情绪倾诉和表达出来，以减轻或消除心理压力，稳定思想情绪。宣泄是一种释放，其作用在于把压抑在心里的愤怒、憎恨、忧愁、悲伤、焦虑、痛苦、烦恼等各种消极情绪加以排解，消除不良心理，得到精神解脱。因此，宣泄是摆脱恶劣心境的必要手段，它可以强化人们战胜困难的信心和勇气。无论是失恋、亲人亡故等很大的痛苦，还是惧怕某人、某种场合等难以说出口而实际上无关大局的行为，通过倾诉或用行动表达出来，实际上是对有碍于身心健康的情绪状态所进行的自我调节，所以宣泄的过程也是人们进行心理的自我调整的过程。

宣泄的主要方式有以下几种。

1. 倾诉

心里有什么问题和积怨，可以找同学、老师、朋友、亲人等尽情地倾诉出来。倾诉对象一般是最亲近、最信赖、最理解自己的人，否则就不能无所顾忌地畅所欲言。在倾诉的过程中，可能因情绪激动、过度悲伤等因素，说话唠唠叨叨，词不达意，说过头话，甚至发牢骚，对此要给予理解、同情和安慰，并适时予以正确引导。

2. 书写

用写信、写文作诗或写日记等方式，使那些因各种原因而不能直接对人表露的情绪得到排解。比如写日记，自己对自己“说”，想“说”什么就“说”什么，没有任何心理压力，许多不良情绪就在字里行间化解了。

3. 运动

有了消极情绪，闷坐在房子里可能“剪不断，理还乱”，到室外去打打球、跑跑步或爬爬山，呼吸一下新鲜空气，让怒气和痛苦随汗水一起流淌，心情就会开朗起来。

4. 哭泣

中国有一句老话，叫“男儿有泪不轻弹”，似乎男子汉是不应该哭泣的。其实，从身心健康这个角度来讲，“泪往肚里流”是不可取的。流泪也是一种渲泄，无论是偷偷流泪还是号啕大哭，都能将消极情绪排泄出来，从而令不愉快的情绪得到缓解，减轻心理压力。

（六）身心放松法

放松训练是为达到肌肉和精神放松的目的所采取的一类行为疗法。人的生理活动与心理活动密切相连，放松训练就是通过肌肉松弛的练习来达到心理紧张的缓解与消除。研究证明，放松训练所导致的松弛状态，可使大脑皮层的唤醒水平下降，通过内分泌系统和植物神经系统功能的调节，使人因紧张反应而造成的生理心理失调得以缓解并恢复正常。放松训练对于缓解紧张性头痛、失眠、高血压、焦虑、不安、气愤等生理心理状态较为有效，有助于镇定情绪、振作精神、恢复体力、消除疲劳，对增强记忆、提高学习效率、增强个体应对紧张事件的能力也有一定效果。

放松训练的方法有许多种，这里简要介绍五种简便易行的放松训练法。

1. 一般身心放松法

常用的身体放松的方法有做操、散步、游泳、洗热水澡；常用的精神放松的方法有听音乐、看漫画、静坐等。哪些人需要放松，何时需要放松，可以通过观察身体和精神状态来确定。从身体方面，可以观察个体饮食是否正常，睡眠是否充足，有无适当运动等；从精神方面，可以观察个体处事是否镇定，是否容易分心，是否心平气和等。如果观察后的判断是否定的，就需要进行放松训练。

2. 想象性放松

在指导做想象性放松之前，应先让他们放松地坐好、闭上双眼，然后给予言语性指导，进而由他们自行想象。常用的指示语是：“我静静地俯卧在海滩上，周围没有其他的人，我感受到了阳光温暖的照射，触到了身下海滩上的沙子，我全身感到无比的舒适，微风带来一丝丝海腥味，海涛声……”在给出上述指示语时，要注意语气、语调的运用，节奏要逐渐变慢，配合对方的呼吸。

3. 精神放松练习法

就是通过引导注意力集中在不同的感觉上，达到放松的目的。比如可以指导他们把注意力集中在视觉上：静心地看着一支笔、一朵花、一点烛光或任何一件柔和美好的东西，细心观察它的细微之处；集中在听觉上：聆听轻松欢快的音乐，细细体味，或闭目倾听周围的声音；集中在触觉上：触摸自己的手指，按按掌心，敲敲关节，轻抚额头或面颊；集中在嗅觉上：找一朵鲜花，集中注意力，微微吸它散发的芳香，等等。也可指导他们闭上眼睛，试着将生活中的一切琐碎和不愉快的事情忘掉，着意去想象恬静美好的景物，如蓝蓝的海水，金色的沙滩，朵朵白云，高山流水等。

4. 渐进性肌肉放松法

在进行渐进性肌肉放松训练时，要注意选择不受干扰、温度适宜、光线柔和的房间或室外，让他们坐姿舒适。然后引导他们想象最令自己松弛和愉快的情景，并在一旁用言语指导和暗示。指导语是：“坐好，尽可能使自己舒适，并使你自己放松；现在，首先握紧右手拳头，并把右拳逐渐握紧，在你这样做时，你要体会紧张的感觉，继续握紧拳头，并体会右拳、右手和右臂的紧张；现在，放松，让你的右手手指放松，看看你此时的感觉如何；现在，你自己试试全部再放松一遍；再来一遍，把右拳握起来，保持握紧，再次体会紧张的感觉；现在，放松，把你的手指伸开，你再次注意体会其中的不同；现在，你左手重复这样做。”以上同样的方法用于放松左手与左臂，接着放松面部肌肉、颈、肩和上背部，然后胸、胃和下背部，再放松臂、股和小腿，最后身体完全放松。

5. 深呼吸放松法

当在某些特殊的场合感到紧张，而此时已无时间和场地来慢慢练习上述的放松方法时，可以采用最简便的深呼吸放松法。这和日常生活中人们自我镇定的方法相似。具体做法是让他们站定，双肩下垂，闭上双眼，然后慢慢地做深呼吸。可配合他们的呼吸节奏给予如下指示语：“一呼……一吸……一呼……一吸”，或“深深地吸进来，慢慢地呼出去；深深地吸进来，慢慢地呼出去……”。这种方法掌握以后，也可自行练习。

思考题：

1. 什么是心理健康？
2. 大学生常见心理健康问题有哪些？

第二章

认识你自己
——自我意识与心理健康

自我是心理学的重要内容。

精神分析学派创始人弗洛伊德提出了“自我的三结构说”，即本我（id）、自我（ego）和超我（superego），从人格的三个维度上研究自我的发展。意识是人脑对客观事物的主观反映，意识既是心理学研究的重点，也是难点。与意识相对应的是“潜意识”，弗洛伊德曾用冰山打比喻。意识只是冰山浮出水面的尖峰，而潜意识则是潜藏于海底的冰体，蕴藏深厚，但不被看到，弗洛伊德的理论强调了潜意识对人发展的重要性。

美国心理学家詹姆斯（W.Jame）提出凡属于我或与我有关的事物都是自我的内容，如身体、品质、能力、愿望、家庭等，自我从物质自我、精神自我和社会自我三个层次起作用。

社会心理学家库利（C.H.Cooley）指出：自我是一面镜子，它从别人那里反映自己的行为，自我是经历无数次他人评价而形成的社会产物。而米德（G.H.Mead）则认为：自我分为主体我（I）和客体我（Me），主体我代表每个人的自然特性而客体我代表自我社会的一面；主体我先于客体我形成，客体我形成需要很长时间，自我意识的发展包含主体我与客体我的不断对话。

第一节　自我意识的含义、发展及特点

一、自我意识的含义

自我意识（Self-consciousness）是意识的核心部分，就是对“自我的认知”，或者说自己对自己的认知。它包含自我认知、自我评价和自我控制。如果再进一步简化，自我意识是对自己及自己与周围环境关系的认识，包括对自己存在的认识，以及对个体身体、心理、社会特征等方面的认识。这种认识是个体通过观察、分析外部活动及情境、社会比较等途径获得的，是一个多维度、多层次的心理系统。

影响个体自我意识的因素除了与人的自我态度、成长经历、生活环境有关以外，他人对

我们的评价，特别是生命中的重要人物，例如家人、老师、朋友、同学等对待我们的态度，会对我们的自我意识起着重要的作用。

二、自我意识的种类

（一）生理自我

指对自己身高、体重、容貌、身材、性别等的认识以及对生理病痛、温饱饥饿、劳累疲乏等的感受等。这是自我意识的原始形态，主要是个体对自己躯体的认知，包括占有感、支配感和爱护感，它可以使个体认识到自己的存在，大概在 3 岁时开始成熟。人初生时，物我不分；七八个月时出现自我意识的萌芽，两岁左右的儿童，掌握第一人称“我”的使用，三岁左右的儿童，开始出现羞耻感、占有心。

（二）心理自我

指对自己知识、能力、情绪、兴趣、爱好、性格、气质等的认识和体验。这阶段需要十年左右的时间才能完成，即从青春期一直到成年。自我意识经过这个阶段的分化、矛盾、统一而趋于成熟，个体开始清晰地意识到自己的内心世界，开始有明确的价值探索和追求，强烈要求独立，产生了自我塑造、自我教育的紧迫感和实现自我目标的驱力。

（三）社会自我

指对自己属于某一时代、国家、民族及在群体中的地位、作用以及自己和他人的相互关系的认识、评价和体验。这阶段大致从 3 岁到青年期（3～14 岁）逐步形成。在此阶段，个体在社会化中学习承担社会角色，少年开始积极关注自己的内部世界，但他们主要从别人的观点去评价事物、认识他人，对自己的认识也服从于权威或同伴的评价。

三、自我意识的形式

由于自我意识既是心理活动的主体，又是心理活动的客体，它是涉及认知、情感、意志过程的多层次、多纬度的心理现象，所以，自我意识的结构表现在自我认知、自我体验和自我调控三个方面。

（一）自我认知

自我认知主要包括自我感觉、自我观念、自我分析、自我观察、自我分析、自我评价、自我批评等。自我认知是对生理、心理和社会自我的认识。

（二）自我体验

自我体验属于情绪范畴，它以情绪体验的形式表现出人对自己的态度，它主要是一种自我的感受。以自尊、自爱、自信、自卑、自怜、自弃、责任感、义务感、优越感等形式表现出来。

（三）自我调节

自我调节主要表现为人的意志行为，它监督、调节人的行为活动，调节、控制自己对自己的态度和对他人的态度，表现为自主、自立、自强、自制、自律、自卫等。

四、自我意识的发展

人的自我意识并不是与生俱来的，其从发生、发展到相对稳定，大致要经过二十多年的时间，从婴儿期的没有自我意识发展到青年期的自我意识接近成熟，需要一段很长的过程。

（一）婴儿期自我意识的发展

婴儿期儿童主要指 0～3 岁的儿童。在这一时期，儿童的动作加强了，由随意性向精确性方面发展。儿童成为活动的主体，语言也随之迅速发展起来，为自我意识的发展提供了重要的生理和心理准备。

几个月大的婴儿是没有自我意识的，甚至不能区分自己的身体与外界事物。大约到 8 个月时，自我意识的最初形态即生理自我开始萌芽，这是自我意识的开端。大约在 1 岁末的时候，牙牙学语的儿童开始使用手指，把自己的动作和动作的对象区分开来，这是自我意识的最初表现。

在儿童 2～3 岁的时候，从跟周围人的共同生活中知道自己的名字到逐渐掌握代词“我”，是自我意识发展的一个新的阶段，也是自我意识发展的第一个飞跃期。

当儿童开始掌握“我”这个词的时候，在儿童自我意识的形成方面，可以说是一个质的变化，儿童开始从把自己当作客体转为把自己当作一个主体的人来认识了。从这时起，儿童的独立性逐渐增强，儿童常说的“我自己来”这句话是最为明显的表现。随着儿童把自己当作一个主体的人来认识，他们逐步学会对自己做出评价，并形成自我体验和自制力。随着环境的变化，年龄的增长，以及思维能力的发展和知识经验的增长，自我意识的独立性、抽象性和稳定性也逐步发展起来。

（二）幼儿期自我意识的发展

到了幼儿期，儿童身体迅速成长，心理活动开始了概括性和随意性的萌芽，出现了词的思维。这个时期的儿童作为活动主体，不仅能走、跑、跳等，还能为自我服务，独立性大大增强；由于掌握了最基本的语言，他们可以借助语言与周围的人们进行初步的交流；在游戏中，儿童意识到自己是游戏活动的主体，能够对别人和自己的行为的外部个别性进行评价。自我意识也因此得到进一步的发展。

1. 从轻信成人的评价发展到开始有独立的评价

幼儿初期儿童对自己或别人的评价都是盲目地听从，比如别人说“你不听话”，他就会哭。但到了幼儿晚期，幼儿经过观察分析，其判断力有了较大发展，在自我评价方面表现出一定的独立性，对别人的评价采取批判态度。他根据自己的经验进行分析判断，如果成人说他“不听话”，他则会争辩说自己“听话”，同时还会说出许多他听话的理由。所以这个时期，成人对儿童的评价要慎重，以鼓励为主积极暗示为原则，否则会引起儿童的不信任或逆反。

2. 从对外部行为的评价过渡到对内心品质的评价

幼儿期儿童由于接触面较广，接受外界的评价比较多，从而形成了自己一定的行为标准，因此在进行评价时，就不单单只看其外部行为了，而是根据自己的经验，与行为标准进行比较，开始能对自己和别人的内心状态做一些简单的评价，比如说“我本来想打人都没有打，我乖。”

3. 从比较笼统的评价发展到比较细致的评价

幼儿初期，儿童只能对行为的“好”“坏”“不乖”等进行粗略的分析，随着思维能力的发展，儿童慢慢地学会了客观地分析，能说出哪些好，哪些不好。如问他“你今天在幼儿园乖不乖？”时，他会回答说“乖”或“不乖”，然后列出“乖”和“不乖”的具体事例。

虽然幼儿期儿童在自我评价能力上有了很大进步，但是从整体上说儿童自我评价的能力还是很差的，成人对儿童的评价在儿童个性发展上起着重大作用。因此，必须善于对儿童做出适当的评价，过高或者过低的评价都是有害的。

（三）小学儿童的自我意识的发展

在小学时期，儿童的自我意识正处于所谓的客观化时期，是获得社会自我的时期，主要发展了个体对自身社会角色的意识。角色意识的建立，标志着儿童的社会自我观念趋于形成。同时，个体认识自己的一个最主要途径就是“他人的评价”。通过他人的评价，个体会从周围的世界中寻找榜样，模仿、认同、内化为自身的行为方式、评价标准，或者从自身的奖惩经历中总结一定的经验教训，加以调整或改正，种种这些使个体逐渐形成了各种社会角色，对自己的社会层面有了更清晰的认识。

在这个发展阶段中，个体的眼光是看向外部世界的，对自身内在的世界并未关注。个体在不断地与外界接触，与他人交往的过程中，进一步确定自己，逐渐明确自己与他人、与世界的关系，以及自己的作用与地位。

这一时期小学儿童的自我意识的发展是随年龄增长从低水平向高水平发展的。在整个小学时期，儿童的自我意识不断发展，但不是直线的、等速的，而是既有上升的时期，又有平稳发展的时期。

（四）青少年时期的自我意识的发展

进入青春期后，由于身体的迅速发育，使青少年很快出现了成人的体貌特征。与此同时，由于对社会、对他人的了解逐渐增多，对自己的了解也日益深刻，青少年也开始自觉不自觉地将目光指向内心世界，关注自己的内心体验与需求。随着青少年的人际交往的逐渐扩大，他们将自己的内在能力与他人进行比较，从而引起其对自己的内在素质、天赋等问题的关心。更重要的是，青少年的认识能力有了迅速的发展，这必然引起他们对自己行动的原因、结果及自己存在的价值和意义进行思考，使青少年的思想意识再一次进入自我，从而产生自我意识的第二次飞跃。其突出的表现是青少年的内心世界开始丰富起来，对他人和自己的内心世界越来越感兴趣，体验也越来越深刻，他们在日常生活和学校中，常常将很多心智用于内省。“我是谁？”“我有什么特征？”“别人是如何看待我的？”，一系列关于“我”的问题开始反复萦绕在他们的心中。

青春期自我意识高涨的另一个主要表现是其个性上的主观偏执性。一方面，他们总认为自己正确，因而听不进别人的意见和批评，固执己见。另一方面，他们又感到别人似乎总是用尖刻挑剔的态度对待他们，甚至十分敏感，怀疑他人在议论自己。于是，少年对外界采取了反抗的态度，尤其是对父母、教师的批评教育抱有逆反的心理，把父母、教师给予的关照、指导看作对自己的约束，或是以强硬、粗暴的态度反抗，或是冷漠相对。这种主观偏执性的个性特点，使青少年与外界、与他人的交往出现了困难，也使他们的内心世界失去了平衡，变得十分敏感和脆弱。

美国心理学家埃里克森将青少年期定义为一个人形成同一性的关键期，并且认为青少年经历了同一性对角色混乱这一心理冲突。为了获得自我统一性，青少年必须在某种程度上整合自我知觉的许多不同方面，使其成为一致的自我感。

（五）成年早期自我意识的发展

个体从青春期开始，注意到自己的内心世界还存在一个“我”，并把注意力集中到发现自我、关心自我的存在上来。到了成年早期，这种对自我的关心日益强烈，经过大约 10 年的发展，个人对自己的智力、性格、态度、信念、理想和行为等方面的意识渐趋于完善，个体最终获得较为成熟的心理自我。个体逐渐表现出自我意识的主动性与独立性，强调自我的价值与理想。这时，个体能够透过自我意识去认识外部世界，并且这样的自我意识过程将伴随个体的一生，此时，自我意识逐渐达到了稳定和成熟的水平。

自我意识的发展过程即一个人的内心的成长过程，代表一个人从“无知”到“成熟”的过程，但自我意识的发展又不仅仅是一个个体自身单独发展的过程，在其自我意识未成熟阶段，尤其是在自我意识的两个飞跃期，个体需要家长、学校及社会的正确理解与指导。而对自我意识发展的研究能促使每个社会角色正确了解每个阶段个体自我意识发展的表现及规律，从而促使个体自我意识的正确发展以及正确引导促进其他个体自我意识的发展，最后使每个个体形成正确的道德判断及积极的个性倾向，健康快乐地成长。

知识链接：美国新精神分析学家埃里克森的“人格发展八阶段”（见表 2-1）。

表 2-1 “人格发展八阶段”

期别	年龄	心理危机	发展顺利	发展障碍
1	0～1	信任—不信任	有安全感	交往焦虑
2	2～3	自主—不自主	自控自信	胆小多疑
3	4～5	自信—不自信	勇于表现	畏惧退缩
4	6～11	进取—不进取	勤劳能干	懒惰无能
5	12～18	角色认同—角色混淆	自我认同、方向明确	角色混乱
6	19～28	亲密—孤独	与异性建立亲密关系	异性交往障碍，孤独
7	29～55	后代关注—自我关注	关爱后代	追求个人享乐
8	55 以后	完善—绝望	获得满足感	产生绝望情绪

婴儿期：基本信任对不信任阶段。在这一时期，儿童的主要发展倾向是识别信任和不信任，对成人一贯的、可依赖的、可预见的行为产生信任感，否则会产生不信任。

童年期：自主性对羞怯疑虑阶段。这一阶段开始有独立自主的要求。父母如允许其在安全条件下自由活动，鼓励其在活动中获得成功，对发展自主感有帮助。限制自由和多次失败会造成该时期儿童羞怯和怀疑。

学前期：主动性对内疚阶段。这一阶段，儿童的活动性和言语能力发展很快，活动范围大大扩展，好奇心和学习兴趣很大，表现出极大的主动性。另外，他们对所想做的事又具有内疚感，其中一部分原因是恋母情结的冲突，一部分原因是超我的发展带来的刻板性。

学龄初期：勤奋对自卑阶段。这一阶段，儿童智力不断发展，特别是逻辑思维能力的提高，使他们提出的问题更广泛、深刻。活动空间的扩大也使得影响他们的人已不限于父母。但在这一阶段，其勤奋行为往往带来不当的后果。因此，若将此看作捣乱，则易使其自卑。

青春期：同一性对角色混乱阶段。自我意识的确定和自我角色形成是其核心问题。对周围世界有了新的观察与思考方法，经常考虑自己到底是怎样一个人。他们从别人对自己的态度中，从自己扮演的各种社会角色中逐渐认清自己。逐渐疏远父母，从对父母的依赖关系中解脱出来，而与同伴建立了亲密的友谊。

成年早期：亲密对孤独阶段。这是建立在家庭生活的阶段。在与他人同甘共苦、相互关怀中建立亲密感。但若不能与他人分享快乐、分担痛苦，不能与他人进行思想感情交流，不能互相关心帮助，就会陷入孤独寂寞的苦恼情景中去。

成年期：繁殖对停滞阶段。只要两个人建立了一定程度的亲密性，他们的兴趣就开始扩展到不仅仅限于他们两个人，他们变得关怀和培育下一代了。

成熟期：完美（自我整合）对失望阶段。老年人常对一生进行回顾，想要知道一生是否活得有价值。在这一过程中，他们遇到了最大的失望，即觉得一生未实现理想，而岁月不再，已没有机会再过另一种生活了。

五、大学生自我意识的特点

大学生自我意识的特点和同年龄段的青年有相同之处，但是由于其特殊的教育环境和知识背景，他们的自我意识又与一般青年有些不同，主要表现为以下几方面：

（一）关注自身发展

大学生不像普通青年直接进入社会，而是有四至五年的知识技能的准备时间。在这段缓冲时期里，他们围绕个人发展、个人和社会的关系，主动积极地探索自我。他们会经常思考、反省这样的一些问题："我是谁？""我聪明吗？""我的性格怎样？""我将成为怎样的人？"等等。他们还自觉地把自我的命运和国家、集体的命运结合起来，经常考虑如何为社会服务。

（二）自我评价能力提高

由于各类知识增多，生活范围扩大，感性与理性趋于成熟，大多数大学生对自己的分析、评价逐渐变得客观、全面。大多数学生对自我的认识和评价基本与外界一致，并且自觉地按照社会的要求来评价和规划自己。

（三）自我体验丰富复杂

普通青年进入社会后，角色开始定位，在自我体验上相对来说要稳定简单些。大学生的自我体验是既丰富又复杂的，可以说是一生中或种种社会群体中"最善感"的一个年龄阶段或群体。一般说来，大学生自我体验的情绪情感基调是积极的、健康的。

（四）自我控制能力提高

大学生表现出强烈的自我设计和自我规划的愿望，绝大部分学生都奋发向上力争成才，并且根据自我制订目标，自觉调节行为。同时，他们强烈要求独立和自治，希望摆脱依赖和管束。

（五）自我意识统一阶段

自我意识分化、矛盾带来的痛苦不断促使大学生寻求方法以求得自我意识的统一，即达到自我同一性。自我同一性，是指主体我和客观我的统一、理想我与现实我的统一，也表现为自我认识、自我体验、自我监督的和谐统一。

第二节　大学生自我意识的常见问题

自我意识是人才成长和发展的必备心理要素。大学生正处在自我意识的确立、趋于成熟时期，因此，学会准确了解自己，必须了解大学生自我意识的发展过程与特征及影响大学生自我意识发展的因素，矫正自我意识的偏差，掌握提高自我意识的方法。

一、大学生自我意识的形成过程与特征

青年期被称为"第二次诞生"的时期，是自我意识迅速发展和确立的阶段。大学阶段是个体自我意识急剧增长、迅速发展和趋于完善的重要时期。大学生自我意识的发展会经历一个分化——冲突——整合的过程，并具有自身的特点。

大学生一般处于青年中期，他们的自我意识正经历着一个特别明显的分化过程。这时，原来儿童、少年时期"笼统的我"被打破了，出现了两个"我"：一个是处于观察地位的

我，即主体的“我”（I），它是根据主观的自我和主观感受的社会现实所希望的自己未来成为什么样的人而达成的自我状态，也就是“理想我”；另一个是处于被观察地位的“我”，即客体的我（Me），它指实际所达成的自我状态，也就是“现实我”。这种“理想我”与“现实我”的分化标志着大学生自我意识已开始走向成熟。正是这种分化过程，促进了大学生思维和行为主体性的形成，从而为客观地评价自己或他人、合理地调节自己的言行奠定了基础。这也是大学生自我意识发展的最重要的过程。

大学生是富于理想的，自我期望值也较高，当他们在认真进行自我观察、自我分析、自我评价时，不情愿地看到“理想我”与“现实我”之间存在的较大差距，而这种差距又不是一时半刻能消除的，因而产生了自我意识的矛盾，表现为内心冲突，甚至出现极大的内心痛苦和强烈的焦虑不安。归纳起来，当代大学生自我意识的矛盾冲突主要表现在以下几个方面：

（一）“理想我”与“现实我”的冲突

可以说这是大学生自我意识矛盾最突出、最集中的表现。大学生对未来充满信心，抱负较高，成就欲望较强，但由于他们生活的范围相对狭窄，社会交往比较单一，缺乏社会阅历，对自我认识的参照点较少，因此，不能很好地将理想与现实结合起来，从而使“理想我”与“现实我”之间产生较大的差距。这种差距在给大学生带来苦恼和不满的同时，也会激发大学生奋发进取的积极性。但如果这种矛盾与冲突过于强烈，不能及时加以调适，则会导致自我意识的分裂，从而带来一系列心理问题。

（二）独立意向与依附心理的冲突

上大学后，大学生的独立意识迅速发展，他们希望能在经济、生活、学习、思想等方面独立，希望摆脱成人的管束，自主地处理所遇到的一些问题。但他们在心理上又依赖成人，无法真正做到人格上的独立。这种独立意向与依附心理的矛盾也一直困扰着他们。

（三）交往需要与自我闭锁的冲突

大学生迫切需要友谊，渴望理解，寻求归属和爱。他们有强烈的交往需要，希望能向知心朋友倾吐对人生和生活的看法，盼望能有人分担痛苦、分享欢乐。但同时他们又存在着自我闭锁的倾向，许多人往往不愿主动敞开自己的心扉，而把自己的心灵深藏起来，在公开场合很少发表个人的真实意见。他们在与他人交往时存有较强的戒备心理。正是这种交往的需要与自我闭锁的矛盾冲突，使得不少大学生感觉十分孤独。

（四）自信心与自卑感的冲突

大学生考上大学时受到老师、家长、亲朋好友的赞誉和同辈人的羡慕，故而优越感和自尊心都很强，对自己的能力、才华和未来都充满了自信。然而进入大学后，群英荟萃，强者如云，许多大学生发现“山外有山”，尤其是当学习、文体、社交等方面显露出某些不足时，有些大学生就会陷入怀疑自己、否定自己的不良情绪中，产生自卑心理。在这些大学生的内心深处，自信心和自卑感常常处于冲突状态。

（五）追求上进与自我消沉的冲突

许多大学生都有较强的上进心，他们希望通过努力来实现自身的价值。但在积极上进时，困难、挫折在所难免，不少大学生常常出现情绪波动，对困难望而生畏、消极退缩，虽然退缩但又不甘放弃，心中依然想追求、想奋进，内心极为矛盾，困惑、烦躁、不安、焦虑也由此而生。

（六）激情与理智的矛盾冲突

这是自我意识的自我控制方面的冲突。自我控制是指个体摆脱监督和支配的一种自我意识倾向。青年大学生，最大的特点是感情易于冲动，表现出自我控制能力较差，甚至有时被人利用，听到赞扬时容易忘乎所以，受到责难时立刻怒发冲冠，讲到哥们义气处又极易铤而走险，往往理智让位于情感，导致做出一些错事、蠢事。在做过错事、蠢事后，又会后悔不迭，马上变得一蹶不振，使自己陷于懊悔的惆怅之中。处于激情与理智的矛盾冲突中的大学生往往激情占上风，意志力强的学生，理智才能控制激情。

由自我意识的分化带来的种种矛盾冲突是大学生自我意识发展中的正常现象，也是大学生迅速走向成熟的集中表现。自我意识的矛盾冲突一方面会使学生感到焦虑苦恼、痛苦不安，可能影响到他们的心理发展和心理健康，另一方面也会促使他们设法解决矛盾，来实现"理想我"与"现实我"的整合统一。而由于大学生个人的社会背景、生活经验、智力水平、追求目标等方面的差异，自我意识的整合统一途径也有所不同。总的来说其整合统一途径有三个方面。

一是努力改善现实自我，使之逐渐接近理想自我。二是修正理想自我中某些不切实际的过高标准，并改善现实自我，使两者互相趋近。三是放弃理想自我而迁就现实自我。一般来说，自我意识能进行积极的整合统一的个体，往往心情舒畅，生活如意，容易成功；自我意识消极整合统一的个体，即不惜牺牲理想自我而趋同现实自我以达到整合统一的个体，则往往胸无大志，悲观失望，难有作为；自我意识无法整合统一的个体，则往往内心苦闷，心事重重，无所适从。

大学生就其年龄而言，处于青年初期和中期阶段。特殊的年龄和心理生理发展阶段，使得他们表现出不同于其他青年人的自我意识特点。一是大学生较儿童少年时期更多地关注自己。二是大学生的自我意识逐渐趋于稳定，但未完全成熟，存在矛盾冲突。三是大学生自我评价能力增强，但存在片面性。四是大学生自我体验深刻丰富，但两极性明显。五是大学生自我认识、自我评价很容易受情绪的影响。六是自我控制、自我教育能力有较大提高，但仍有明显不足。

【知识链接】

成长的烦恼：到底是谁打碎了我的梦想?

我是一个来自教师家庭的孩子，父母视我为"掌中宝"，在父母关爱的目光中成长，我的心是自由而轻松的，重点小学、初中、高中就读的经历使我坚信我是属于全国一流大学的。然而，由于高考的失误，虽然我进入了全国重点大学读书，却不是我梦想中的学校。在接到通知的那一刻，我哭得天昏地暗，第一次遭此重创我几乎站不起来，我怕听到中学同学到名牌大学读书的消息，我担心自己的失败成为同学的笑料。

当九月明媚的阳光照在开心的大学新生脸上时，我却丝毫也高兴不起来。反正想既来之则安之，而心中的结并没有解开。由于盲目的自信，确信高考成绩超出其他同学 80 分，完全有能力胜任大学的学习，学习没有了动力，生活没有了目标，正如大海上漂浮的小舟，完全失去了原来的方向，在茫然徘徊中迎来了期末考试，我意外地收获了不及格的结果，但我并没有认真反思自己，而是将这一切归咎于我没有考取理想的大学，归咎于命运的不公平。第二学期，百无聊赖的我又在网上找到了久违的自信与上进心，我那颗曾经不服输的心复苏了，但这次不是为学习而是为网络，我彻夜上网聊天打游戏，在游戏中追求虚拟世界的成功。可想而知，第二学期五门功课同时亮起了红灯，学位没有了，不用说梦想中的名牌大学，连大学生的资格也将丢失，谁把我的青春弄丢了？正在此时，学校发出了让我回家的指令。我真的非常懊悔，第一次我深深自责，作为我们家庭的第一位大学生，我辜负了家长厚重的期望，作为重点高中的学生，我对不起培养我的老师，更重要的是我有负于自己的年华，此刻，我才发现大学的灯光是那么明亮，校园是那么美丽，而大学生活是如此让人难以割舍……

这是一位即将告别学校生活的大学生的内心独白，个体的人生不可复制，而自我发展的不可逆转要求每一位大学生都要认真审视自我，并为自我发展留下空间，因为青春属于人只有一次，而大学对年轻学子也只有一次，珍视自我，开掘心灵的宝库尤为重要。

二、大学生自我意识发展的影响因素

要准确了解自己，还应了解影响大学生自我意识发展的因素。我们可以将这些因素分为主观因素和客观因素两大方面。

影响大学生自我意识发展的主观因素主要有理想、价值取向、思维模式、心理与人格等。

理想是人们对未来所抱有的希望。理想始终在潜移默化地影响着一个人的思想和行为。确立什么样的理想，对人的一生有重要的作用。大学生处于生理和心理还未完全成熟的时期，自我意识也处于发展之中。因此，理想的树立对他们来说是成长过程中一个重要的环节。在大学生自我意识形成和发展的过程中，理想的影响首先表现为理想的感召力。理想是人的自觉的精神行为追求，树立了理想，人就有了精神支柱，有了动力。大学生如果自觉地把个人理想和社会理想结合起来，就会正确认识自我，正确认识各种社会现象。反之，夸大个人理想，把个人理想和社会理想对立起来，既不能正确认识自己，也不能正确认识社会。其次，理想的现实基础。理想总是有一定现实根据的。有许多大学生的自我发展不顺利，理想得不到实现，就是没有根据现实确立理想，“理想我”与“现实我”差距太大，甚至无法统一，其原因就在于此。

价值的本质就是主体的功能和作用对客体（社会）需要的满足。人的价值就是指个人作用对客体（社会）的需要的满足。在不同的价值观影响下，有不同的自我意识。大学生自我意识的一个特点是“理想我”与“现实我”的冲突。个人利己主义的价值观念具体反映到大学生的自我意识里，就是抽象地谈论“人”，人的价值，认为社会只是为自我发展提供条件，这样脱离社会的“理想我”构想，和“现实我”的冲突就是不可避免的了。我们鼓励学生在集体主义的价值观指导下树立“理想我”，这种“理想我”不以自我为出发点，而是考虑到社会现实、社会现实与自我的关系、社会现实背景对自我发展的约束，这样才能正确认识自我的地位、作用，正确地对待自我价值，从而形成符合国家和社会利益的自我意识，以便充分发挥自己的才华。

辩证的思维模式能帮助大学生全面地认识自我、评价自我，在“理想我”与“现实我”等自我的各种冲突矛盾中，能进行辩证的思考，有机地整合和统一自我的矛盾冲突；偏颇的思维模式则不能帮助大学生全面地认识自我、评价自我，在自我的冲突矛盾中，不能进行辩证的思维，很难整合和统一自我的矛盾冲突，而使自己陷入焦虑和痛苦。在思维模式中，不同的归因方式也会影响个人的自我意识。将个人的失败归因于运气、机遇等不可控制的外在客观因素的人，趋于自我保护和防御，缺乏正视现实和挫折的勇气，不利于自我认识和反省；将个人的失败归因于自身能力、水平等自身内在因素，又易于丧失自信、自尊，导致自我畏缩性行为；只有辩证地归因，才能不断奋起，化失败为成功之母。

大学生正处在青年末期向成年期的过渡时期，心理上也相应地处于尚未成熟向成熟的发展阶段。尚不成熟的心理水平使一些难以克服的心理和人格弱点成为影响他们自我意识发展的又一重要因素。大学生有限的认识水平、不够强的心理承受力、性格上的缺陷等，都会影响他们自我意识的发展。

影响大学生自我意识发展的客观因素主要有社会环境、文化氛围、学校和教师等。

人是社会性的存在而非孤立的抽象物，个体及其自我意识必然受到他所处的社会环境的影响。随着改革开放的不断深入，社会转型和变迁加剧，当代大学生正处在一个社会日益变动的时代。这种活跃开放的社会环境的确为大学生施展才华提供了更为广阔的天地，但也给他们带来了更多的选择和心理矛盾与心理压力。社会环境的竞争性既给他们鼓舞，也将不确定性和不安全感带给了他们。这既可刺激他们完善自我、超越自我，也可导致心理失衡和自我的失落。加上社会风气的影响，也会加剧大学生自我意识的矛盾冲突。由于大学生的心理、思想还不成熟，对社会风气还不能作出完全正确的分析和判断，因此社会风气对大学生的自我认识、自我评价，对大学生关于理想、前途的认识，都会产生关键性的影响。同时，社会风气是在一定时期内形成的，它必然反映在人们的意识中，而形成意识的过程是长期的。所以一旦形成一种意识后，其影响也具有长期性。大学生的自我意识是从中学时期自我意识延续下来的，还要加强、完善。同样，在大学生走向社会成为国家建设者后，他们的自我意识也是在差不多相同的背景上形成的。因此我们一定要重视社会风气的影响，并通过团体心理辅导尽可能消除一些不良的社会风气对他们所产生的影响。

文化氛围的影响包括三个方面。一是社会主导文化的影响。所谓“主导文化”是指在某一社会占主导地位的文化，它影响和制约着整个社会生活，是这一社会的灵魂。我国是社会主义国家，社会主义思想体系无疑是目前我国占主导地位的文化。受这一社会主导文化的影响，当前青年学生自我意识中投身改革、奋发向上、报效祖国、推进社会进步成为其主流。从总体来说，他们的个人目标和社会前进方向是一致的。二是社会亚文化的影响。“社会亚文化”是某一社会中处于次要、从属地位的文化。一般来说，亚文化与主文化的可融性较小，并往往以反或逆主文化的面孔出现，青年学生难免不受它的影响。由于受到年龄、知识结构、接触社会层面等的限制，社会亚文化在青年学生当中占有相当的市场。但只要我们正确引导，他们的价值观就一定会随着社会的主旋律而健康发展。三是受西方文化思潮的影响。随着我国改革开放，西方文化也逐渐浸透到社会生活和社会文化的各个层面，因此，青年学生的自我意识也受到影响。一般来说，西方文化在青年学生中通常会出现两种不同反映，一种是青年学生能够用辩证的观点对西方文化进行正确分析、评估、对待，从而确定自我对这种文化的认同、吸收、消化程度，并将其应用于社会，接受实践的检验。另一种则认同西方文化中那种灯红酒绿、纸醉金迷、奢侈的生活方式，过于追求个人价值、个人利益，从而在现实生活中表现出许多令人诧异的社会行为。

个人人际环境是个体直接参与和接受影响的亚环境，是自我的现实存在圈。个人人际环境主要指个人成长中的重要他人及其人际氛围，如父母、家庭、老师、学校、朋友、团体等对自己的影响。大学生已离开家庭、父母，进入大学学习生活，对大学生自我意识的发展影响最大的个人人际环境应数学校和教师了。教师在大学生自我意识的形成发展中有重要影响。教师因有丰富的知识而受到学生的尊敬。教师的言行、品德、信仰、精神境界等，有意无意地影响着学生，并受到学生的效仿。所以，教师角色不同于学校环境外的其他“角色”，对学生的影响作用是独特的。

因此，我们应把握影响自我意识发展的各种因素，巩固和发挥这些因素的积极影响作用，减少并尽量消除其消极影响，以便促进大学生准确地了解自己。

三、大学生自我意识常见的问题

自我意识作为人的心理调控系统，构成人格的核心，对大学生的成长和发展起着重要的作用。从某种意义上说，一个大学生有什么样的自我意识，他的人格就会向什么方向发展，他的生活情态和人生成败将打上深刻的人格烙印。从自我意识来说，当一个大学生自认为是个正直的人时，他的生活中就会坚持真理，维护正义，见义勇为，而不去做那些他认为不正直的事。从自我体验来说，当一个大学生见到别人的不幸就感同身受般感到痛苦时，他就会情不自禁地去帮助别人，而不会熟视无睹，无动于衷。从自我实现的意向来说，当一个大学生立志要做一个对社会、对国家有贡献的人时，他就会勤勤恳恳地为人民服务，而不会见利忘义，去做违背祖国和人民利益的事情。

从心理发展的角度看，处于大学阶段的青年学生的自我意识出现明显的分化，这种理想"我"与现实"我"的分化，或者会促进青年学生思维和行为主体性的形成，但也可能带来一系列的心理问题。这些心理问题虽然是心理发展中的问题，但不能忽视，否则，将可能引起更为严重的心理障碍和疾患。心理学研究表明，大学生自我意识发展中产生的心理问题主要表现在以下几个方面。

（一）理想和现实的冲突

当代青年大学生都有远大的志向和抱负，有充分的自信心，但大学生在对现实的认识和评价会出现一些偏差，造成理想和现实的冲突。一部分大学生将自己的目标抬得过高，又轻率地夸大了实现目标的可能性，在情感方面表现为狂傲。但一旦遇到目标无法达成和现实不尽如人意时，就会产生十分强烈的挫折感。有一部分大学生在设计美妙的理想时，将自己应该持有的形象设计得过于完美，但在观照现实中的自我时却低估了自我或者缺乏以发展的眼光看待自我，随之感到沮丧，自卑感十分强烈。还有一些大学生理想设计得十分美妙，同时自我评价也高，但过分夸大了实现理想的外部环境的不利因素，这类学生自视清高，但对自我要求不高，整天抱怨外界而不反省自己，对学习、工作缺乏热情。

造成大学生理想与现实冲突加剧的原因是多方面的。

首先，大学生的认识能力，尤其是认识复杂的社会环境的能力，还未完全达到成人水平。大学生肩负着较重的社会责任，他们作为未来社会的高级人才，理应具备相当高的素质，同时社会也赋予他们"天之骄子""祖国栋梁"的称号，更加强化了大学生的这种认识，几乎每一个大学生都将理想中的我设计得近乎完美。而现实生活中的年轻人却不可能不存在缺陷与不足，由此产生的理想与现实的冲突在大学生的认知体系中表现得十分明显。

其次，传统教育模式使大学生缺乏实践和接触社会的机会，许多大学仍然宛如身在象牙塔。在这种"温室式"的教育中，学生无法得到体验挫折的机会，他们从小学到大学的经历几乎是一帆风顺的，从而导致学生对现实的估计简单化。他们的理想常常是建立在书本理论基础上的，是建立在一种理想环境下的，因而大学生的理想与现实的冲突加剧就在所难免了。

（二）独立性和依赖性的矛盾

青年大学生的独立意识日益增强，格外重视自我的独立人格和地位，往往对教师和父母等成人的监督感到厌烦，他们忌讳别人约束自己，希望在现实生活中有更大的自由度。同时，大学生由于缺乏社会经验，必然对教师和家长存在依赖心理。这表现在有相当一部分大学生生活自理能力低下，不会安排自己的学习、工作、生活。有人一个学期的生活费竟在开学不久就被使用殆尽；有的大学生在面临选择时，优柔寡断，自我参与意识不强；有的甚至连选修科目的选择、周末的活动方式、朋友的交往，等等，都渴望有人“做主”。

大学生上述独立意识增强但独立能力不高之间的不协调造成了大学生独立性与依赖性的矛盾，这表现在：一方面，由于实践经验少，当面临不熟悉的错综复杂的情境时，就感到心中无数；另一方面，我国大学生就学期间经济上一般靠家庭供给，尽管渴望独立，实际上却不能完全真正独立。因此，尽管大学生成人感迅速增强，他们渴望走向独立生活，强烈要求社会承认他们的成人资格，自信心、自尊心、独立意识都有很大提高，同时，大学生还处于能赋予个人更多独立与自由空间的大学校园环境中，然而由于各种主客观因素的限制，使大学生往往有要求独立的想法而没有独立的行动。他们还不具备完全依靠自己的力量来处理好一系列复杂的实际问题的能力，仍处于一靠家庭、二靠学校的状况。

人的独立能力是需要有意识培养的，学校教育理应帮助青年增强独立能力。但在高中阶段，所有活动都指向升学这唯一的目标，至于学生生活自理能力的培养、学生自主选择活动以及未来专业等都是由学生家长和教师代劳的，学生唯一的活动便是读书、考试。进入大学，由于有了较为宽松的环境，学生有较大的自主性，学生面对突变的环境，往往无所适从，加之在大学里也缺乏生活技能的培养、学习方法的掌握及心理困扰的指导。学校给予学生的较大自主性和我国家庭文化传统习惯于给尚未工作的大学生以过多的呵护之间造成对比，加剧了学生依赖性与迅速发展的独立性之间的矛盾冲突。

（三）过分追求完美

宇宙中完美的事物很少，完美的人更难求，“金无足赤，人无完人”，重要的是如何对待。但在实际生活中，许多大学生不能面对自己的缺点，不能正视自己的短处，不是鼓起勇气接受事实，而是采取自我否定或自我回避的态度，导致心理负担加重。“某名牌大学的一位品学兼优的三好生、优秀学生干部，因为在一次晚会上唱歌走调，引起同学的哄笑，便觉得无地自容而自杀”，可见大学生在检讨自己得失时不能做到平心静气，而是采用简单的标准衡量复杂环境的各种事物。

由于大学生所处的独特的社会层次以及具有较高的文化素质，使本来就喜欢标新立异的他们看问题的视野较一般人有所不同，几乎每一个大学生都有一种以天下为己任的抱负。大学生在关心社会发展、看待现实世界时，是抛开切身利益的，总是关注整个社会的进步，加上大学生生活阅历有限，与社会有一定的距离，社会实践能力不够，他们在谈论、评价、思考社会问题时，往往将复杂的社会问题看得太简单，往往把解决问题的一段过程看成一个点，带上幻想的色彩，不能十分切合实际，不能深入、准确、全面地认识问题，在看待事物时，只注重“应然”而忽视“实然”。

（四）过分注意外界评价

尽管很多大学生崇尚“走自己的路，让别人说去吧”，但这并不能掩饰大学生过分注意外界评价的倾向。“让别人说去吧”更多的是大学生为避免使外界评价损伤自己自尊心的一种策略性的心理安慰。大学生群体中，为了“面子”“名声”而使自己苦苦煎熬的现象正是大学生过分注意外界评价的反映。

每一个体总是在获得外界对自己的评价的过程中逐步提高自我认识能力的。大学生自我意识尚未成熟，在对外界评价信息的选择性接受方面较成人差。大学生往往进行向上的社会比较，而不善运用自我美化策略手段进行向下的社会比较，当他们获得肯定的评价时，则认为自己是大学生，理所当然得到此类评价；而当获得否定评价信息时，往往导致自信心下降或妒忌心上升。另外，大学生自我批评态度尚未最后形成，有许多学生的经历是相当顺利的，几乎是在家长、邻居、教师的赞扬声中度过的，如果在大学阶段获得外界有关自己的否定评价信息时，则十分敏感，从而产生内心的苦闷，严重者会导致心理失衡，甚至产生一系列人格障碍。

总之，产生大学生自我意识发展中一系列问题的根本原因在于自我意识的增强与认知能力发展的不协调。具体表现在：一方面，大学生所处的年龄阶段及其所具备的文化水准，使大学生具备了注重自我体察、注重内省，以尽快达到被赋予的社会责任所必需的素质要求，自我意识不断发展。另一方面，大学生毕竟还是在校学生，还不同于社会成年人，他们尽管被赋予较重的社会任务，但不是要求他们立即完成的，而是未来要完成的任务；他们被授予“天之骄子”“社会栋梁”的称号是指向他们的未来的，是一种社会责任，而不是一种社会地位，更多的是一种社会的期待，而不是社会对大学生现实的褒奖之辞。由于大学生还是以学习间接经验为主，所处的环境还是理想色彩较浓的校园，他们缺乏实践，阅历较浅，他们现实所具备的能力与他们被期待的水平有相当的距离，于是产生了多种冲突。

大学生在自我意识发展的过程中会产生一系列心理问题，尽管这些问题是发展中的问题，从一定意义上讲是必然要出现的，但作为学校，不能等闲视之，应该主动关心和干预，加强心理指导，以减缓、减轻由此给大学生带来的一些负面影响。同时，作为大学生自己已具备了一定的自我认识等能力，应在学习、工作、生活中不断地加强自我修养，促进自我意识健康发展。

第三节 大学生自我意识的心理调适

自我意识的培养，是引导主体按社会要求自觉地对客体进行自我意识的教育，是自我意识的最高表现，是大学生完善自己的个性，实现自我价值的重要途径。提高大学生自我意识的方法很多，主要有以下途径：

第一，要建立良好的自我意识发展的导向系统。

我们应从当代大学生自我意识发展的规律入手，教育和引导大学生树立正确的人生价值观，帮助大学生建立良好的自我意识的导向系统。教育实践证明，对教育效果起决定作用的环节在于被教育者根据自己的需要有选择地接受社会道德规范、价值观念等要求，使之“内化”为个体的思想品德意识，再“外化”为个体的道德行为。这种“内化”和“外化”作用是任何他人也无法替代的心理过程。一方面，在价值观教育中充分利用大学生自我意识分化其矛盾的积极因素，并排除其消极方面，就有可能促进大学生自我心理的调节；另一方面，使其矛盾中的“理想我”和“现实我”逐步走向统一，达到自我教育的最高境界，为其自我意识的完善奠定良好的基础。在对大学生进行树立正确人生观和价值观的教育中，除正确认识集体主义和个人主义，划清正当的个人利益与个人主义的界限，摆正金钱在人生追求中的位置外，重点应从有志者追求最大限度地实现自己的人生价值的引导入手进行积极引导，为自我意识的最终完善作出明确的导向。

第二，要构建良好的自我调节系统。

首先要正确认识自我，全面评价自我。正确认识和评价自我是自我调控的重要因素，是塑造、完善自我意识的基础。大学生对自己的价值观、愿望、动机、个性等特征以及自己的所作所为有一个正确的全面的认识和评价，就能够取长补短，调控自我，发展自我和完善自我。真正地认识自己，全面评价自我的方法很多，一是与他人比较，认识和评价自己。个人认识与评价自己的能力、自己的价值、自己的品德以及个性特征往往是通过与他人的比较而实现的。与他人比较，最重要的是要选择恰当的参照系。大学生不仅仅要与自己情况差不多的人相比，更要与优秀的人们相比，与理想的人物和标准相比，正所谓“见贤思齐焉”。二是从他人对自己的态度中认识和评价自我。人们总是要在与他人的相互交往中不断深化对自己的认识，同时也在认识和评价他人，在评价他人的过程中，也接受他人对自己的评价。三是通过反省自己的心理活动和行为来认识、评价自我。随着大学生自我认识与自我评价能力的提高，大学生必须经常反思自我，勇于并善于将自我作为一个认识的对象，严于解剖自我，敢于批评自我。四是积极参加实践活动，借助活动认识和评价自我。大学生应打破自我心理闭锁，增加生活阅历，在积极参加实践与交往中使自己的天赋与才能得以发挥，以便进一步全面评价自我和发展自我。五是综合分析评价。将通过各个途径获得的关于自我的信息进行分析、综合与比较，实事求是地全面评价自我。

其次要欣然接受自我，恰当展示自我。对大学生来说，认识自我固然不易，接受自我和展示自我常常更难。欣然接受自我，就是对自己本来面目的认可、肯定和喜悦的态度。欣然接受自我有助于维护和增进心理健康。将一个真实的我、本来的我展示于人们面前，可以让别人了解自己，展示自我有助于密切人际关系，有助于正确认识自我和评价自我。此外，唯有欣然接受自我，才能自重自爱，珍惜自己的人格和声誉，努力进行自我修养，谋求自身的发展。怎样欣然接受自我呢？一是要全面、正确地评价自己。对自己的长处短处不能夸大，也不要贬低。二是要正确对待短处。短处有两种，一种是能够改进的，如不良的习惯等；另一种是无法补救的，如先天的身材矮小等。对前一种短处要闻过则改，不可文过饰非；而对后一种短处则要勇敢地面对它、承认它、接受它。三是要正确地对待失败。有的人面对失败一味地自责贬低自己，使自己丧失信心。我们要清醒地认识到眼前的失败并不代表永恒的失败，须知“失之东隅，收之桑榆”，大学生应正确地对待失败，作生活的强者。

再次要努力塑造自我，积极超越自我。认识自我、悦纳自我是为了塑造自我、超越自我。只有自觉地塑造自我的大学生才能更好地发挥人所特有的自我教育功能。大学生既要注重自我又不应固守自我。一个人要想在社会中扎根，就必须努力超越自我。超越自我就是超越现实自我而成为理想自我的过程。“自我”是在超越自我的过程中不断发展完善的。因此，大学生不应满足于现在的“我”，而应充分认识到自己所处的时代，感受到肩负的历史重任，尽全力地发挥自己的才华，发掘自己的潜能，使自我得以发展。

【知识链接】 以铜为镜，可以正衣冠；
以古为镜，可以知兴替；
以人为镜，可以明得失。

【知识链接】

乔韩窗口理论：美国心理学家约翰和哈里提出了关于人自我认知的窗口理论，被称为乔韩窗口理论。他们认为人对自己的认识是一个不断探索的过程。因为每个人的自我都有四部分：公开的自我、盲目的自我、秘密的自我、未知的自我。通过与他人的接触分享秘密的自我，通过他人的反馈减少盲目的自我，人对自己的了解就会更多更客观。

	自己知道	自己不知道
别人知道	A 公开的我	B 盲目的我
别人不知道	A 秘密的我	B 未知的我

【知识链接】

心理活动一：20个我是谁

目的：强化自我认识，促进自我接纳。

操作：

① 写出 20 句“我是怎样的人”，要求尽量选择一些能反映个人风格的语句，避免出现类似“我是一个男生”这样的句子：

我是一个____的人。

我是一个____的人。

……

② 将陈述的20项内容做下列归类：

A. 身体状况（你的体貌特征，如年龄、身高、体形、是否健康等）。

编号：________________________________

B. 情绪状况（你常持有的情绪情感，如：乐观开朗、振奋人心、烦恼沮丧等）。

编号：________________________________

C. 才智状况（你的智力、能力情况：聪明、灵活、迟钝、能干等）。

编号：________________________________

D. 社会关系状况（与他人的关系、如何和别人应对进退、对他人常持有的态度、原则，如：乐于助人的、爱交朋友的、坦诚的、孤独的，等等）。

编号：________________________________

E. 其他

编号：________________________________

分类是为了了解自己对自己各方面的关注和了解程度，某一类项目多，说明你对这方面关注和了解多；某一类项目少或没有，说明你对这方面关注和了解少或根本就没关注、不了解。健全的自我意识应能较为全面地关注和了解自己。

③ 评估你对自己的陈述是积极的还是消极的。在你列出的每句话的后面加上正号（+）或负号（-）。正号表示“这句话表达了你对自己肯定满意的态度”，负号的意义则相反，表示“这句话表达了你对自己不满意、否定的态度”。看看你的正号与负号的数量各是多少。

如果你正号的数量大于负号的，说明你的自我接纳状况良好。相反，你的负号将近一半甚至超过一半，这显示你不能很好地接纳自己，你的自尊程度较低，这时你需要内省一番，寻找问题的根源，比如是否过低地评价了自己？是什么原因使你成为这样？有没有改善的可能？

④分组交流。将团体成员分成 4～6 人的小组，在组内进行交流。交流对自己的认识，以及对活动的感受。

⑤团体内分享。每组派一名代表在团体内进行小组情况交流或个人体会的发言，供大家分享。

心理活动二：价值大拍卖

本活动就是用类似魔术店的方法，帮助学生了解有关爱情、友情、健康、美貌、爱心、金钱、欢乐等多方面的价值观念。因为在拍卖会上，你的价值观念直接影响你在拍卖时的选择，你可以从自己的取舍中了解自己的价值观和人生态度，思考和澄清自己的价值观念。

（一）活动规则

1. 拍卖的东西如下表，每一样东西都有它的底价（元）。
2. 每组同学有10000元，每人出价以500元为单位，价高者得。
3. 有效利用手中的10000元，尽可能买更多的东西。
4. 报价举手的同时叫价。
5. 所有项目的底价均为500元。

项目	项目	项目
1.爱情	8.爱心	15.大学毕业证书
2.友情	9.财富	16.威望
3.健康	10.欢乐	17.诚实
4.美貌	11.长命百岁	18.分辨是非的能力
5.亲情	12.汽车	19.地位
6.权力	13.享受一次美餐	20.名垂青史
7.自由	14.房子	21.精湛的技艺

（二）活动过程

1. 首先拍卖爱情，大家开始叫价，价高者得。
2. 其次拍卖健康，……

（三）专人记录

如***投得爱情，3000元，成交。

（四）每位同学自我总结

- 你最初打算买进的5样东西是（并排序）：______
- 你最终买进的东西是：______
- 你的花费为：______
- 最终确定你想要的是东西是：______
- 用一句话概括出本次活动结束后的你的感受：______

（五）小组讨论

◆ 有没有同学什么都没有买？为什么什么也没买？

◆ 你是否后悔得到你所买的东西？为什么？

◆ 拍卖过程中你的感受如何？

◆ 假如现在已经是人生的尽头，请你看看你手上所有的是什么东西？他们对你来说是否仍有意义？

现在把你自己最想要的东西写下来，想一想在现实生活中怎样才能得到它呢？

（六）全班讨论

此活动对你的启示是什么？

心理活动三：天生我才

1. 我最欣赏自己的外表是______。
2. 我最欣赏自己对学习的态度是______。
3. 我最欣赏自己对朋友的态度是______。

4. 我最欣赏自己的性格是______。
5. 我最欣赏自己的一次成功是______。
6. 我最欣赏自己对家人的态度是______。
7. 我最欣赏自己做事的态度是______。

思考题：

1. 什么是自我意识?
2. 大学生自我意识的常见问题有哪些?
3. 你可以通过哪些途径来准确地了解自己?

本章作业：我的自画像

要求：运用简洁、得体的语言或文字勾画出自我形象，包括从心理到生理，从外表到内在，从性格到兴趣爱好。文字描绘越是接近真实的自我则越好。

第三章

我健康 我幸福——大学生健康生活方式

健康生活是指有益于健康的习惯化的行为方式，具体表现为生活有规律，没有不良嗜好，讲究个人、环境和饮食卫生。讲科学、不迷信，平时注意保健，生病及时就医，积极参加有益的健康文体活动和社会活动等。健康的生活方式是需要培养的，培养的主动性在人们自己。生活方式管理的观念就是强调个体对自己的健康负责。

第一节 生活方式概述

当今世界经济全球化，人们的生活方式也越来越国际化，生活方式一般指人们的物质资料消费方式、精神生活方式以及闲暇生活方式等内容。它通常反映个人的情趣、爱好和价值取向，具有鲜明的时代性和民族感。

生活方式是人的社会化的一项重要内容，决定了个体社会化的性质、水平和方向。生活方式是一个历史范畴，随着社会的发展而变化。不同社会，不同历史时期、不同阶层和不同职业的人，有着不同的生活。一个人的思想意识，又会反作用于一个人的生活意识。总之，生活方式的变化直接或间接影响着一个人的思想意识和价值观念。因此，社会生活方式是通过一个人的思想意识与心理结构的形成影响着一个人的行为方式和对社会的态度，反映了一个人的价值观念，即世界观的基本倾向。

我们说影响健康的因素很多，诸如遗传因素、环境因素（土壤、空气、水质、气候、居住、战争、瘟疫）意外因素等。大量研究证实，在危害人类健康的疾病中，内因的作用只占15%，而外因作用却占85%，其中社会因素占10%，医疗因素占8%，气候地理因素占7%，而个人的生活方式、行为习惯占60%。由此可见，不良生活方式是导致人们产生疾病的主要原因。

美国疾病控制中心调查统计了心脏病、癌症、中风、车祸、意外、流感肺炎、糖尿病、肝硬变、自杀、他杀等 10 个最常见的死因。从统计资料来看，除流感肺炎（自然环境）、糖尿病（遗传因素）外，其他 8 个常见死因都与不良生活方式有关，最重要的前 4 位危险因素是吸烟、过量饮酒、膳食不合理、缺少运动，可见当今不良生活方式引起的疾病可以称为生活方式病，它是目前全世界各国医药费居高不下的重要原因。

中华人民共和国国家卫生和计划生育委员会疾病控制司也有调查，我国前 10 位死亡疾病中，不良生活方式行为在致病因素中占 44.7%，在疾病发生原因中占 80%，例如酗酒、吸烟、缺乏运动、营养不合理、生活不规律、肥胖、吸毒、紧张、孤独、抑郁等都有统计数据，和美国 CDC 相似。美国曾预测：使美国成年人平均寿命增加 1 年，需花费 100 亿美元，而如果人们做到不吸烟，少饮酒，合理饮食，多运动，几乎不花钱就能使人们平均寿命增加 11 年。我国专家也预测，如果能做到合理膳食、适量运动，戒烟限酒，心理平衡，我国成年人的平均寿命可增加 10 年。和美国专家预测的惊人相似。可见生活方式虽是个人和社会的行为模式，受到自然环境和社会环境的影响，但又是可由个人选择和控制的。

世界卫生组织 Dr. Harlem Brundtland 总干事在 2002 世界卫生报告《减少危险，促进健康的生活方式》中指出全球公认有害健康的危险因素分别是：儿童和母亲低体重、不安全性行为、高血压、吸烟、饮酒、不安全的饮用水和卫生问题、高胆固醇、固体燃料引起的室内烟气污染、铁缺乏、肥胖。发展中国家前 10 位危险因素分别是：饮酒、高血压、吸烟、低体重、肥胖、高胆固醇、水果和蔬菜摄入量低、固体燃料引起的室内烟气污染、铁缺乏、不安全的饮用水和卫生问题。如果对这些危险因素采取有效的干预措施，将使全球人的健康期望寿命延长 5～10 年，而中国是 6 年。

【知识延伸】

刷牙时间

饭后三分钟是漱口、刷牙的最佳时间。这时候口腔里的食物开始分解食物残渣，产生的酸性物质容易腐蚀牙釉质，使牙齿受到损害。夜晚刷牙比清晨刷牙好。因为，白天吃东西，有的东西会堵塞在牙缝里，如果睡前不刷牙，食物经过一夜发酵腐烂，细菌大量滋生，产生的乳酸会严重腐蚀牙龈，引起龋齿病（俗称“虫牙”）或牙周炎。所以夜晚刷牙好。

饮用牛奶时间

牛奶含有丰富的钙，睡觉前饮用，可补偿夜间血钙的低落状态，保护骨骼。同时，牛奶有催眠的作用。早晨喝杯牛奶补充一上午的蛋白质及能量等，让早餐更营养健康。但最好不要空腹喝牛奶，以免优质蛋白被充当直接能量消耗掉，所以先吃点面包等含碳水化合物的食品是有必要的。

吃水果时间

吃水果的最佳时间是饭前一小时。水果属于生食，最好吃生食后再吃熟食。注意，是饭前一小时左右，而不是吃完水果紧接着吃正餐哦！

喝茶时间

喝茶的最佳时间是用餐后一小时。饭后马上喝热茶，并不是很科学，因为茶中的鞣酸可与食物中的铁结合，变成不溶性的铁盐，干扰人体对铁的吸收。

散步时间

饭后 45 分钟至 1 小时，散步 20 分钟，热量消耗最大。如果在饭后两小时再散步，效果会更好。注意，最好不要刚吃完就立刻散步。

洗澡时间

每天晚上睡觉前，冲一个温水澡，能使全身的肌肉放松，减轻疲劳，也能减轻压力。

睡眠时间

午睡最好在中午十一点到下午一点之间，对心脏尤其有好处。饭后半个小时就可以上床小睡一会儿，以 30～40 分钟为最好。晚上，则以十点至十一点上床为佳，因为人的深睡时间在半夜十二点至次日凌晨三点，而人在睡后一个半小时就能进入深睡状态。

锻炼时间

傍晚锻炼最为有益，原因是：人类的体力发挥或身体的适应能力，都以下午或接近黄昏时分为最佳。此时，人的味觉、视觉、听觉等感觉最敏感，全身协调能力最强，尤其是心率与血压都较平稳，最适宜锻炼。

第二节　生活方式病

生活方式病（life style related disease）指与生活方式和环境因素有明确因果关系的疾病，包括由于衣、食、住、行、娱等日常生活中的不良行为，以及社会的、经济的、精神的、文化的各个方面的不良因素导致的躯体或心理的疾病，称为“生活方式病”。

“职业枯竭”“手机依赖综合征”“中关村综合征”“依赖症”“周末综合征”“性危机”“快节奏”综合征、“忧郁症”，一个个可怕的词语正在充斥着我们的生活，我们正在面临所谓的“生活方式”带来的各种疾病！不健康的生活方式直接或间接与多种慢性非传染性疾病有关，如高血压、冠心病、肥胖、糖尿病、恶性肿瘤等。原来以老年患者为主的这些慢性疾病，现在已经有“年轻化”的趋势。专家已经向北京人发出了警告：1/3 北京人都患有生活方式疾病，它正在以快速蔓延的方式侵袭着每一个人。开私家车上下班、坐计算机前完成一天的工作、餐桌上推杯换盏、灯红酒绿的夜生活里度过夜晚时光……这曾是许多人追求的幸福生活，而今我们享受到了，“生活方式病”却已经开始缠身了。在过去的一个世纪里，不良生活方式导致的慢性非传染性疾病取代传染疾病，成为“头号杀手”。现代人类所患疾病中有 45%与生活方式有关，而死亡的因素中有 60%与生活方式有关。

职业病也属于生活方式病的范围。现代白领阶层普遍患有颈椎病、肩周炎、痔疮等疾病，这与长时间伏案工作，缺乏必要的身体活动有关。

中国疾病预防控制中心健康教育所所长侯培森说：“其实，对于生活方式病，真正的危害不是来自疾病本身，而是来自日常生活中对危害健康的因素认识不足，不懂得生活方式与疾病的关系，脑子里还没有“健康生活方式”的概念。这才是今后生活方式病对人类真正的威胁所在。”

健康的重要性人人皆知，人人都希望有一个身心健全的身体，可愿望是美好的，现实却不尽如人意。如果大家留心观察一下自己和周围的人就会发现，经济条件好了，生活好了，可我们的身体状况并没有也相应地好了。我们现在很少见到以往那种因缺衣少吃而引起的贫血、营养不良性水肿、面黄肌瘦、小儿佝偻病等。一个个看上去能吃、能喝，腰粗体胖，以为这就是身体好的标志，可以高枕无忧了，可一体检问题就来了。医生说血脂高、血压不正常、血糖情况也不好，如同当头一棒，到底怎么了，我没有感觉到有哪儿不舒服啊？留下一串串“？”。生活中也常遇到这样的事，昨天还在一起工作的同事、一起玩的同伴，一觉睡下去就不醒了。也常常听说某某得了糖尿病、某某得了冠心病、某某得了癌症……一直以为这些病离我们远着呢，慢慢发现其实它们就在我们身边，正对我们虎视眈眈呢。这些是发生在我们身边的事实。

世界卫生组织的一项调查表明，现在真正健康的人约占总人数的 15%，而真正被医生确诊患有疾病、属于不健康状态的人也占 15%左右，那么还有 70%的人是一种什么状态呢？

如果把健康和疾病看作生命过程的两端的话，那么它就像一个两头尖的橄榄，中间凸出的一大块，正是处于健康与疾病之间的过渡状态——次健康（Sub Health）。次健康又称亚健康、第三状态。学生考试成绩不好，运动员成绩不理想，工作效益低下，等等，抱怨说“进入不了状态，没状态”，其实这些表现就是医学上所说的亚健康。

亚健康状态是指人们还未患病，但已有程度不同的各种患病的危险因素，具有发生某种疾病的高危倾向。这类人群中较普遍存在“六高一低”的倾向，即存在着接近疾病水平的高负荷（体力和心理）、高血压、高血脂、高血糖、高血粘、高体重以及免疫功能偏低。有的专家归纳为“一增三减”，一增是疲劳感增加；三减为活力减退、反应能力减退和适应能力减退。就年龄而言，40 岁以上的人群中疾病的多种危险因素陡增，亚健康的比例陡增，55 岁前后就明显增多，多数人都具有一种或多种疾病的危险因素，滑向疾病的步伐加快。

在某种因素的促发下，可突发重症，甚至猝死。城市 40 岁以上的白领阶层中，由于负荷过重，引起慢性疲劳、情绪不稳和代谢异常的情况比较突出。在一组百余名 40 岁以上的记者、编辑中，70%有高血脂，75%有脂肪肝；在竞争激烈的企业家和科技精英中，此类情况更严重。

上海市有高级职称的中年知识分子，75%属于亚健康人群；2010 年，中国科学院某研究所对 378 名科技人员进行健康体检，发现患心脑血管疾病率竟达 70%。在北京中关村科技精英汇集之地，知识分子的平均寿命只有 53.34 岁，比北京市平均寿命 75.73 岁低 22.39 岁。特别是一些著名科学家，如蒋筑英、罗健夫、张广厚、钟家庆、施光南和陈景润等都先后英年早逝，令人痛惜，对其家庭和国家来说都是巨大的损失。

【知识拓展】

世界卫生组织对影响健康的因素进行过如下总结：

健康=60%生活方式+15%遗传因素+10%社会因素+8%医疗因素+7%气候因素。由此可见，健康的生活方式管理是新兴起的个人健康管理中最重要的一个策略。健康的生活方式是需要培养的，培养的主动性在于人们自己。生活方式管理的观念就是强调个体对自己的健康负责。

生活方式管理是通过如下措施达成的。

1. 教育：传递知识，确立态度，改变行为；
2. 激励：通过正面强化、反面强化、反馈促进、惩罚等措施进行行为矫正。
3. 训练：通过一系列的参与式训练与体验，培训个体掌握行为矫正的技术。
4. 营销：利用社会营销的技术推广健康行为，营造健康的大环境，促进个体改变不健康的行为。

健康的生活方式管理核心是养成良好的生活习惯。很长一段时间内都需要人们自己制订一系列的健康计划，由执行者靠毅力自觉执行，由于较枯燥难坚持，通常半途而废的居多。随着移动互联网的兴起，健康的生活方式管理方法也随之有了改变。一系列的移动互联网健康管理工具为人们提供了不少便利，使得生活方式的养成更有趣，人们也更有动力。

多 C 就是这样的一个移动互联网生活方式管理工具。它也是国内第一个以“健康生活方式”的发现、分享、实现为目标的健康社区，它通过简单的“一键跟随订阅+定时/即时推送提醒+待完成列表”的创新结合方式，完成个性化的健康生活方式管理。

第三节　大学生不良生活方式及良好生活方式的培养

一、大学生中存在的不良生活方式

学生中存在的不良生活方式主要有以下 4 种。

（一）极度缺乏体育锻炼

约 12%的人每周都固定时间进行锻炼，51%的人选择了“几乎不锻炼”。这极易造成疲劳、昏眩等现象，引发肥胖和心脑血管疾病。

（二）不吃早餐

从数据中可以知道，很多大学生不吃早餐。被调查者中，只有 15%的人是有规律、按照营养要求吃早餐的。不吃早餐或者胡乱塞几口成为普遍现象。

（三）不能保证睡眠时间

有超过 6 成的人经常不能保证 8 小时睡眠时间，有经常熬夜、通宵的习惯。

（四）面对计算机过久

很多大学生经常每天使用计算机超过 8 小时。过度使用和依赖计算机，除了辐射外，还使眼病、腰颈椎病、精神性疾病在大学生群体中十分普遍。

二、大学生不良生活方式的原因分析

（一）社会上不良生活方式的诱导

由于我国目前正处于社会转型期，多种利益主题、多种价值观并存。因此在生活方式上也表现出良莠并存的混杂状态。一方面，西方资本主义生活方式通过各种途径被迅速传播到了各地，这其中不乏大量挥霍、颓废、色情等不健康的生活方式；另一方面，一些封建、没落的生活方式也打着“开放”的旗号大行其道，如豪奢斗富、包妻养妾、性解放等不良生活方式，这些都对大学生产生了一种心理诱导，在一定程度上会催生不健康生活方式的欲望。

（二）高校对大学生生活方式的重视、引导力度不够大

多数高校比较重视人生观、世界观、价值观的教育，而集中地对学生开展系统的生活方式教育基本上还是一项空白。学校、院系两级学生工作部门的工作都缺乏生活方式教育内容，学生社团也缺乏这方面的专项活动。同时，一些高校对此还存在一定的误区，总认为学校日常思想政治教育中已经包括了大学生生活方式的教育和引导，没必要单独对之进行教育和引导。

（三）家庭教育引导不够

许多家长认为，孩子考上大学，家长自身的教育管理任务已经完成，剩下的事就由高校来管理和教育，同时，认为孩子考上大学是长大成熟的重要转折点，以前不允许做的许多事

情现在可以做了，甚至错误地认为，中学里孩子吃了很多的苦，现在可以放开手给孩子自由。在这些错误思想指导下，许多家长对孩子很少过问，孩子也像挣脱了羁绊一样，想痛痛快快地释放长久以来压抑的激情。学习不像中学那样投入，消费不像中学那样处处受家长限制，生活方式缺乏理性的自控。

（四）大学生自身的综合素质需要提高

目前，大学生有年龄趋小的趋势，这些学生大多是独生子女，在家享受着“星级服务”，缺乏独立生活的能力。上大学后，个性都比较强，同宿舍的同学来自天南地北，语言和生活习惯各不相同，难免磕磕碰碰。遇到挫折后，大多选择去喝酒、上网聊天、通宵玩游戏等排遣方式。这些方式大多无益于大学生正确处理交际不适，反而会促成不良习惯的形成。另外。对于许多不良生活方式大学生大多能正确对待，但是在实际行动中，许多人又缺乏自律，无法严格要求自己，依然放任自我，形成认知和实际行为相脱节的矛盾现象。

三、大学生如何培养良好的生活习惯

生活习惯代表着个人的生活方式。良好的生活习惯不仅能促进个人的身心健康，而且也能对人的未来发展有间接的作用。大学生精力旺盛，又处于长身体、长知识的阶段，良好的生活习惯是确保顺利、成功度过大学阶段的一个重要基础。为了达到身心健康的目的，从一进大学起，就该切实重视这个问题，培养良好的生活习惯，并防止不良生活习惯的形成。以下就大学生群体中常见的减肥误区和正确使用计算机为例进行简单说明。

（一）减肥误区

误区之一是不吃或少吃主食，以为少吃粮食就能减肥。

在平衡膳食中，从数量来说，谷类是基本的组成，谷类食品所提供的热量，应占人体摄入总热量的 50%～60%。谷类食品还是人体所需膳食纤维、B 族维生素等的重要来源。降低热量的摄取应该降低脂类食品的摄入，做到“控制主食，少食油脂，高蛋白质”。

误区之二是不吃脂类食品，甚至干脆素食。

动物性食品中含有大量的优质蛋白质以及多种维生素和矿物质，是人体所必需的，青春期的学生如果这些激素合成受阻，对于正常的生长发育十分不利，影响脂溶性维生素如维生素 A、D、E、K 等的吸收。

误区之三是把水果当饭。

水果中确实含有碳水化合物，还有一些矿物质和维生素，但仅靠这些是不够的。长期以水果作正餐势必会造成体内这些物质的缺乏，严重的会引起贫血，时间久了可能还会引起其他的疾病。

误区之四是以快餐、零食来代替正餐。

零食中多含糖较高，而以炸烤为主要烹调方法的快餐同样含有较高的热量，此外还有一些对身体健康不利的成分，所以西方将某些快餐食品称为“垃圾食品”是有道理的。以快餐、零食来代替正餐的方式不但达不到控制体重的目的，长此以往肯定会影响健康。

（二）正确使用计算机

正确使用计算机减少计算机对人的伤害应该注意以下 6 点。

（1）注意适当间隙休息：计算机操作人员在连续工作 1 小时后眺望远处片刻，休息 10 分钟左右。并且最好到操作室之外活动活动手脚与躯干。

（2）注意工作环境：室内光线亮暗适宜，避免光线直接照射在荧光屏上而产生干扰光线，工作室要保持通风干爽，能使那些有害气体尽快排出，尽量用非击打式打印机减少噪声。

（3）注意正确的操作姿势：计算机屏幕中心位置与操作者胸部处于同一水平线上，使用可以调节高低的椅子。坐着时应有足够的空间伸放双脚，不要交叉双脚，以免影响血液循环。

（4）注意保护视力：连续操作时应有中间休息。眼睛与屏幕的距离应在 40～50 厘米，双眼平视或轻度向下注视荧光屏，这样可使颈部肌肉放松，并使眼球暴露面积减小到最低。

（5）注意补充营养：用眼时间过长，视网膜上的视紫红质会被消耗掉，而视紫红质主要由维生素 A 合成。因此，计算机操作者应多吃些胡萝卜、白菜、豆芽、豆腐、红枣、橘子以及牛奶、鸡蛋、动物肝脏、瘦肉等食物，以补充人体内的维生素 A 和蛋白质。多饮些茶，茶叶中的茶多酚等活性物质有利于吸收与抵抗放射性物质。

（6）注意保持皮肤清洁：计算机荧光屏表面存在着大量静电，其集聚的灰尘可转射到脸部和手的皮肤裸露处，时间久了，易发生斑疹、色素沉着，严重者甚至会引起皮肤病变等。

同时，为养成良好生活习惯，特提出以下建议。

第一，要合理地安排作息时间，形成良好的作息制度。因为有规律的生活能使大脑和神经系统的兴奋和抑制交替进行，天长日久，能在大脑皮层上形成动力定型，这对促进身心健康是非常有利的。

大学新生应养成早睡早起的习惯，有的同学习惯在晚上卧谈，天马行空地一谈就是两三个小时，结果第二天上课的时候非常疲惫，根本无心听课。长期如此，不仅影响平时的课业学习，还容易引起失眠，甚至引发神经衰弱症。研究表明，大学生的睡眠时间一般每天不得少于 7 个小时。如果条件许可，午饭后可以小睡一会儿，但最好不要超过 40 分钟。

第二，要进行适当的体育锻炼和文娱活动。“文武之道，一张一弛。”学习之余参加一些文体活动，不但可以缓解刻板紧张的生活，还可以放松心情、增加生活乐趣，反而有助于提高学习效率。听音乐、跑步、做广播体操、踢足球等都有助于增强体质，提高对疾病的抵抗力，这是一种积极的休息。实践证明：7＋1>8。在这里，7＋1 表示 7 个小时的学习加上 1 个小时的体育文娱活动，8 表示 8 个小时的连续学习。也就是说，1 个小时参加体育活动结合 7 个小时学习，比不参加体育活动连续 8 个小时学习效果要好。

第三，早餐吃好。营养学家们的研究证明：早餐吃饱、吃好，对维持血糖水平是很必要的；用餐时不能挑食、偏食，要加强全面营养，还要多吃水果和蔬菜。

第四，要改正或防止吸烟、酗酒、沉溺于电子游戏等不良的生活习惯。

【知识延伸】

“十大不良生活方式”找上大学生

近日，多家大学生论坛转载了一个标题为“十种最短命生活方式”的帖子，跟帖显示，在暑期生活中，有的跟帖学生自测后发现自己竟然十项全中。专家表示，学生暑期有必要改变生活习惯，回归健康作息。

上师大的小倩同学最近在学校论坛上转载了一份来自某知名报刊的“十种最短命生活方式”列表，表中罗列了“极度缺乏锻炼”“有病不求医”“缺乏主动体检”“不吃早餐”“与家人缺少交流”“长时间处在空调环境中”“常坐不动”“不能保证睡眠时间”“面对计算机过久”和“三餐饮食无规律”十项不良生活方式指标。在跟帖同学中，不少人都有八九项“达标”，而所有跟帖的同学都至少符合五项以上。网名为“Fang”“地铁站”的几位同学更坦言自己十项全中。其中，“缺乏体锻”“长时间处于空调环境”“面对计算机太久”等指标几乎是人人必中。

华师大的小云同学每天中午起床，不吃早餐，午餐也到下午 2 点才马虎了事，晚餐拖延至晚上 8 点，而夜里又继续在计算机前“奋战”到凌晨。与她同班的小亮同学也觉得自己的生活习惯确实有问题，她告诉记者，自己每天起码有 12 个小时坐在计算机前，每天也没有运动量。

中国食品营养理事会理事周建烈博士分析，“称这些生活方式‘最短命’有些不妥，大学生们不必惶恐，但是不良生活方式确实需要大学生警惕。”他告诫那些“缺乏锻炼”“长时间孵空调”“常坐不动”“久对计算机”的学生，每人每天至少要运动 60 分钟，即使放假在家也不要疏于锻炼。而对于那些“不吃早饭”“三餐无规律”的学生，他警告说，“打破了三餐定时的生物钟，会干扰新陈代谢，甚至引起内、外分泌紊乱。”他奉劝这些学生，即使作息打乱，三餐也不能“缺课”。

思考题：

1. 哪些是健康的饮食？
2. 如何科学用眼？
3. 良好的作息节奏是健康的保障，尝试制订自己的大学作息时间表。

第四章

做情绪和压力管理的主人——大学生情绪与压力管理

绪有好坏之分，压力也有轻重之别，如何正确认识情绪和压力以及它们给人带来的影响是一个非常必要且实在的课题。本章节从情绪和压力的定义、分类、功能等方面来进一步阐述，并提出了切实可行的缓解措施和方法，为大学生的情绪与压力管理提供了具有借鉴意义和现实意义的方法。所以，通过本章的学习，做情绪和压力管理的主人不再是一个遥不可及的话题。

第一节　情绪、情感与压力概述

一、情绪与情感

（一）情绪、情感的定义

人非草木，孰能无情？这句话道出了人类情绪的通性。人们在改造客观世界、创造人类文明的道路上，要面对各种境况的考验，成功或失败、顺境或逆境、快乐或悲伤、喜欢或憎恶，这些无不反映着人们的情绪状态。千百年来，心理学家对情绪的研究一直在持续，但是对情绪的实质性的看法却各不相同。各派心理学家从自己的理论角度对情绪提出看法，目前仍没有较为统一的观点。当前比较流行的一种观点是，情绪是人对客观事物的态度及相应的行为反应。这种看法认为情绪是以个体的愿望和需要为中介，进而产生的一种反应。

（二）情绪、情感的要素

情绪和情感包括主观体验、外部表现和生理唤醒三要素。其中情绪的主观体验是指个体对不同情绪和情感状态的自我感受；情绪的外部表现通常称为表情，是在情绪和情感状态发生时身体各部分的动作量化形式，包括面部表情、姿态表情和语调表情；情绪的生理唤醒是指情绪与情感产生的生理反应。

1. 情绪的主观体验

情绪是个体的一种主观体验，不同的人对同一个对象的体验不同，相同的人对不同的对象的体验也不同，相同的人在不同的时间或场合对同一个对象的体验也有所不同，所以人们的这些体验代表了人们的不同感受，这些感受构成了情绪和情感的心理内容。当然，人们的主观体验并不是独立的，而是跟一定外在表现紧密相连的。如愤怒的情绪体验往往伴随着捶胸顿足、表情夸张；愉快的情绪体验则常伴随着人轻松的面部表情和手舞足蹈的外部表现。

此外，有一些试图掩饰自己情绪体验的人，可能在愤怒时依然表现出轻松的面部表情、愉快时表现出严肃的外部表现。所以，二者有时并非完全一致，是可以由人的控制力量加以掩饰的。

情绪体验包括以下 4 种基本特征。

（1）情绪的强度

情绪的强度反映了情绪的强弱程度，同样的情绪状态可用不同的词汇描述，但是有的词汇本身就有强弱之分，如同样是形容伤心的情绪，悲伤和悲痛就分别代表了不同的情绪等级，悲伤代表一个人较为伤心，但是悲痛则形容一个人极为伤心甚至达到了痛心的程度；又比如形容开心的词汇有愉悦、高兴、兴高采烈等。情绪是多种多样的，需要用不同的词汇来描述不同的程度，以此突显心情的强烈程度。

（2）情绪的紧张水平

情绪的紧张水平反映了情绪紧张和轻松的程度。由于情绪是一种复杂的状态，所以情绪有紧张和轻松之分，当然，还有介于二者之间的情绪状态。例如，人们在高度危险的情况下会呈现出高度紧张的情绪状态，在轻音乐中冥想就是一种最为轻松的状态，而常言说的人逢喜事精神爽就是一种介于紧张与轻松之间，更倾向于轻松的一种状态，在一般的工作中，也是一种介于紧张和放松的状态，但是通常而言更倾向于紧张。但是，相同的行为，在不同的情境或目的下，人们的情绪紧张度也有所不同。如在考试前看书，就处于一处紧张的状态，而平时看书时，可能更倾向于轻松的状态。同一种行为，不同的认知方式也会产生不同的情绪紧张度。所以，我们应营造一个宽松的环境和氛围来做事，才能更好地放松心情，把事情做好。

（3）情绪的快感度

情绪的快感度反映了情绪的愉快或不愉快程度。任何情绪都有两极性，描述情绪快感的状态也有愉快和不愉快之分，并且这两种状态又各自有不同的程度。如人们在遇到一个比较令人振奋的事件时会感到大快人心，而遇到一个令人反感的事件时，就会感到厌恶至极。

（4）情绪的复杂度

情绪的复杂度反映了各种基本情绪在不同程度上的结合。例如，喜爱包括好感、喜欢和爱慕的成分；失望包含伤心、讨厌和反感的成分。正是各种不同的情绪组合成了复杂的情绪网，使人们可以尽情地表达自己的心情，发泄内心的不快，分享内心的喜悦。

2. 情绪的外在表现

尽管情绪是内在的心理活动，但是大多数情况下它可以通过外在表现表达出来。最为常见的外在表现是面部表情、姿态表情和语调表情。其中面部表情是所有的面部肌肉变化所组成的模式，如高兴时额眉平展、面颊上提、嘴角上翘。面部表情模式能精细地表达不同性质的情绪和情感，因此是情绪的主要标志。姿态表情是指面部表情以外的身体其他部位的表情动作，包括手势、身体姿势等。如人在痛苦时捶胸顿足，愤怒时摩拳擦掌，高兴时手舞足蹈等。语调也是表达情绪的一种重要表现形式。语调表情是通过言语的声调、节奏和速度等方面的变化来表达，如高兴时语调高昂，语速较快；痛苦时语调低沉，语速较慢。

3. 情绪的生理唤醒

生理唤醒是指情绪与情感产生的生理反应。它涉及广泛的神经结构，如中枢神经系统的脑干、中央灰质、丘脑、杏仁核、下丘脑、蓝斑、松果体、前额皮层及外周神经系统和内、外分泌腺等。

生理唤醒是一种生理的激活水平。不同情绪、情感的生理反应模式是不一样的，如满意、愉快时心跳节律正常；恐惧或暴怒时，心跳加速、血压升高、呼吸频率加快甚至出现间歇或停顿；痛苦时血管容积缩小。

芬兰 Aalto 大学的研究人员对来自芬兰、瑞典和中国台湾省的 700 名志愿者进行了“情绪对生理变化影响实验”，他们将人体在不同情绪下各个部位的温度用热成像展示出来，其结果如下。

愤怒：所有情绪中最强烈的一种，人体上下半身的温度形成鲜明对比，上半身体温明显升高，表示人体已做好战斗的准备。

恐惧：胸腔温度升高，与愤怒不同的是，四肢温度很低，也就是我们常常感到的四肢冰凉。

厌恶：咽喉部温度最高，大概跟我们常说的恶心得想吐类似。

幸福：全身洋溢着代表温暖的红黄色，与我们感到快乐时全身温暖的感觉不谋而合，也就是所谓的红光满面。

悲伤：四肢温度显示为代表寒冷的蓝色，只有胸腔一小部分温度高些，也会有四肢冰凉的感觉。

总之，不同的情绪状态会有不同的生理反应，它暴露人们的情绪，提醒人们合理调节自己的情绪。

(三) 情绪和情感的分类

1. 基本情绪的分类：基本情绪和复杂情绪

基本情绪是人和动物所共有的，是天生存在的、先天的、不学而能的。人类具有的基本情绪主要有快乐、愤怒、恐惧和悲哀。每一种基本情绪都具有独立的神经生理机制、内部体验和外部表现，并有不同的适应功能。

复杂情绪则是由基本情绪的不同组合派生出来的。

2. 情绪状态的分类：心境、激情和应激

情绪状态是指在某种事件或情境的影响下，在一定时间内所产生的某种情绪，其中较为典型的情绪状态有心境、激情和应激三种。

(1) 心境

心境是指人比较平静而持久的情绪状态。心境具有弥漫性，它不是关于某一事物的特定体验，而是以同样的态度体验对待一切事物。

心境一般要持续一段时间，但是持续的时间长度又有很大差别，有的要持续几个小时、几天，有的可能要持续几周、几个月或更长时间。一种心境的持续时间依赖于引起心境的客观刺激的性质和强度，如考试失利，可能会持续几天；失去亲人可能会持续半年或更长时间。消极的心境如果持续时间较长，可能会对人的身体造成一定的影响，而积极的心境则会促进人的生活和工作。如一个人在付出较大努力之后取得成功，得到了自己特别喜欢的人的接纳，则会处于积极的、愉快的心境中。一般而言，在遇到重大的挫折或成功后，先会有较大的情绪波动，进而都是弥漫性的消极或积极的心境在持续。

关于心境的表现及持续时间，是受多方面因素影响的。除了与事件的性质等外界因素有关外，也与个体自身的因素有关，人格特征、气质、性格等就是其中十分重要的因素。同一件事，有的人感受较深刻，有的人则感受一般。同样是中举，别人中举后兴高采烈，而范进中举后则喜极而疯；同样是看到落花，别人看到落花后可能是感慨大自然的美好，而林黛玉则有了《葬花吟》。

心境对人们的工作、生活、学习和身心健康具有重要的影响作用。我们应发挥人的主观能动性，保持积极乐观的心境，使乐观的心境促进我们的活动效率，提高我们的生活品质。

（2）激情

激情是指一种强烈的、爆发性的、为时短促的情绪状态。这种状态通常是由对个人有重大意义的事件引起的。如重大成功之后的狂喜、遭遇至亲离去之后的绝望、突然而至的危险所伴随的恐慌等都是激情的表现。

激情一般要伴随着生理变化和明显的外部行为表现，如愤怒时全身肌肉紧张、双目怒视、怒发冲冠、咬牙切齿、紧握双拳等；狂喜时眉开眼笑、手舞足蹈；恐惧或悲痛时精神衰竭、晕倒、发呆甚至休克等。

激情状态下人们往往出现“意识狭窄”的现象，即认识活动的范围缩小，理性分析的能力受到抑制、自我控制能力减弱，进而使人的行为失去控制，甚至做出一些冲动的行为。有研究表明，在激情状态下，人们的行为多数不计后果，所以一些暴力案件多数在激情状态时发生，正如有句话所言——冲动是魔鬼。在法律上有一种新的犯罪类型——激情犯罪，它是指当事人在某种外界因素刺激下因心理失衡、情绪失控而产生的犯罪行为，一般发生在绝望、暴怒等剧烈的情绪状态下。尽管目前的法律对于激情犯罪的罪犯给予宽容的态度，轻于一般的故意犯罪，但是依然逃脱不了刑事处罚，自己酿成的后果只能自己来承担。

所以，要善于控制自己的情绪，做自己情绪的主人。这就要求当今的大学生在遇到事情时应随机应变、灵活对待，而不应冲动行事。平时注意培养坚强的意志品质、提高自制力，三思而后行，给自己一点思考的时间。

（3）应激

应激是指人对某种意外的环境刺激所做出的适应性反应。例如在面临突如其来的危险时，要集中智慧和经验，发动自己所有的能力，果断做出抉择，迅速采取有效行为，此时人们的身心是处于高度紧张状态的，此时即为应激状态。例如在高速路上突然遇到刹车失灵，驾驶员需要及时做出应对措施；医生在手术台上遇到病人的意外情况时应果断做出急救措施等。在以上这些情况下人们所产生的一种特殊的紧张情绪体验，就是应激状态。

应激状态的产生与人所面临的情境及人们对自己能力的估计有关。当人们遇到了自己认为无力应对的事件时，往往会产生应激反应。

人在应激状态下，会引起一系列的生物性反应，如肌肉高度紧张、血压升高、心率加快、呼吸急促及腺体活动改变等变化。这些变化在一定程度上是有助于个体适应急剧变化的环境刺激，以此来维护机体的功能完整性。

（四）情感的分类

情感是同人的社会性需要相联系的主观体验，是人类所特有的心理现象之一。人类高级的社会性情感主要有道德感、理智感和美感。

1. 道德感

道德感是根据一定的道德标准去评价人的思想、意图和言行时产生的情感体验。这种情感是人与人交往过程中应该具备或掌握的道德标准，它可以用来评判人们的思想及言行是否符合社会的标准，以此来确定好与坏、是与非。例如，人们对具有爱国主义情感、大公无私情感的人易产生敬佩之情，对见利忘义、唯利是图的情感就会投去鄙夷的眼光。

道德感具有社会性，表现在不同的社会形态、不同的历史时期、不同的社会集团，都有着不同的道德标准和行为规范，另外，不同的人群对这些标准和规范也有不同的认识，所以会产生不同的道德需要，因此就有不同的道德感。例如，在封建社会，人们认为女人"无才是德"，但是在当今社会，如果剥夺了适龄女孩的受教育权，是要接受法律的制裁的。

2. 理智感

理智感是人在智力活动过程中，对认识活动成就进行评价时产生的情感体验。理智感与人的好奇心、求知欲、探索真理的需要是相联系的。它的表现形式也多种多样，能体现出人对自己智力活动过程与结果的态度。

3. 美感

美感是人们根据自己的审美标准对自然或社会现象及其在艺术上的表现所给予评价时所产生的情感体验。例如，人们对广阔的草原、浩瀚的大海、恬静的田园、精美的艺术品的喜爱、向往之情。

美感是内容美和形式美的统一，具有直觉性和直观性。物体的外表形式对人们的视觉及心理感受有很大的影响，所以在广告设计、产品造型等方面，设计者往往要考虑什么样的设计方式会给人带来美的享受。

（五）情绪和情感的功能

1. 适应功能

情绪和情感是有机体适应生存和发展的一种重要方式，如动物在处于危险境地时会产生恐惧，进而本能地呼救；人类在独处时会感到孤单，进而寻求同伴的陪伴等，都是情绪适应生存的表现。

在成人与刚出生的婴儿交流时，由于婴儿尚不具备言语表达的能力，所以成人想了解婴儿的状况，多数情况下是通过婴儿的情绪反应来实现的。如婴儿饥饿或感觉不适时，他们会通过哭泣来表达自己的情绪，进而告诉家长自己目前的状态，家长则根据当时的状况来一一排查原因；当家长想知道孩子是否喜欢某事物或行为时，也是通过观察婴儿的情绪来判断。所以，对于婴儿来说，情绪能很好地传递他们的处境的好坏，进而帮助他们适应社会。有时与成人交流也可通过情绪反应来进行信息的反馈。如与语言不通的外国人进行交流时，就可以通过他们的情绪反应来判断他们对某一事物喜好与否。

情绪是人们心理活动的晴雨表，它时刻反映着人们的心理状况，提醒人们根据不同的情绪反应采用进一步的策略。如跟某一客户洽谈时，如果客户表现出不耐烦的情绪，说明他对你们的谈话没有兴趣，那么你就应该考虑下一步的措施，而不能还是强硬地要求对方继续你们的谈话。

所以，人们通过各种情绪、情感，来了解自己或他人当时的状况，以求适应社会，更好地生存和发展。

2. 动机功能

情绪、情感是动机的源泉之一，是动机系统的一个基本成分。它能够激励人的活动，提高人的活动效率。适度的情绪兴奋可以使身心处于活动的最佳状态，进而推动人们有效地完成工作任务。研究表明，适度的紧张和焦虑能促使人积极思考和解决问题。同时，情绪也可以成为驱使人们行为的强大动力。

3. 组织功能

什劳费认为，情绪作为脑内的一个检测系统，对其他心理活动具有组织的作用。这种作用表现为积极情绪的协调作用和消极情绪的破坏、瓦解作用。中等强度的愉快情绪，有利于提高认知活动的效果，而消极的情绪则会对操作效果产生负面影响，消极情绪的激活水平越高，操作效果越差。

4. 信号功能

情绪和情感在人际间具有传递信息、沟通思想的功能。这种功能是通过情绪的外部表现——表情来实现的。表情是思想的信号，在许多场合，只能通过表情传递信息，如用微笑表示赞赏或欢迎，用点头或摇头表示认可或否定，用眼神表示仰慕或鄙视等。

表情除了能传递信息外，还是言语交流的重要补充形式，如利用手势或语气、语调能更加明确表达自己的信息，如人们在表达认可或同意时会做出“OK”的动作，以示自己的意见；在强调某句话时，则用加强语气、语调以引起别人的注意。

（六）情绪与情感的区别与联系

情绪和情感与人的特定的主观愿望或需要相联系，它们曾被统称为感情。人类的感情是非常复杂的，即包括感情发生的过程，也包括由此产生的种种体验，因此仅用感情一词已难以全面表达这种心理现象的全部特征。在心理学中，分别用情绪和情感来表达感情的不同方面。情绪主要是指感情过程，即个体需要与情境相互作用的过程，也就是脑的神经机制活动的过程，如高兴时手舞足蹈、愤怒时暴跳如雷。且情绪具有较大的情景性、激动性和暂时性，往往会随着情境的改变和需要的满足而减弱或消失。情绪代表了感情种系发展的原始方面。所以，情绪既可以为人所有，也可以为动物所有。而情感则指较为稳定的、深刻的感情，如对祖国的热爱、对敌人的憎恨、集体主义情怀等。所以情感具有较大的稳定性、深刻性和持久性。

情绪与情感是有区别的，但是他们之间的联系也很密切，二者相互依存、不可分离。情感是在情绪的基础上产生的，并且要通过情绪来表达；情绪的变化反映情感的深度，在情绪中蕴含着情感。

二、压力

（一）定义

指个体面对他不能处理或破坏他生活和谐的紧张性威胁性事件、突如其来的危险刺激情境所表现出来的行为模式。压力缘于人们对压力源的认知及所采取的压力反应的行为体验，即压力是外部刺激引起的一种内心体验。

（二）压力的两面性

压力具有两面性：一方面，过重的压力或压力不足都对身心健康具有消极影响，而且对学习效果、工作效率和生活质量具有不利的影响；另一方面，适度的压力对提高学习效果、工作效率和生活质量具有积极作用。总之，适度的压力能够最大限度地激发个体的内在动力，促进个体发挥最佳状态。

（三）压力源

一般情况下，压力分为以下三个方面。

生物性压力源：躯体创伤或疾病、饥饿、性剥夺、睡眠剥夺、噪声、气温变化。

精神性压力源：错误的认知结构、个体不良的经验、道德冲突、不良个性心理特点。

社会性压力源：社会环境、人际关系等。

研究表明，大学生所面临的压力源从高到低依次为：学业压力、就业压力、人际关系压力、经济压力、恋爱压力、家庭压力、竞争压力、独立生活压力、校园环境压力、社会环境压力10个方面。

（四）压力的种类

1. 一般单一性生活压力

指单一方面所造成的压力体验，一般单一的压力几乎是每个人都会遇到的，如学生考试前的压力、员工考核前的压力等。如果我们在某一时间段内，经历着某一种事件并努力适应它，且其强度不足以使我们崩溃，那么这一压力一般称为一般单一性生活压力。通常情况下，一般性单一事件不仅仅会带来负面影响，有时它还可以刺激人们积极采取应对措施，提高人们的工作效率。人们的生活经验也证实，在经历了一般性的压力后，其心理承受能力和耐挫力会明显增强。

2. 叠加性压力

指两种或两种以上的压力叠加在一起所造成的压力，对个体来讲这种压力是极为严重和难以应付的，它会给人造成很大的危害。叠加性压力分为同时性叠加压力和继时性叠加压力。

（1）同时性叠加压力

指在同一时间里，有两种或两种以上的压力事件出现，这时个体所体验到的压力称为同时性叠加压力，俗称"四面楚歌"。

（2）继时性叠加压力

是指两种或两种以上的压力事件相继发生，后继的压力恰恰发生在前一个压力适应过程的搏斗阶段或衰竭阶段，这时个体体验到的压力称为继时性叠加压力。

3. 破坏性压力

破坏性压力又称为极端性压力，是指在遭遇诸如战争、地震、空难、被绑架、被强暴等重大灾难或不可抗拒的事件后所带来的心理压力体验。这种压力尽管并非每个人都会经历，但是在生活中并不罕见，并且一旦经历了这样的压力，对个体的心理防线来讲是毁灭性的，如地震中突然失去亲人，遭遇重车祸等经历可能会给经历者带来终身的影响。

这些事件对个体来讲，需要很久才能慢慢恢复，有的甚至一直生活在突发事件的阴影中。如，在第一次世界大战期间，心理学家就发现了所谓的"战争疲劳症"，患有这种疲劳症的人，会出现"心理麻痹"，对外界反应减少，情绪沮丧或过度敏感，并有失眠、焦虑等症状，还可造成创伤后应激障碍（PTSD）和灾难综合征（DS）。创伤应激障碍是个体遭遇重大事件后的生理和心理反应，如在战争中遭遇亲人死亡后，个体会变得呆痴、记忆力丧失、回避社会活动、注意力难以集中、安全感丧失、敏感、惊吓等。在遇到强大的自然灾难后的心理反应，有时与创伤后应激障碍相似，这种情况被称为"灾难症候群"或"灾难综合征"。该症候群的产生及其特征有三个方面：一是惊吓期，在这个阶段里，受害者对创伤和灾难丧失知觉，失魂落魄，事情过后也往往记不起事件的经过；二是恢复期，这个时期受害者会出现焦虑、紧张、失眠、注意力下降等症状，这与我们平时所说的"后怕"相似。在这个时期，受害者经常会诉说自己的遭遇，正如鲁迅笔下的祥林嫂的反应。三是康复期，这个时期个体基本恢复平稳，心理重新达到平衡状态。

在出现破坏性压力后，个体急需心理学家的及时帮助和干预。所以在 2008 年汶川地震后，除了有医疗队参与救援外，还有一批特殊的人群投入救援工作，他们就是心理学专家和心理学志愿者组成的帮扶队，他们从心理层次对灾区的人们进行了适时的干预，为灾区的救援工作带去了活力。

（五）压力的产生过程

1. 对压力的响应阶段

事实上已经发生的事情，并不都能成为压力源。只有那些被个体察觉、与个体生活相关并引起响应的事件才会对个体构成压力。与个体需要越密切相关的事件越容易被察觉。

2. 中介系统的增益或消减过程：压力的相对强度和性质

中介系统由以下三个子系统组成。

（1）认知系统：评估压力的性质及可控程度；影响人对行为的自我控制。

（2）社会支持系统：亲密的和可信任的关系，是压力的有效缓冲器。

（3）免疫系统：功能状态好，可缓解和降低应激后果的躯体化症状。

（4）临床相阶段：及时型症状和滞后型症状。

（六）压力的适应阶段

著名的内分泌学和生物化学家塞利通过深入的临床研究，总结出了人们对压力适应的三个阶段：一是警觉阶段，此阶段是发现了事件并引起警觉，同时准备战斗。这时个体会出现明显的生理反应，如呼吸急促、心跳加快、血压升高、体温升高等。二是搏斗阶段，此阶段个体全力投入对事件的应付，或消除压力，或适应压力，或者退却。这一阶段的主要特征是一些生理反应表面上看起来已经恢复平静，但是这只是一种假象，并不代表个体真正恢复了平静。另外，在这个阶段个体的生理和心理资源被大量消耗，且敏感、脆弱、胆小。尽管是一些平时的小刺激，也有可能引起个体的强烈反应。三是衰竭阶段，此阶段消耗大量的生理和心理资源，最后使个体筋疲力尽。这时，外在的压力源也基本消失，或者个体已经基本适应了压力的存在，如果经过一定的治疗或休养，就可以康复。

（七）压力与健康的关系

由于压力不仅会有心理体验，还会有生理反应，所以压力与人的身体健康和心理健康具有十分密切的关系。有研究发现，人们在经历一些突发的负性事件后，疾病的发病率或出现率会明显增高，且病情严重程度与负性事件的严重程度呈显著正相关。

1. 压力与人的身体健康

人们经常体验到肌肉抽搐或痉挛，如身体某一部位不由自主地跳动，皮肤发紧，并伴有跳动；动作僵硬、急促，目光呆滞，感觉自己无所适从，不自然；常感胸闷或身体某些部位不明原因地酸痛、消化不良；皮肤无缘无故发痒，且药物不起作用；体重过轻或过重、厌食或贪食、便秘、头痛、血压偏低或偏高、全身乏力、疲劳等。长期处于压力的作用下，人的机体功能也会发生明显变化，滋生许多病症，如冠心病、消化性溃疡、紧张性头痛和偏头痛、高血压等。

2. 压力与人的心理健康

适度的压力对人的心理是有积极作用的，它可以引起人们积极的心理反应，进而促成工作效率的提高，如可以引起警觉、注意力集中、思维敏捷、精神振奋等。

过度的压力则会对人的心理产生消极的影响，它可能引起人们消极的心理反应，如丧失斗志、悲观失望、焦躁、愤怒、抑郁等，久而久之，可能会使人思维狭窄、自我评价降低、自信心减弱、注意力分散、记忆力下降等，从而抑制个体的工作效率。

第二节　大学生的情绪与压力

一、大学生情绪与压力的特点

大学生时期是青春期向青年期过渡的时期，生理发育接近成熟，心理上也正经历着急剧的变化，尤其是在情绪上的变化上。相对于中学生来讲，大学生的情绪内容趋向于深刻和丰富，情绪的表达趋于隐蔽，情绪的变化也逐渐趋于稳定。主要表现为：随着他们自身的成长与发展，情绪状态渐趋成熟，并接近成人；但大学生在情绪上仍然存在着许多尚不成熟的方面，情绪不稳定，易激惹等情绪时常发生；大学生在情绪上表现出一些特殊情绪反应（如矛盾性、两极性和想象性等）。总之，大学生的情绪存在一定的成熟、稳定的方面，同时也存在许多不成熟的因素。具体表现为以下几方面。

（一）丰富性与复杂性

大学生的情绪体验要更加丰富多彩，随着自我意识的不断发展和各种需要、兴趣和爱好等的不断扩展而表现得更加丰富、敏感、细腻，并带有社会内容的情感体验。同时，大学生的情绪带有较大的复杂性，喜怒哀乐等各种情绪的体验较为强烈。由于大学阶段正是大学生面临许多重大选择的时期，并且有比较大的自由选择空间，所以他们常常会呈现出一种矛盾和复杂的情绪状态。例如，希望自己具有独立性和希望依赖于他人的需要同时存在；对自己既不满，又不想承担责任；既希望得到他人的理解，又不愿意接受他人的关心等复杂矛盾的心态。

（二）冲动性与爆发性

大学生的情绪特点还表现在情绪体验上特别强烈和富有激情。对任何事都比较敏感，有时一旦情绪爆发，自己也难以控制，甚至表现为一定的盲目狂热和冲动。在处理同学关系、师生关系的矛盾时，在对待学业生活中的挫折时，常常易走极端，给自己及他人带来伤害。

（三）阶段性与层次性

由于大学阶段是一个由不成熟到成熟，由简单到复杂，由单纯到丰富的渐近过程，所以大学生的情绪并不是一成不变的，具有一定的阶段性和层次性。如不同年级的大学生的情绪类型、特点就有所不同。

（四）外显性与内隐性

“喜者见之为喜，忧者见之为忧”，这种现象在大学生的情感生活中表现得非常突出。如有的大学生一次考试意外得到了好分数或一次试验成功，所引起的愉快心情往往泛化到其他活动上，甚至觉得天下所有的事都是容易的，难不倒自己，有的大学生甚至开始出现自满、自负的情绪，显得兴奋无比、天下唯他为大；相反，一旦遇到挫折、逆境，就会产生忧愁、自卑的心境，干什么事都没信心，觉得所有人都在讥笑自己，几天都忧愁不堪，闷闷不乐，这时就出现了忧愁的悲观心境，观花“花溅泪”，闻鸟“鸟惊心”。但随着年龄的增长，社会刺激的增多，个体自我调节的能力不断增强，情绪的隐蔽性也在逐渐增强。

大学生的情绪表现，虽然有时也会喜形于色表现在外，但已经不像青少年时期那样率真，吐露自己的心情，不少大学生常会隐藏和掩饰自己的情绪、情感，具体表现为外在表现与内在体验的不一致。这也无形中给大学生之间的相互交流、沟通带来很大的障碍，使一些学生容易出现孤独和苦闷的情感困惑。例如，有的大学生明明对某件事很在意，却表现出无所谓的态度；明明对某个异性很爱慕，却偏偏要表现出庄重、回避的姿态；明明讨厌某人，却可以强装笑脸等。

二、大学生群体的情绪差异性特点

尽管大学生的发育已经接近成熟，但是他们的情绪会受很多外界因素和自身因素的影响，具有一定的差异性。如有研究表明，北京高校的大学生具有明显的优越感，他们的情绪也相对而言成熟很多。除此外，不同的大学生群体还存在明显的差异。

（一）男女生差异

尽管男女生的情绪无论哪个阶段都具有一定的差异性，但是大学生之间的性别差异在情绪上的体现除了具有各个年龄段的情绪特点外，还具有大学生所独有的特点，如女大学生的情绪状态更为热情开放、积极乐观、坚强、富有激情，不再像中小学时那样腼腆、害羞甚至时常出现抑郁情绪。从某方面来讲，这可能跟女大学生在面临就业时的压力远远大于男生有关，娇羞的女生不再适应社会的需求，所以她们要保持一种乐观的心态努力学习才能在就业时占有一席之地。尽管女大学生有时会出现抑郁、焦虑、多愁善感等不稳定情绪，但是很多时候她们自己会找到适当的途径进行调节，不会让自己长时间处在负性情绪中。

男生的情绪状态要比女生相对趋向稳定，敢为性强，具有较强的刚毅性，但当情绪冲动时，也可能会出现情绪失控、行为过激，但是多数情况下自己能理性应对，不再像中学时那样意气用事、不顾后果。所以，男大学生的情绪要稳定许多。同时，由于男大学生已经具有一个男人应该具有的身体和心理特质，所以，他们情绪中天然的刚毅性会充分展现出来，并懂得承担责任。

（二）年级差异

刚刚入学的大学一年级新生，往往对一切事物存有幻想，如对大学的校园、大学的生活、大学的学习、大学的学长等，尤其是对自己的专业知识领域充满了疑问与兴趣。但是由于考上大学的优越感和大学的学业压力相对较轻，促使他们对自己的估计过高，有时会出现自负情绪，导致对自我的认识缺乏全面系统的了解、剖析，处于不定阶段。许多学生想锻炼自己的能力，参加学生会或各种社团，却不知道自己想要的是什么。加上一年级阶段对专业知识了解不多，学校开设的专业课程相对较少，所以很多学生易出现迷茫、困惑等情绪，进而出现种种不适应，严重者会产生退学的想法。

二年级的大学生的情绪波动较大，这一方面是因为一年级时的新鲜感已基本消失，面对繁重的学业负担和开放的人际交往空间，有的同学会感到无所适从。所以就会有许多困扰，如有的同学对专业提不起兴趣，感觉自己的专业与自己当初的设想有很大出处而感到困惑；有的同学由于不知道如何与同学交往，但是看到别的同学都三五成群又感到很孤单，自叹自己不成功。

三年级开始，学生的情绪自控能力有所增强。他们对大学的生活环境已经基本适应，并具备了一定的情绪自控能力，情绪状态相对比较稳定，这一个阶段是相对平稳的时期，对学校环境、学习方法等的认识已经十分明朗，一时又不用过于考虑就业问题，所以基本上算是过着无忧无虑的生活。

到四年级后，由于即将走上社会，人生将面临重要的转折，此时的情绪状态再次呈现出矛盾性和复杂性。很多同学在毕业之际要面临很多烦琐的事情并要应对很多选择，如忙于论文的写作、工作的选择与被选择、跟女朋友与男朋友的聚散问题等一系列问题好像一夜之间同时出现，理想与现实的差距无时不充斥着大四学生的神经，使他们感到矛盾。

（三）生源差异

来自农村的学生朴实、好学、意志力强，但由于进入大城市的生活环境，与都市文化、生活节奏有着明显的不同，所以就会形成一定的心理反差，自卑、焦虑、抑郁等情绪油然而生。所以很多农村孩子这时就容易找不到工作，急功近利和不平衡感使他们内心挣扎。也有不少农村学生抱着上大学能够改变自己的命运这样的想法，他们经住了各种诱惑，努力学习，最终实现自己的愿望。

城市学生多数为独生子女，平时家人又较为注重子女教育，所以他们多数在情绪特点上表现为开朗、乐观，但同时也会出现自负等不良情绪，心态浮躁、责任心不强可能成为阻碍他们健康发展的绊脚石。

（四）父母教养方式造成的差异

许多研究均表明，民主型的教养方式注意适度地关爱和限制孩子的行为，既不过分保护也不过分放纵，尊重孩子的想法，所以这样的环境下成长的大学生，他们一般积极乐观、自我意识强；专制型的教养方式平时给予孩子的关爱较少，并给予较大的限制，所以孩子大多是在压制、命令、权威下成长起来的，绝对服从是自我保护最好的方式，所以这样的大学生一般没有主见，做事畏首畏尾；溺爱型教养方式过于接纳孩子，将感情、物质无条件地给予孩子，这样环境下成长的大学生一般以自我为中心，不考虑他人的感受，同时由于不善于与他人交往，所以朋友很少而感到孤独；放任型教养方式由于平时对孩子管束很少，任其发展，而导致孩子无纪律性，情绪多半不稳定，并富有攻击性，对人冷酷。

三、认识和把握情绪

现实生活中，每个人的情绪特点各有不同，有的人火爆如雷，有的人平静如水；有的人兴高采烈，有人的情绪低迷。在自我认知和与人交往的过程中，认识自己和他人的情绪，对人际关系的处理和平时工作、学习、生活等方面具有事半功倍的效果。

（一）具有认识情绪的主观意愿

“兴趣是最好的老师”，这句话强调兴趣对个体发展的重要意义，之所为这样强调兴趣的重要性，在于兴趣能够激发人们的行为主动性，刺激人们积极主动地采取相应的行为。对于认识自己和他人的情绪来讲，有主动的意愿更是如此。具有这种主观意愿是成功的第一步，但是只有意愿还是远远不够的，还要掌握一些技巧和方法。

（二）知道认识情绪的主要方面

1. 了解人格特征

在日常生活中，我们经常可以看到或体会到各种不同的情绪，沉稳的、暴躁的，激动的、平静的，大笑的、哭泣的等各式各样的情绪。这些情绪的表达除了与情境有关外，相当程度上是跟人格特征有着紧密的联系。如有的人脾气急躁，表现在情绪反应上就是常常过于暴躁、鲁莽，遇事不多加思索，情绪变化也快；有的人则是慢性子，遇事不急不躁，做事有条不紊，情绪反应也要慢一些；也有的人对事物的敏感性强，所以情绪反应也易随情境而变。了解人们的人格特征，便于更好地与人交流和推进工作的进展。个人情绪上的特点，往往与其气质和性格特征密切相关。因此，了解自己的气质与个性特征等人格特征，对于认识和把握自己和他人的情绪特点有重要意义。

2. 了解情绪年龄

所谓情绪年龄是人的情绪发展水平的一种衡量标志。心理学研究表明，情绪特点及表达具有阶段性和层次性，一般而言，每个年龄阶段的人的情绪应具有不同的发展水平，它们所呈现出的情绪特点也有所不同。当一个人的情绪与这个年龄应有的情绪表达相符合，即具有相应的情绪年龄。例如，一个孩子挨了批评，尽管是在大庭广众之下，也会毫不顾及地大哭，但是对于一个成年人来讲，对于挨批评后的情绪表达方式要隐讳许多。当然有人可能会认为这样不真实地表达自己的情绪，会显得这个人很虚伪，但是掩饰或隐藏自己的情绪有时也是顾全大局的表现。所以有时会听到有一些大学生说，大学生活没有中学时期单纯，比中学时期虚伪许多，其实这正是大学生情绪表达与高中生情绪表达的区别，这说明大学生的情绪变得较为稳定。

3. 把握成长经历及早期经验

人的情绪特点与他们的成长经历和早期经验有关。心理学研究表明，在 0～3 这个年龄阶段，缺少关爱尤其是父母的关爱，会对人的情绪造成很大的伤害，并且这种伤害是不易修复的。在其他年龄段的一些经验也会对一个人的情绪产生影响。例如，某男生在某次上课时，突然感到尿急，只好向老师示意去了卫生间，但从这以后，几乎每次上课时，他都会担心自己尿急而焦虑不安，最后严重到无法上课。再如有的人由于早期被家人严厉批评，所以从此以后对别人的语气特别敏感，一听到语气较为强硬便立即觉得紧张，因为他认为这样的语气是因为生了他的气，他内心特别担心别人会批评他或否定他。所以有时一个行为看似不可理解，但是在知道了行为人的早期经历后，就觉得这是早期经历在后续行为中起作用了。

（三）掌握认识情绪的基本方法

1. 记录法

做一个自我情绪的有心人。你可以抽出一段时间，有意识地留意并记录自己的情绪变化过程。可以以情绪的类型、时间、地点、环境、人物、过程、原因、影响等项目为自己列一个情绪记录表，连续地记录自己的情绪状况。一段时间后，再来看看记录体会自己的感受。

2. 反思法

可以利用情绪记录表反思自己的情绪；也可以在一段情绪过程之后反思自己的情绪反应是否得当，为什么会有这样的情绪？产生这种情绪的原因是什么？有什么消极的负面影响？今后应该如何消除类似情绪的发生？如何控制类似不良情绪的蔓延？

3. 交谈法

通过与你的家人、上司、下属、朋友、同学等进行诚恳的交谈，征求他们对你情绪管理的看法和建议，借助别人的眼光认识自己的情绪状况。

4. 测试法

借助专业的情绪测试软件工具，或是咨询专业人士，获取有关自我情绪认知与管理的方法建议。

四、大学生的情绪问题

（一）自卑

1. 自卑的定义

自卑是一种带有自我否定倾向的情绪体验，是对自我的轻视或不满，感觉自己总是不如别人。

2. 自卑的意义

通常来说，自卑具有两面性，既可以促进人前进，也可以促使人堕落。聪明的人会很好地利用自卑给自己带来的压力，进而转化成为前进的动力，比如有的人因在自己心仪的人面前较为自卑，就会发愤图强，让自己变得强大，从而改变目前的状况。有的同学因家庭贫困而自卑，他可能会选择努力学习，用知识改变自己祖辈多年来的贫困生活。而有些人却因为自卑而自卑，一蹶不振且自甘堕落。如很多犯罪分子，由于自己不如别人而感到有压力，他选择的不是努力改变命运，而是选择盗窃或杀掉使自己感到自卑的那个人。一失足成千古恨，这样的人的命运从此也发生了改变——锒铛入狱，并且给多个家庭带来了灾难性的伤害。

（二）焦虑

1. 焦虑的定义

焦虑是指一种缺乏明显客观原因的内心不安或无根据的恐慌感，是一种对未来即将要发生的事情的一种紧张情绪，表现为持续性精神紧张（紧张、担心和不安）或发作性惊恐状态（运动性不安、小动作增多、坐卧不宁或哭泣），常伴有自主神经功能失调的表现（口干、胸闷、心悸、出冷汗、双手颤抖、厌食、便秘等）。所以，焦虑是一种由紧张、忧虑、担心等多种情绪交织而成的一种复杂的情绪体验，严重者会伴有植物性神经系统功能变化或失调的生理性变化。焦虑症没有明确的对象或目标，并且焦虑程度与威胁情境非常不符，即体验者的焦虑并非真正由实际威胁引起。焦虑是人们的一种正常的心理情绪，而焦虑症则是一种心理疾病。

焦虑情绪可分为情境性焦虑、情感性焦虑和神经性焦虑。情境性焦虑又称为反应性焦虑，指包括由于面临考试、学习、就业等外界的心理压力所造成的焦虑情绪；情感性焦虑是指对预期发生的事的担心，对自己的过错感到自责等引起的焦虑反应；神经性焦虑则是指由于情绪紊乱、恐慌、失眠、心悸等心理和生理原因引发的焦虑。

2. 症状鉴别

焦虑与恐惧：焦虑是针对未来预感要发生的事情而产生的情绪体验，是一种防御性的反应，尽管也会伴有恐惧体验，但是它与恐惧还是有所不同。恐惧是指向客观存在的某种特殊情境而产生的一种反应，一般与所处的处境不相称，在人们的日常生活中是一种常见的心理情绪。

焦虑与焦虑症：焦虑是人们对一定情境的正常的情绪反应，可以唤起人们的警觉和注意力，刺激人们积极采取应对措施，具有积极作用；焦虑症是一种与实际情境明显不符的一种病态的情绪或生理反应，一般情况下，焦虑症并非由实际威胁或危险引起，是一种神经性障碍。焦虑症一般持续的焦虑和惊恐状态要达到 6 个月以上，有较强的生理反应，并伴有过分警觉的特征，一般要到专业的医院或机构进行治疗方可减轻症状。

3. 焦虑的意义

研究证明，适度的焦虑对人们的日常学习、工作和生活是有帮助的。有人说，适度的焦虑是对抗冷漠的有效针剂。例如考试前觉得自己平时没有努力学习而感到紧张和担心，那么就可能会改变自己原来的不良行为习惯而好好学习，进而取得好成绩。所以，像这种通过采取一定的措施而减轻焦虑的行为，就是值得称赞的。相反，如果有些人对于考试或其他事件漠不关心，那么就不会采取积极有效的补救措施，最后的结果是可想而知的。叶克斯和多德森通过实验研究得出以下结果：一般情况下，适度的焦虑可以提高人们的作业效率，但是不同的作业难度，焦虑的临界值也有所不同，会随着难度的增加而有所提高，中等偏低的焦虑水平能促进作业效率达到最高水平，焦虑的程度一旦超过了一定的临界值，则会抑制作业的完成，从而抑制作业效率。所以，焦虑与作业效率之间呈倒“U”型的关系。

4. 焦虑的影响因素

一般而言，引起焦虑的因素是多方面的。首先是刺激源的性质，对于个体而言，刺激源的性质是产生焦虑的主要因素，并非所有的刺激都能引起焦虑，只有那些个体无法承受刺激或个体比较在意的刺激才会使个体产生焦虑的情绪。其次，个人对刺激的主观认知，相同的刺激，不同的认知可能会产生不一样的效果。如寓言故事中有一位老太太，整天因为天气有下雨天和晴天而感到焦虑，她认为下雨天则大女儿的扇子不能卖出去，而晴天则小女儿的伞卖不出去，所以天天忧心忡忡。一位智者告诉她换个角度思考这个问题，如果是下雨天，小女儿就可以去卖伞，如果是晴天，大女儿就可以去卖扇子，这样两个女儿都有钱可赚也有休息的时间，这时老太太才豁然开朗，打消了焦虑的情绪。即便是相同的刺激，认知者也会产生不同的焦虑情绪，如对于考试，有的人会由于没有信心而产生焦虑情绪，而有自信的人就会认为考试是检查自己学习成果的一个很好的机会，则会比较期待考试。

（三）抑郁

1. 抑郁的定义

抑郁是指由特定的刺激引起，情绪持续低落的一种情绪状态。抑郁是一种愁闷的心境，表现为没有激情、忧心忡忡、长吁短叹、话语减少、食欲不佳等生理和心理反应。人们在生活的过程中，难免会遇到各种事件，当遇到挫折性事件时，就有可能产生失望、痛苦和悲伤等情绪，表现出来就是情绪低落、打不起精神。对于大学生来讲，大学生活不再像中学时那么单一，除了学习之外，他们还要面临生活适应、人际交往和情感等各个方面的困惑。对于性格内向或无特长的同学来讲，他们可能很难融入大学的学习、生活中，所以就会导致这部分同学对大学生活失去信心，久而久之就可能会产生抑郁情绪。抑郁在大学生群体中表现较为普遍。例如，有些学生因为无法面对学业中的竞争和学习的压力，或是对所学的专业不满意，而陷入忧郁的情绪状态。进而表现出对生活、学习失去兴趣，无法体验到快乐，行为活动水平下降，回避与人交往。严重者，还伴有心境恶劣、失眠，甚至有自杀的倾向。

大学生抑郁情绪表现出来的特点也呈现多样化，主要有以下几种。

（1）食欲不佳，易失眠，易疲惫不堪。

（2）情绪持续低落，无精打采。

（3）对周围的一切渐渐失去兴趣。

（4）容易关注事物的消极面，贬低积极面。

（5）缺乏自信心，感到自己不如别人。

（6）减少交往，怕被冷落。

抑郁的程度有轻重之分，时间长短也有不同。那些由具体事件引起的情绪抑郁状态是可以随着事件的解除而消失的，短暂的抑郁状态也是可以随着时间或自己的调节而慢慢消除的。长时间的抑郁则是一种心境，与时间无关，但当以一种抑郁状态来应对一切时，这时就需要有意识地调节，严重者需要寻求学校或专业的心理咨询师的帮助。

2. 症状鉴别

抑郁和抑郁症：抑郁是由具体的事件引起，一般出现情绪低落等情绪，但是持续时间不会太长，是一种短暂的情绪状态，通常情况下多数人都会随着刺激事件的发生而出现情绪低落的现象，一般不会影响正常的学习和生活，是一种正常的情绪状态，可以自己调节，也可以通过咨询师的帮助得到解决；抑郁症是一种情感性精神障碍，属病态的精神疾病。基本表现为心境持续抑郁、悲观失望、兴趣丧失、精力减退、行动迟缓，其中心境抑郁是最核心的症状。一般情况下抑郁症患者的正常学习和生活会受到严重影响，严重者不仅在心理上出现症状，也会出现一些生理反应，甚至有厌世的想法，感觉生活没有意义，需要专业的精神病医生进行治疗，服用药物才能得以消除。一般而言，大多数人的持续情绪低落状态属于抑郁状态，不要轻易把有这种状态的人归类到抑郁症患者上。

（四）恐惧

1. 恐惧的定义

恐惧，是一种人类及生物心理活动的状态；通常称为情绪的一种。恐惧是因为周围有不可预料不可确定的因素而导致的无所适从的心理或生理的一种强烈反应，是只有人与生物才有的一种特有现象。

2. 恐惧的分类

（1）场所恐惧

场所恐惧症通常译为“广场恐惧”“旷野恐惧”或“幽室恐惧”等，患者主要表现为不敢进入商店、公共汽车、剧院、教室等公共场所和人群聚集的地方，或者是黑暗空旷的场所，担心忍受不了那种场合下将要产生的极度焦虑，因而回避。甚至根本不敢出门，对配偶和亲属的依赖突出。

（2）社交恐惧

社交恐惧症主要表现为患者在社交场合下感到害羞、局促不安、尴尬、笨拙，怕成为人们耻笑的对象。因此，他们不敢在人们的注视下操作、书写或进食；他们害怕聚会，害怕与人近距离相处，更害怕组织以自己为中心的活动；他们不敢当众演讲，不敢与重要的人物进行交谈。有的患者害怕并回避与别人的视线相遇，称对视恐惧。他们并没有牵连观念，对周围的对象可以是陌生人，也可以是熟人，甚至是自己的亲属、配偶。较常见的恐惧对象是异性、上司和未婚（夫）妻的父母等。社交恐惧症多在 17～30 岁期间发病，男女的发病率相对较近。患者若被迫进入社交场合，便会产生严重的焦虑反应，惶然不知所措。

（3）特定恐惧

特定恐惧症是指患者对某一特定的物体、动物有一种不合理的恐惧。常起始于童年时期，比如恐惧某一种小动物，这种现象在儿童中很普遍，只是这种恐惧通常会随着年龄的增长而消失。不祥物恐惧（如棺材、坟堆、血污等）在正常人中也不少见，不同的只是没有患者那种典型的回避行为及强烈的情绪和自主神经反应。特定恐惧症的症状恒定，多只取决于某一特殊对象，如恐惧昆虫、老鼠或刀剪等物品。

3. 恐惧的调整

（1）强化训练直接动作

这是自己主动地、积极地去接触恐惧的东西达到消除恐惧的方法，例如，如果害怕在人前讲话，那么偏在人前讲话。

（2）习惯可怕情景

对所惧怕的景物，要敢于去碰它、接触它，对那些景物习惯了，知道它“不过如此”，也就不怕了。如许多人开始时怕在会上发言，后来硬着头皮去讲，受到大家鼓励，以后会上发言就不会忐忑不安了，表情动作也自然了。

（3）学习有关知识

人对有些景物产生恐惧心理，是与缺乏这方面知识，不明白“其理”有关，如打雷、闪电。当你知道这是自然界的正常现象时，恐惧情绪自然就会缓解。

（4）回避可怕情景

碰上能引起恐惧的景物时，要尽量避开或排除，恐惧的情绪很快会缓和下来。

（五）愤怒

愤怒是人的基本情绪反应，从程度上可分为不满、气恼、愤怒、暴怒、狂怒等。在面对自己的愤怒情绪无法控制时，还可能将这种愤怒情绪进行转移，称之为迁怒。

（六）冷漠

冷漠是指对人对事漠不关心的一种消极状态。处于冷漠情绪的大学生，在行为上常表现为对生活没有热情和兴趣；对学习漠然置之，无精打采；对周围的同学冷漠无情，甚至对他人的关心无动于衷；对集体活动漠不关心、麻木不仁。日本心理学家松原达哉教授形容此情绪状态的学生是无欲望、无关心、无气力的“三无”学生。冷漠是一种对环境和现实的自我逃避的退缩性心理反应，它本身虽然带有一定心理防御的性质，但是它会导致当事者萎靡不振，退缩躲避和自我封闭，并严重影响一个人的身心健康。

第三节　大学生的情绪和压力的自我管理与调节

情绪作为心理活动的重要组成部分，与个体的学习、生活以及身心健康等具有很大的关系。健康的情绪能够提高工作、学习的效率，促进身心健康，而不健康的情绪不但影响日常的工作和学习，而且还会诱发各种身心疾病。情绪对一个人的心理成长和发展有着极大的影响。对于在校大学生来讲，管理情绪、调节情绪、驾驭情绪、做情绪的主人，不仅是维护身心健康的需要，而且也是自我发展和人格成熟的条件。

一、健康情绪

（一）健康情绪的标准

健康的情绪，即良好的情绪状态、良好的心理状态，首先是情绪上的成熟，是指一个人的情绪的发展、反应水平和自我控制的能力与其年龄和社会对此的要求相适应，并为社会所接受。美国心理学家马斯洛在阐述关于“自我实现者”的情绪特点时，曾经提出了健康情绪的六个特征，即平和、稳定、愉悦和接纳自己；有清醒的理智；适度的欲望；对人类有深刻、诚挚的感情；富于哲理，善意的幽默感；丰富、深刻的自我情感体验。

（二）保持健康情绪状态的方法与途径

1. 保持积极乐观的心态

保持好奇心，善于关注和发现生活、学习中积极的事物，并能够充分地享受愉快、主动的情绪，创造能使自己感到快乐的生活和事业。快乐不是等待和被赐予，而是一种发现和创造。

2. 能接纳自己的情绪变化

能接受自己的情绪，不苛求自己，不过于追求完美，以平常心来面对自己情绪上的波动。

3. 善于及时调整自己的不良心态

能够保持一个正确客观的理性认知；善于采用多种方式及时宣泄自己的情绪；在遇到生活中的挫折时能够积极地自我暗示，或使自己的情感升华。

4. 宽容别人

保持良好的人际沟通，并能够理解和宽容别人，尤其在对方有过失时，不去怨恨别人，更不拿别人的错误来惩罚自己。怨恨是一把双刃剑，既会伤人，更会伤己。

5. 掌握有效的自我情绪调节的方法

包括保持幽默的方法、自我认知的方法、行为调节的方法、自我积极暗示法和自我放松法等。

二、培养情商

（一）情商的定义

情商（Emotional Quotient），简称为 EQ，又称为情绪智力、情绪智慧和情绪商数，主要是指人在情绪、情感、意志、耐受挫折等方面的品质。总体来讲，人与人之间的情商并无明显的先天差别，更多的是与后天的培养相关性较高。

情商较高的人自信而不自满，很乐观、幽默，能站在别人的立场考虑问题，有较好的人际关系，做事不怕苦、不怕难，心理承受力较强，能应对大多数问题。情商较低的人易受他人影响，目标不明确，能控制大脑。低情商的人自我意识差，没有自信心，无确定的目标，也不打算付诸实践，严重依赖他人，说话、做事自我性较强，脾气暴躁，处理人际关系的能力差，生活无序，爱抱怨，总为自己的失败找借口，遇事怕困难，心理承受力差，常流泪。

（二）情商的培养

1. 情商的定义

心理专家说，孩子学会做人比学会做学问更重要。情商形成于婴幼儿时期，成形于儿童和青少年阶段，主要是在后天的人际互动中培养起来的。

2. 情商的特点

高情商的人的特点：社交能力强，外向而愉快，不易陷入恐惧或伤感，对事业较投入，为人正直，富有同情心，情感生活较丰富但不逾矩，无论是独处还是与许多人在一起时都能怡然自得。

低情商的人的特点：自我意识差，没有自信，无确定的目标，也不打算付诸实践，严重依赖他人，说话和做事时从不考虑别人的感受，经常大发脾气，处理人际关系能力差，应对焦虑的能力差，生活无序，爱抱怨。总喜欢为自己的失败找借口，推卸责任，做事怕困难，胆量小。心理承受能力差，受不了一点打击，经常流泪，对生活感到悲观绝望。

高情商者是能清醒地把握自己的情感，敏锐感受并有效反馈他人情绪变化的人。情商决定了我们怎样才能充分而又完善地发挥我们所拥有的各种能力。通常，在大型企业公司的面试上，都会测试情商。

3. 情商的内容

丹尼尔·戈尔曼接受了萨洛维（P.Salovery）的观点，认为情商包含以下 5 个主要方面。

（1）了解自我：监视情绪时时刻刻的变化，能够察觉某种情绪的出现，观察和审视自己的内心世界体验，它是情商的核心，只有认识自己，才能成为自己生活的主宰。

（2）自我管理：调控自己的情绪，使之适时适度地表现出来，即能调控自己。

（3）自我激励：能够依据活动的某种目标，调动、指挥情绪的能力，它能够使人走出生命中的低潮，重新出发。

（4）识别他人的情绪：能够通过细微的社会信号、敏感地感受到他人的需求与欲望，认知他人的情绪，这是与他人正常交往、实现顺利沟通的基础。

（5）处理人际关系，调控自己与他人的情绪反应的技巧。

4. 提高情商的方法

（1）不抱怨不批评

高情商的人一般不批评别人，不指责别人，不抱怨，不埋怨。其实，这些抱怨和指责都是不良情绪，它们会传染。高情商的人只会做有意义的事情，而不做没有意义的事情。

（2）热情和激情

高情商的人对生活和工作总是保持热情，有激情。知道调动自己的积极情绪，让好的情绪伴随每天的生活和工作。不让那些不良的情绪影响到生活或工作。

（3）包容和宽容

高情商的人宽容，心胸宽广。心有多大，眼界有多大，你的舞台就有多大。高情商的人不斤斤计较，有一颗包容和宽容的心。

（4）沟通与交流

高情商的人善于沟通，善于交流，并且以坦诚的心态来对待他人，真诚又有礼貌。沟通与交流是一种技巧，需要学习，在实践中不断地总结摸索。

（5）多赞美别人

高情商的人善于赞美别人，这种赞美是发自内心的、真诚的。看到别人优点的人，才会进步得更快，总是挑剔别人缺点的人会故步自封，反而退步。

（6）保持好心情

高情商的人每天保持好的心情，每天早上起来，送给自己一个微笑，并且鼓励自己，告诉自己是最棒的，告诉自己是最好的，并且周围的朋友们都很喜欢自己。

（7）聆听的好习惯

高情商的人善于聆听，聆听别人说话，仔细听别人说什么，多听多看，而不是自己滔滔悬河。聆听是尊重他人的表现，聆听是更好沟通的前提，聆听是人与人之间最好的一种沟通方式。

（8）有责任心

高情商的人敢做敢承担，不推卸责任，遇到问题，分析问题，解决问题。正视自己的优点或是不足，是敢于担当的人。

（9）每天进步一点点

高情商的人每天进步一点点，说到做到，立刻就开始行动，不是光说不做。行动力是成功的保证。每天进步一点点，朋友们也更加愿意帮助这样的人。

（10）记住别人的名字

高情商的人善于记住别人的名字，用心去做，就能记住。记住了别人的名字，别人也会更加愿意亲近你，和你做朋友，你会有越来越多的朋友，有好的朋友圈子。

培养方法主要有以下途径：

不抱怨不批评；热情和激情；包容和宽容；沟通与交流；多赞美别人；保持好心情；聆听的好习惯；有责任心；有上进心；记住别人的名字。

三、情绪调节的 ABC 理论

（一）情绪 ABC 理论概述

情绪 ABC 理论是由美国著名心理学家埃利斯创建的，他认为激发事件 A（activating event 的第一个字母）只是引发情绪和行为后果 C（consequence 的第一个字母）的间接原因，而引起 C 的直接原因是个体对激发事件 A 的认知和评价而产生的信念 B（belief 的第一个英文字母）。如果说 A 是事情的原因，C 是事情的结果，那么 B 则是二者之间的桥梁，这座桥梁就是信念和我们对情境的评价与解释。正是由于不同的人对同一件事情有不同的信念和评价，才会有不同的行为后果。因此，事情发生的一切根源在于我的对事件的信念。比如，同样是考试成绩优异，有的人感觉很高兴，有的人则由于担心良好的成绩不能保持而苦闷。

（二）合理情绪理论的原理及意义

合理情绪理论认为，对事件正确的认识一般会导致适当的行为和情绪反应，而错误的认知往往是导致不良情绪产生的直接原因。导致人们对事件发生错误的认识的背后，往往是某些不合理的信念所致，艾里斯称其为不理性观念。不理性观念会使人身处情绪的逆境中，而不能自拔。如学生提出了“人活着是为了快乐”并没错，但是提出“人怎样才能快乐？当然就是没有烦恼和痛苦……”这本身就存在着不合理的观念，因为，没有痛苦与烦恼并不等于快乐（有的人并不痛苦，但是也不快乐），而且有了痛苦和烦恼，也不能说就一定没有快乐。

合理情绪理论认为，改变不合理的观念，建立合理的观念，就会产生出积极的情绪反应。该理论通过对引起不良情绪的非理性观念的纠正，达到改善情绪的目的。

（三）不合理信念的特征

1. 绝对化要求

指人们常常以自己的意愿为出发点，认为某件事情必定发生或不发生的想法。它常常表现为将“希望”“想要”等绝对化为“必须”“应该”或“一定要”等。例如“我必须考试成功”“我一定要找到工作”“别人应该对我好”等。这样的观点或态度之所以不合理，是因为它过于绝对化，没有认识到任何事物都有其客观规律，不以任何人的个人意志为转移，所以有悖于自然发展的规则。因此，一个人一旦有这样绝对化的想法，必然难以适应社会，从而使自己陷入情绪困扰之中。

2. 过分概括的评价

这是一种以偏概全的不合理思维方式的表现，它常常把“有时”“某些”过分概括化为“总是”“所有”等。用艾利斯的话来说，这好像是凭一本书的封面来判断它的好坏。它具体表现在人们对自己或别人的不合理评价上，典型特征是以某一件或某几件事来评价自身或他人的整体价值。如有些人在遇到一些挫折后，便认为自己一无是处，毫无价值感和存在感；在对于别人的评价上也是如此，如对别人的个别行为不满意，就会产生埋怨、责怪、怨恨等。我们应该包容、大度地看待人和事，这样才能避免产生负性情绪。

3. 糟糕至极的想法

持这种观念的人认为如果一件不好的事情发生，那将是非常可怕和糟糕的。如“我考试失败了，一切都没有希望了”“今天教师批评了我，以后老师就不可能再喜欢我了”等。这种想法是非理性的，持这种观点的人把所有的困难都看成是最糟糕的，所以他们非常容易因为哪怕一件小事而陷入强烈的情绪困扰中去。所以艾利斯认为，情绪调节的方法是改变认知者的不合理信念。

（四）合理情绪理论的应用

首先，将引发不良情绪的事件和认识一一列出。其次，找出引发不良情绪的不理性观念：绝对化；过分概括化；灾难化。再次，通过对非理性观念的认识和纠正，找出合理的观念。最后，通过建立合理的信念，达到情绪感受的改变。

例如，一位大学生叙述了被朋友伤害的经历：“在我的朋友遇到困难时，我主动帮助了他，而当我遇到困难时，他却视而不见，为此我感到被欺骗了，很愤怒。”通过对该学生认识的分析，找出了其不合理观念是“我帮助了他，他就应该帮助我”。通过讨论，该学生将“应该”改成了“希望”，对事件的认识变成了“我的朋友遇到困难时，我帮了他，是我主动而且愿意的，并且我也希望当我遇到困难时，他同样会帮助我。但后来，当我真的遇到了困难，他却没帮我，我为此感到遗憾，我虽然很不高兴，但我不会感到生气”。这样，把绝对化的信念转换一下说法，就会得到不一样的情绪反应，所以掌握合理情绪的理论和方法，不仅当我们遇到情绪困扰时可以帮助我们认识和摆脱不良情绪的困扰，更重要的是，它能使我们保持一种客观正确的认知心态，避免不良情绪的产生。

四、放松训练

放松训练又称为松弛反应训练，是一种通过训练有意识地控制自身的心理生理活动、降低唤醒水平、改善机体紊乱功能的心理咨询与治疗方法。放松疗法是一种对抗情绪焦虑、紧张、恐惧等情绪困扰的方法，能达到稳定情绪的特殊效果，较少受时间、地点、经费等的影响，简单易行，求助者本人就可以完成。所以放松疗法在行为训练中经常用到，并作为行为训练的基础。放松训练通常可分为：渐进性肌肉放松法、腹式呼吸放松法、冥想放松法和肌肉紧张法等。

（一）放松训练的原理

一个人的情绪包括主观体验、生理反应和表情三部分。放松训练的基本假设是改变生理反应，主观体验也会随之改变。即由人的意识可以把人的肌肉控制下来，再间接地使主观体验松弛下来，从而建立轻松的心情状态。所以，放松训练就是通过训练使人能够随意地把自己全身的肌肉放松下来，以便随时保持心情轻松的状态，从而缓解紧张、焦虑等情绪。一般情况下，放松训练适合于轻微的紧张、焦虑情绪的缓解。

（二）放松训练的实施步骤

（1）身体靠在沙发或躺在床上等松软的地方，全身各部位都处于舒适的状态；

（2）想象自己处于令人放松的情境中，如静坐在花园里、平静的湖边或是漫步于美丽的田野中，使自己达到一种安静平和的状态；

（3）引导自己依次放松：前臂、颈、肩、背、胸、腹及下肢，重点强调面部肌肉的放松，时间大概持续20～30分钟，每日一次，一般6～8次即可学会放松。

（三）放松训练的使用注意事项

（1）放松训练的方法有许多种，每种可以单独使用，也可以联合使用，但是不能贪多，每次以一两种为宜，不宜太多。

（2）放松训练的关键是放松，既强调身体、肌肉的放松，更强调精神、心理的放松，重要的是体验放松后的体验。

（3）在练习放松时，应全神贯注、全身心投入，避免各种干扰，通过训练达到最佳的放松效果。

（4）放松的引导语有语言和冥想两种，可以听录音放松，也可以自己冥想放松。

（5）放松训练对想象力丰富、易受暗示的人效果较好，对独立性强而想象力差的求助者效果可能不太显著。

五、系统脱敏训练

（一）想象系统脱敏

在一个较为安静的环境中，当自己已经完全处于放松状态时，进行恐惧（焦虑）事件的想象，从等级层次中最低的一个事件开始。当能清楚地想象并进入此事的情境感受时，保持这一想象中的情境 30 秒左右，并充分体验其不适的感受。之后停止想象，重新进入放松阶段……循环往复，直到该情境焦虑度降低（不再焦虑或恐怖）为止，再进行下一情境的训练，直到要完成整个的脱敏训练。

（二）现实系统脱敏

也称接触脱敏法，整个操作过程与想象系统脱敏类似，只是让来访者在真实的（而非想象的）情境中进行。该脱敏的实施一般是建立在想象脱敏训练的基础上。

六、合理宣泄法

不要把痛苦闷在心里，应当主动向朋友、同学或亲友倾诉，争取别人的原谅、同情与帮助。这样可以减轻挫折感，改变内心的压抑状态，以求身心轻松，从而让目光面向未来，增强克服挫折的信心。当我们悲伤时，就干脆痛哭一场，让泪水尽情地流出来；当受了委屈，一时想不通时，千万不要一个人生闷气，最好找亲人或朋友倾诉苦衷。

七、其他方法

（一）补偿

实现目标的愿望受挫后，可以利用别的途径达到目标，或者确立新的目标。在实施过程中，发现目标不切实际、前进受阻，应及时调整目标，以便继续前进，获得新的胜利，即“失之东隅，收之桑榆”，这是一种心理防御机制。

（二）升华

人在落难受挫之后，奋发向上，将自己的感情和精力转移到其他的活动中去。如大学生在感情上受挫之后，将感情和精力转移到学习中去。这也是大学生在受挫之后一种很好的调节方法。

（三）学会运用压力

出现压力并不可怕，适当的压力可以让我们更加积极取得进步，所以我们要学会运用压力。

（四）保持良好心态

良好的心态对于缓解大学生的情绪和压力是一方良药，它是情绪和压力的调节剂。有时同样一个问题，不同心态的应对方式可能会达到不同的效果。同样是考试失败，有的人会认为自己不会学习，甘于有个较差的成绩；有的人则会把此次的考试失败作为学习的动力，想从此改写自己考试失败的经历。有的人认为下雨或晴天都是一件令人烦恼的事情，但是有人的认为正是由于有了下雨和晴天，才使天气变化多端，充满各种不确定性，从而丰富了天气，充实了心情。

【知识延伸】

食物疗效

减轻心理压力的食物

食物不但能满足我们的生理需求，让我们的身体得到能量，也可以帮助我们减轻心理压力，调整不良情绪。下面我们就来看一下，帮助我们减轻心理压力，调整不良情绪的食物有哪些。

1. 香蕉

香蕉是色胺酸（一种人体必需的氨基酸，是天然的安眠药）和维生素 B_6 的良好来源，能帮助大脑制造血清素。香蕉含的生物碱也可以调节情绪和提高信心。

2. 葡萄柚

葡萄柚含有丰富的维生素 C，在制造多巴胺时，维生素 C 是重要成分之一。多巴胺是一种神经传导物质，用来帮助细胞传送脉冲讯息；多巴胺会影响大脑的运作，传达开心的情绪，恋爱中男女的幸福感，与脑里产生大量多巴胺的作用有关。

3. 蔬果

叶酸存在于多种蔬果中，含量较丰富的有芦笋、菠菜、柑橘类水果、番茄、豆类等，当叶酸的摄取量不足时，会导致脑中的血清素减少，易引起情绪问题，包括失眠、忧郁、焦虑、紧张等。叶酸还能促进骨髓中的幼细胞发育成熟，形成正常形态的红血球，避免贫血；妇女怀孕期间缺乏叶酸，会影响胎儿神经系统的发育。

4. 全麦面包

碳水化合物有助于增加血清素，睡前 2 小时吃点富含碳水化合物的食物，如蜂蜜、全麦吐司，有安眠药的助眠效果，但不会像药物产生依赖性的副作用，不会上瘾。

5. 深海鱼类

根据哈佛大学的研究报告，鱼油中的 Omega-3 脂肪酸，与抗忧郁成分有类似作用，可以调节神经传导，增加血清素的分泌量。血清素是一种大脑神经传递物质，与情绪调节有关，如果血清素功能不足、分泌量不够或作用不良时，会有忧郁的现象发生。因此，血清素是制造幸福感的重要来源之一。

学三句话

1. “算了”

即指面对一个无法改变的事实，最好办法就是接受这个事实。

2. “不要紧”

即不管发生什么事情，哪怕是天大的事情，也要对自己说“不要紧”！记住，积极乐观的态度是解决任何问题和战胜任何困难的第一步。

3. “会过去的”

不管雨下得多么大，连续下了多少天也不停，你都要对天会放晴充满信心，因为天不会总是阴的。自然界是这样，生活也是如此。

心理小测试

焦虑自评量表（SAS）

指导语：请根据您一周来的实际感觉在适当的数字上画上“√”表示，请不要漏评任何一个项目，也不要在相同的一个项目上重复地评定。

1. 我觉得比平常容易紧张和着急

A. 没有或很少有　B. 有时有　C. 大部分时间有　D. 绝大部分或全部时间都有

2. 我无缘无故地感到害怕

A. 没有或很少有　B. 有时有　C. 大部分时间有　D. 绝大部分或全部时间都有

3. 我容易心里乱或觉得惊恐

A. 没有或很少有　B. 有时有　C. 大部分时间有　D. 绝大部分或全部时间都有

4. 我觉得我可能将要发疯

A. 没有或很少有　B. 有时有　C. 大部分时间有　D. 绝大部分或全部时间都有

5. 我觉得一切都很好，也不会发生什么不幸

A. 没有或很少有　B. 有时有　C. 大部分时间有　D. 绝大部分或全部时间都有

6. 我手脚发抖浑身打颤

A. 没有或很少有　B. 有时有　C. 大部分时间有　D. 绝大部分或全部时间都有

7. 我因为头痛、颈痛而苦恼

A. 没有或很少有　B. 有时有　C. 大部分时间有　D. 绝大部分或全部时间都有

8. 我感觉容易衰弱和疲乏

A. 没有或很少有　B. 有时有　C. 大部分时间有　D. 绝大部分或全部时间都有

9. 我觉得心平气和，并且容易安静坐着

A. 没有或很少有　B. 有时有　C. 大部分时间有　D. 绝大部分或全部时间都

10. 我觉得心跳得很快

A. 没有或很少有　B. 有时有　C. 大部分时间有　D. 绝大部分或全部时间都有

11. 我因为一阵阵头晕而苦恼

A. 没有或很少有　B. 有时有　C. 大部分时间有　D. 绝大部分或全部时间都有

12. 我有晕倒发作或觉得要晕倒似的

A. 没有或很少有　B. 有时有　C. 大部分时间有　D. 绝大部分或全部时间都有

13. 我呼气吸气都感到容易

A. 没有或很少有　B. 有时有　C. 大部分时间有　D. 绝大部分或全部时间都有

14. 我手脚麻木和刺痛

A. 没有或很少有　B. 有时有　C. 大部分时间有　D. 绝大部分或全部时间都有

15. 我因为胃痛和消化不良而苦恼

A. 没有或很少有　B. 有时有　C. 大部分时间有　D. 绝大部分或全部时间都有

16. 我常常要小便

A. 没有或很少有　B. 有时有　C. 大部分时间有　D. 绝大部分或全部时间都

17. 我的手常常是干燥温暖的

A. 没有或很少有　B. 有时有　C. 大部分时间有　D. 绝大部分或全部时间都有

18. 我脸红发热

A. 没有或很少有　B. 有时有　C. 大部分时间有　D. 绝大部分或全部时间都有

19. 我容易入睡并且一夜睡得很好

A. 没有或很少有　B. 有时有　C. 大部分时间有　D. 绝大部分或全部时间都有

20. 我做噩梦

A. 没有或很少有　B. 有时有　C. 大部分时间有　D. 绝大部分或全部时间都有

评分标准:

SDS 的部分等于各条目的得分之和，其中 5、9、13、17、19 题为反向计分项，按 4～1 反向计分，其余各项为 1～4 计分。

分数解释

标准分 50～59 分为轻微至轻度焦虑；标准分 60～69 分为中度焦虑；标准分 70 分以上为重度焦虑。

注意事项

评定采用 1～4 分制计分，评分时间为过去的一周。把各题的得分相加为总分，总分乘

以 1.25，四舍五入取整数得到标准分。抑郁评定的临界值 T 为 50 分，分值越高，焦虑倾向越明显。

抑郁自评量表（SDS）

指导语：请根据您一周来的实际感觉在适当的数字上画上“√”表示，请不要漏评任何一个项目，也不要在相同的一个项目上重复地评定。

1. 我觉得闷闷不乐，情绪低沉

A. 很少有　B. 有时有　C. 大部分时间有　D. 绝大部分时间有

2. 我觉得一天之中早晨最好

A. 很少有　B. 有时有　C. 大部分时间有　D. 绝大部分时间有

3. 我一阵阵地哭出来或者觉得想哭

A. 很少有　B. 有时有　C. 大部分时间有　D. 绝大部分时间有

4. 我晚上睡眠不好

A. 很少有　B. 有时有　C. 大部分时间有　D. 绝大部分时间有

5. 我吃的跟平常一样多

A. 很少有　B. 有时有　C. 大部分时间有　D. 绝大部分时间有

6. 我与异性密切接触时和以往一样感到愉快

A. 很少有　B. 有时有　C. 大部分时间有　D. 绝大部分时间有

7. 我发觉我的体重在下降

A. 很少有　B. 有时有　C. 大部分时间有　D. 绝大部分时间有

8. 我有便秘的苦恼

A. 很少有　B. 有时有　C. 大部分时间有　D. 绝大部分时间有

9. 我心跳比平时快

A. 很少有　B. 有时有　C. 大部分时间有　D. 绝大部分时间有

10. 我无缘无故感到疲乏

A. 很少有　B. 有时有　C. 大部分时间有　D. 绝大部分时间有

11. 我的头脑跟平常一样清楚

A. 很少有　B. 有时有　C. 大部分时间有　D. 绝大部分时间有

12. 我觉得做以前经常做的事并没有困难

A. 很少有　B. 有时有　C. 大部分时间有　D. 绝大部分时间有

13. 我觉得不安而静不下来

A. 很少有　B. 有时有　C. 大部分时间有　D. 绝大部分时间有

14. 我对将来抱有希望

A. 很少有　B. 有时有　C. 大部分时间有　D. 绝大部分时间有

15. 我比平常容易激动

A. 很少有　B. 有时有　C. 大部分时间有　D. 绝大部分时间有

16. 我觉得作出决定是容易的

A. 很少有　B. 有时有　C. 大部分时间有　D. 绝大部分时间有

17. 我觉得自己是个有用的人，有人需要我

A. 很少有　B. 有时有　C. 大部分时间有　D. 绝大部分时间有

18. 我的生活过得很有意思

A. 很少有　B. 有时有　C. 大部分时间有　D. 绝大部分时间有

19. 我认为如果我死了别人会生活得好些

A. 很少有　B. 有时有　C. 大部分时间有　D. 绝大部分时间有

20. 平常感兴趣的事我仍然照样感兴趣

A. 很少有　B. 有时有　C. 大部分时间有　D. 绝大部分时间有

评分标准

SDS 的部分等于各条目的得分之和，其中 2、5、6、11、12、14、16、17、18 和 20 题为反向计分项，按 4～1 反向计分，其余各项为 1～4 计分。

分数解释

标准分 50 分以下为无抑郁；标准分 50～59 分为轻微至轻度抑郁；标准分 60～69 分为中至重度抑郁；标准分 70 分以上为重度抑郁。

注意事项

评定采用 1～4 分制记分，评分时间为过去的一周内。把各题的得分相加为总分，总分乘以 1.25，四舍五入取整数得到标准分。抑郁评定的临界值 T 为 50 分，分值越高，抑郁倾向越明显。

思考题：

1. 请表述自己的情绪特征。
2. 请简述情绪有哪些分类。
3. 试用合理情绪理论对自己的一个负性事件进行分析。
4. 在你情绪不好或感到有压力时，你会采取什么样的方式进行缓解呢？
5. 请简述系统脱敏法的适用范围。

第五章

大学生人际交往与心理健康

美国心理学家戴尔·卡耐基说:“一个人的成功只有 15%依靠他自己的能力,而 85%取决于人际交往。”马克思指出:“你希望别人怎样对待自己,你就应该怎样对待别人。”我国心理学家丁瓒提出:“人类的心理适应,最主要的就是对于人际关系的适应,所以,人类的心理病态主要是由于人际关系的失调而来的。”与人交往和沟通,建立良好的人际关系,是每个人的基本社会需要,也是一个人健康成长的必备条件。当今社会是一个竞争激烈的社会,人际交往能力是大学生的基本素质之一。因此,结合大学生交往的实际,掌握人际交往的基本理论,学习有效的交往技巧,提高人际交往能力,建立良好的人际关系,有助于帮助大学生健康成长。

第一节　人际交往概述

俗话说“人以类聚,物以群分”,作为社会的一分子,每个人无可避免地要和其他人产生联系、发生交往。大学生积极开展人际交往,建立良好的人际关系,有着十分重要的现实意义。

一、人际交往、人际关系的含义和二者的关系

(一)人际交往的含义

人际交往是指人们运用语言或者非语言符号交换意见、传达思想、表达感情和需要的交流过程,包括物质交往和精神交往。一名大学生从家里从出发来到大学,标志着他进入一段新的人生旅程,他离开熟悉的地方和人们,来到一个新的地点与新的人们进行交往,建立新的人际关系。

(二)人际关系的含义

人际关系是指人们由于交往形成的彼此间的心理关系,它主要表现了交往中人与人之间的心理距离。人际关系包含认知、情感、行为三种心理成分。认知成分是人们在交

往过程中相互感知、理解、判断和评价的过程，是人际关系建立、发展和改变的基础；情感成分是人们交往过程中的态度体验，如满意、不满意，喜欢、不喜欢等，情感成分对人际关系起重要调节作用，是评价人际关系的基本指标；行为成分是人与人之间交往的行为和过程，是人际关系建立、发展的手段，是人际关系得以维系和深化的基础。

（三）人际交往与人际关系的联系

人际交往和人际关系是两个既有联系又有区别的概念。人际交往是人际关系的根本前提和条件，也是人际关系形成的途径；而人际关系则是人际交往的表现和结果。两者的区别是人际交往侧重于人与人之间的联系与接触的过程，以及行为方式的程度等；人际关系侧重于在交往基础上所形成的心理状态和结果。从时间上看，人际交往在前，人际关系在后，人际交往是一个动态的过程，而人际关系则具有相对稳定性。

二、大学生人际交往的类型

根据人际交往形成的基础的不同可以划分为以下三种类型。

（一）家庭人际交往

家庭人际交往主要是指由血缘关系和姻缘关系所形成的人际交往。这种人际交往是以血缘和姻缘为纽带形成的一个血缘关系网络和由若干家庭交叉形成的姻缘网络。例如，大学生与父母、叔伯、阿姨、姑姨、姑父姨夫、表兄弟姐妹或堂兄弟姐妹等的交往，家庭人际交往是大学生人际交往的重要部分，是人际交往中最直接、最普遍的交往。

（二）地缘人际交往

地缘人际交往是因生活在共同的地理区域，以地域观念为基础而形成的人际交往。地缘人际交往常常以社会历史和文化为背景，使人际交往带有文化传统、心理纽带和乡土色彩，如邻里交往、同乡交往、室友交往等。

（三）业缘人际交往

业缘人际交往主要是指以共同的事业、学业、信仰、志趣等为基础而建立的人际交往。如同事交往、商业交往、师徒（生）交往、同学交往、社团交往、党派交往等。这种人际交往在人际关系中所占的比例较大，对社会的影响也较大。

（四）其他人际交往

美国心理学家马斯洛认为人作为一个有机整体，具有多种动机和需要，包括生理需要、安全需要、归属与爱的需要、自尊需要和自我实现需要。人们的人际交往过程也是一个不断满足动机和需要的过程，除了家庭人际交往、地缘人际交往、业缘人际交往外，人们还有很多其他的人际交往，比如医患人际交往等。

三、人际交往的功能

（一）个体生存的必要手段

人类是群居动物，无论社会如何快速发展变化，人类都是不能离群索居的。人从出生那刻起就需要与人交往，得到别人的帮助，就像人字的结构那样需要相互支撑，这种相互支撑将伴随人的一生。

（二）合力凝聚功能

合力，就是人的力量、能力的有机组合。人的力量、能力如果按照正确的方式组合起来，就会产生很大的力量，就会产生 1 加 1 大于 2 的效果。常言说“人多力量大”“人心齐、泰山移”“团结就是力量”，就是这个道理。当今社会竞争残酷，单凭一个人的努力根本无法获得事业上的成就，只有借助众人之力，才有可能抓牢机会，创造辉煌的人生。

（三）信息沟通功能

人际交往就是一个信息交流的过程，信息的交流与沟通，是人们相互联系的重要形式。人们的生产、生活、工作、娱乐都离不开信息的交流。当今时代是信息时代，信息对于每个人都尤为重要，每个人都是一个信息源，既是信息的传播者，也是信息的接收者。正如英国戏剧家萧伯纳所说：“如果你有一个苹果，我有一个苹果，彼此交换，每个人还是只有一个苹果；如果你有一个思想，我有一个思想，彼此交换，每个人就有两个甚至多于两个的思想。”

（四）感情联络功能

人有归属与爱的需要，不愿意孤立、独处。医学心理学的研究表明，长期独处的人，会变得性格孤僻、精神忧郁、精神变态，其精力和智能比乐观、开朗、爱交往的人差，其寿命相比之下也较短。人们通过彼此的互相交往，诉说各自的喜怒哀乐，增进相互间的感情，产生一种亲密感甚至依恋之情，从中吸取力量。

（五）优势互补功能

每个人身上都有亮点，在人际交往中，人与人之间相互学习，相互补充，从而产生能力上的跃进和增值。人才学中关于“人才互补效应”理论认为，不同知识、才能、气质、性格的科学工作者组成的研究群体，其知识结构、智能结构的合理程度和学术水平，是任何一个人都望尘莫及的。

（六）相互激励功能

人际交往的激励功能是指由于在人们的群体交往中，因人际交往协调而使群体成员在各方面能力上产生飞跃，创造出活力。从在人际交往的过程中人们会产生群体压力、人际比较、竞争、情感激励等因素，从而产生激励效应。首先，根据现代心理学的从众心理效应原理，社会心理环境一经形成，就产生一定的群体压力，对群体成员有制约和规范的作用。其次，在人的深层意识中，存在着一种时时想评估自己的意识，所以人们经常通过与他人的对比来评价自己。再次，在竞争状态下，会造成一种生机勃勃、人人争先的局面，从而提高竞争群体的整体水平。另外，由于人是群居的，富有同情心和正义感，喜欢与自己合得来的人交往，有时可以因此而改变自己的态度，与自己喜欢的人保持一致。

（七）自我认识功能

个体自我的认识总是在与他人的交往中完成的，个体通过与社会规范比较，与他人比较，把自己的形象反射出来而加以认识。离开了交往对象或者可比较的规范，就失去了衡量自己的尺子和观察自己的镜子。与人交往，可使我们从别人的个性中找到自己的相似之处，发现别人身上好或者不好的东西，以人为镜，调整和改进自己，从而完善自我。

（八）心理保健功能

心理学家认为，人类的心理适应最主要在于人际关系适应。良好的人际交往和人际关系可以使人的思想和感情得到交流，获得他人的理解和支持，提高自尊和自信，增强自我价值感和力量感，降低挫折感，缓解内心的冲突和苦闷，宣泄不良情绪，给人以精神上的愉悦和满足，促进身心健康。

第二节　人际交往的心理学原理

一、人际交往的动机

人际交往的动机根据动机的起源可以分为心理性动机和社会性动机。心理性动机包括求生动机、安全动机、归属动机、获得尊重动机、自我实现动机。社会性动机包括亲和动机、赞许动机、成就动机。

（一）生理性动机

1. 求生动机

人际交往是人的基本活动之一，是人得以生存和延续的必要手段之一。《荀子·王制》："力不若牛，走不若马，而牛马为用，何为？曰：人能群，彼不能群也。"人作为自然界的个体是极弱的弱者，只有通过相互交往，并在交往中形成群体，才能成为强者，才能获得生存的必需品。

2. 安全动机

人作为自然人和社会人，就必须防御自然侵害和他人的侵犯，这就得与人交往，与人合作，共同抵御侵犯。对当代人而言，安全感涉及更为广泛，希望学业顺利、工作顺利、家庭和谐、感情稳固等。这些均需要个体融入群体，在群体中获得帮助，从而获得安全与满足。

3. 归属动机

人有着丰富的情感，希望与他人进行交流。在遇到烦心事时，希望有发泄、倾诉的对象，在遇到高兴的事时，又希望有一起庆祝、分享的对象。归属动机促使人们追求亲情、爱情、友情，并促进人加入多个群体。

4. 获得尊重动机

俗话说"树活一张皮，人活一张脸"，人们希望得到他人的尊重。人作为群居性动物，在与他人的交往中，人们希望自己的行为、能力得到他人的认可、肯定及赞扬。

5. 自我实现动机

每个人都有自己的梦想，希望通过自己的努力和他人的帮助实现自己的梦想，从而达到自我实现。人拥有自我实现的动机就会将自己的努力付诸实践，激励自己与他人交往，在交往中不断发展和完善自己。

（二）社会性动机

1. 亲和动机

亲和动机是指个人在社会生活中与他人亲近、交流以获得他人的关心、理解、合作的一种心理状态，这是一种重要的社会性动机。亲和动机的产生源于人类普遍存在的亲和需要，即寻求被他人喜爱和接纳的一种愿望，是保持人际交往的重要条件。当它引发的亲和行为得以顺利进行时，个人就会感到安全、温暖、有信心；当亲和行为受到挫折时，个人就感到孤独、无助、焦虑和恐惧。

2. 赞许动机

赞许动机是指人们从事工作或某种活动时希望得到他人或组织的赞赏和肯定，进而获得心理上的满足。赞许动机，是被社会心理学家用来解释社会行为的一个重要动机，人们正是通过社会对个体行为的赞许或否定，逐渐辨别是非，学习社会规范，确立价值标准，进而约束自己的行为的。赞许动机实质上是一种取得成就和得到同伴、组织及社会的承认、尊重、赞扬的需要。无疑，它对交往行为的驱动和强化是显见的。

3. 成就动机

成就动机是个体追求自认为重要的有价值的工作，并使之达到完美状态的动机，即一种以高标准要求自己力求取得活动成功为目标的动机，成就动机可以促进很多人际交往行为的发生。成就的衡量，可以采用既定的标准，更经常的是个人完成工作后与他人相比较而得出。成就动机显著影响着人们的交往行为，成就动机强烈的人，为了取得事业的成功，乐意与人交往、与人合作，具有强烈的竞争意识，在交往中总是首先明确告诉对方与之交往的目的，向对方提出希望和要求，从而达到追求成功的愿望，满足自我发展。

二、人际交往的途径——沟通

人际交往的重要途径是沟通，沟通就是意义的传递与理解。其包括以下两个方面的含义。

（1）沟通是一个关于意义或信息的分享活动；

（2）沟通是一个完整的过程。成功的信息沟通，不仅包括意义的传递，更重要的是对意义的理解。

根据沟通所借用的媒介的不同，可划分为语言沟通与非语言沟通。

（一）语言沟通

在人与人的交往中，语言是最基本的工具。语言是人际交往的根本特点，能否运用语言也是人和动物的一个根本区别。语言沟通包括口头沟通和书面沟通两种。口头沟通是指以口头语言为媒介进行的沟通，包括各种会谈、讨论、演讲、走访等。书面沟通是以书面文字为媒介进行的沟通，如书信、通知、布告、刊物、文件和备忘录等。

（二）非语言沟通

非语言沟通是指通过眼神、衣着、姿态和动作等非语言进行的信息沟通活动（见图 5-1）。因为这与人体有关，又称为“身体语言”。非语言沟通有时是独立进行的，有时是与口头沟通相伴进行的。非语言沟通是一种含蓄、间接的沟通方式，只要运用得当，就能对有效的沟通产生积极的影响。

1. 好奇　2. 疑惑　3. 不感兴趣　4. 拒绝　5. 观察

图 5-1　非语言沟通

图 5-1　非语言沟通（续）

（三）沟通的过程

沟通过程也称流程，是信息的发送者与接受者之间传递信息的过程（见图 5-2）。

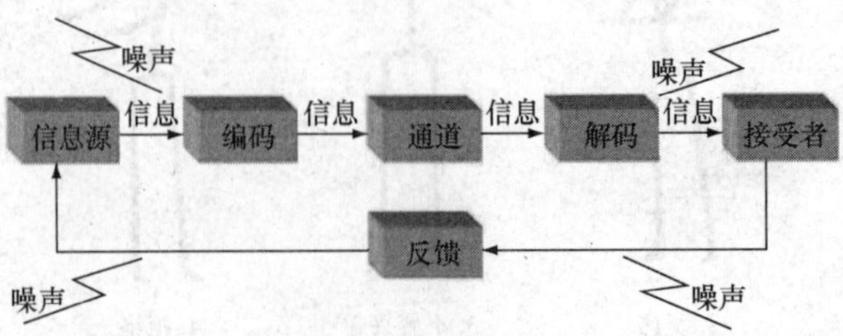

图 5-2　沟通的过程

沟通过程主要包括以下七个部分：（1）信息的发送者；（2）信息连接的各个部分；（3）编码（即把所需要传递的信息转化为信号形式）；（4）渠道（信息传递的媒介）；（5）解码（按照自己的方式把收到的信号进行阐释）；（6）接受者（信息指向的客体）；（7）反馈（指将自己的感受、评价向发送者反映）。此外，信息沟通的过程很容易受到干扰，噪声会造成信息在传递中失真，因此，在进行沟通时应充分注意到这一点。

（四）沟通障碍及其克服

1. 沟通的障碍

（1）个人因素

个人因素主要包括两个大类：一类是有选择地接受，是指人们拒绝或片面地接受与他们的期待不一致的信息，人们往往听或看他们感情上能够接纳的东西，或者只愿意接受中听的，拒绝不中听的；另一类是沟通技巧的差异，比如有的人擅长口头表达，有的人擅长文字描述。这些因素都可能妨碍有效的沟通。

（2）人际因素

人际因素主要包括沟通双方的相互信任、信息来源的可靠度和发送者与接受者之间的相似程度。沟通双方信任度低，相似程度小，一般对沟通影响较大。同时，信息来源的可靠性低直接影响沟通的效果。

（3）结构因素

结果因素包括地位差异、信息传递链、团体规模和空间约束四个方面。地位的差异对沟通的方向和频率有很大的影响；信息沟通的等级越多，达到目的地的时间也越长，信息失真则越大；当团体规模较大时，人与人之间的沟通也相应变得较为困难；空间约束不利于人与人之间的交流，限制了他们的沟通。一般来说，两人之间的距离越短，他们交往的频率也越高。

（4）技术因素

技术因素主要包括语言、非语言暗示、媒介的有效性和信息过量。语言不通、语义不明、非语言暗示的意义不明确会使沟通无法进行下去；媒介的效果不好，过量信息造成的干扰等也是沟通难以顺畅进行的障碍。

2. 沟通障碍的克服

从有效沟通的障碍看，只要采取适当的行动方式将这些沟通障碍有效消除，就能实现有效的沟通。克服沟通中的障碍一般有以下准则：（1）理解沟通的重要性，正确对待沟通；（2）培养听的艺术；（3）创造一个相互信任、有利沟通的小环境；（4）缩短信息传递链，拓宽沟通渠道，保证信息的畅通无阻和完整性。

三、人际交往的阶段

美国心理学家奥尔特曼和泰勒（I.Altman & D.A.Taylor）提出和谐、融洽的人际关系，交往及情感的由浅入深，需要经过定向、情感探索、情感交流和稳定交往四个阶段。

（一）定向阶段

定向阶段包含对交往对象的注意、选择和初步沟通三个方面的心理活动。其中，注意是指无意地选择交往对象；选择是指理性地、有意识地选择交往对象；初步沟通是指试图与所选对象建立某种联系的行动，是开展交往和建立关系的真正开始。这个阶段的时间跨度是不一样的。对于自我防卫倾向较强的人，这一阶段时间长，而有的人则很快完成。

（二）情感探索阶段

情感探索阶段主要包括情感融合、开拓共同情感领域和情感卷入三个方面的内容。其中，情感融合是指建立安全感和信任；开拓共同情感领域是指沟通逐渐广泛，自我表露增加；情感卷入是指交往不高，交往仍较正式。处于这个阶段的人际交往，交往的双方比较注意自己表现的规范性，因此这个阶段的关系还属于点头之交。

（三）感情交流阶段

在此阶段，交往双方在人际关系上的信任感、安全感已经得到确立，谈话也开始广泛涉及自我的许多方面，并有较深的情感卷入。如果关系在这个阶段破裂，将会给人带来相当大的心理压力。在这个阶段，双方的表现已经超出正式交往的范围，正式交往的压力已经趋于消失。此时，人们会相互提供真实的评价性的反馈信息，提供建议，彼此进行真诚的批评和赞赏。

（四）稳定交往阶段

在这一阶段，交往双方在心理上的相容性会进一步增加，自我暴露也更为广泛和深刻。此时，交往双方已经可以允许对方进入自己高度私密性的个人领域，分享自己的生活空间和财产。

此外，也有人用图示的方式形象地描述人际关系发展的过程（见图 5-3）。

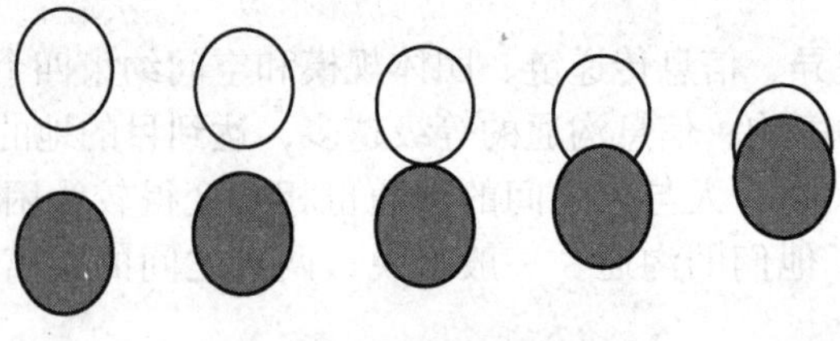

图 5-3　人际关系发展的过程

四、人际交往 PAC 理论

（一）PAC 理论简要

1964 年，Eric Berne 在《Game People Play》一书中，提出了著名的 PAC 理论（又称相互作用分析理论）。这种理论认为，每个人身上都有三种比重不同的心理状态，即“Parent”（P：父母）、“adult”（A：成人）和“child”（C：儿童）状态。这三种状态在每个人身上的分布是不均衡的，这种不同的比重形成了每个人特有的角色行为。当一个人和他人交往时，双方都以某种状态自居。有些人的自我状态比较稳定，有些人在不同情景下有明显不同的自我状态。

一个人如果“父母”角色突出，与人交往时就容易居高临下，指责、教导甚至挑剔对方，或者保护欲强，过度关心，包办代替，让人难以接受。如果“成人”角色突出，与人交往时，理智性强，处事稳妥，但容易给人情感冷漠的印象。如果“儿童”角色突出，与人交往时就会随心所欲，行为幼稚，不管后果，不负责任。

（二）PAC 理论中角色的互动

根据 PAC 理论分析，人们在交往时，双方都是带着三种或多或少的角色与对方进行互动，这样就产生了以下常见的人际交往类型。

1. P对P型

在这种类型中，甲乙双方各持己见，以自我为主，难以协调。如甲方说“你把这任务完成一下”，乙方却说“你不见我正忙着吗？找别人干去吧”。

2. A对A型

在这种交流类型中，双方都能以理智的态度对待对方，相互切磋，取得和谐。如甲问“你能把这项任务完成吗？”，乙会说“如果没有什么干扰，我想是能够的”。

3. C对C型

在这种类型中，甲乙双方都感情用事，没有顾虑，也不负责。比如甲说“过不到一起干脆离婚”，乙答“离就离，谁离不开谁呢”。

4. P对C型

在这种类型中，一方居高临下，命令训斥，要求另一方服从。如甲说“你出去把饭给我买回来”，乙答“我还饿呢，我要你给我买”。

5. P对A型

批评教育，专制武断，强制命令。如甲说“这个人我一见就感觉不是好人，你少跟他在一起”，乙答“日久见人心，平时多加观察和注意就明白了”。

6. A对C型

以理服人，引导沟通，循循善诱。如甲说“天气预报说今天降温，你这样穿衣服会感冒的”，乙答“天气预报又不是回回都准”。

在PAC理论的多种交往类型中，较理想的交往方式是A对A的状态，在交往中以成人的语言、语调、语气对待别人，同时鼓励和引导对方进入成人状态或让对方保持成人状态，在交往中根据时间、地点、环境等来调整三种角色，做好P、A、C的角色匹配，这样就可以避免因角色固定所带来的交往不畅或者是交往冲突，进而与交往对象建立和保持和谐的人际交往关系。

五、人际交往中的心理效应

（一）首因效应

首因效应是由第一印象（首次印象）所引起的一种心理倾向。许多人称之为“第一感”。在心理学上，首因效应指的是在有效的交往过程中，社会知觉对象给知觉者留下的第一印象对知觉者的影响作用。现实生活和社会心理学实验研究证明：人在初次交往中给对方留下的印象很深刻，人们会自觉地依据第一印象去评价一个人，今后交往中的印象都被用来验证第一印象。有一位心理学家曾做过一个实验：把被试者分为两组，同看一张照片。心理学家对甲组说，这是一位屡教不改的罪犯。对乙组说，这是位著名的科学家。看完后让被试者根据这个人的外貌来分析其性格特征。结果甲组说：深陷的眼睛藏着险恶，高耸的额头表明了他死不改悔的决心。乙组说：深沉的目光表明他思维深邃，高耸的额头说明了科学家探索的意志。

（二）近因效应

近因效应是指在交往过程中最近一次接触给人留下的印象对社会知觉者的影响作用。首因效应一般在陌生人的知觉中起重要作用，而近因效应则在熟悉的人之间起重要作用。在经常接触、长期共事的人之间，彼此之间往往都将对方的最后一次印象作为认识与评价的依据，并常常使彼此的人际交往和人际关系发生质和量的变化。现实生活中的友谊破裂、夫妻反目等都与近因效应有关。

（三）光环效应

光环效应又称晕轮效应，是指人们在看问题时， 像日晕一样，由一个中心点逐步向外扩散成越来越大的圆圈，是一种以点代面、以偏概全的心理效应。比如，一旦成绩成为光环被放大，不足也就隐藏到光环的背后不见了，反之亦然。所以，光环效应是一种把我们引入对人知觉误区的常见的心理效应。俗话说"情人眼里出西施""一俊遮百丑""爱屋及乌"，就是光环效应的典型反映。

（四）投射效应

心理学研究发现，人们常常不自觉地把自己的心理特征（如个性、好恶、欲望、观念、情绪等）归属到别人身上，认为别人也具有同样的特征。如自己喜欢说谎，就认为别人也总在骗自己；自我感觉良好，就认为别人也都认为自己很出色。心理学家称这种心理现象为"投射效应"。由于投射效应的存在，就可以从一个人对别人的看法中推测这个人的真正意图或心理特征。由于人有共同性，有相同的欲望和要求，所以，可以根据自己的心理特征推测他人。但是，人与人之间毕竟有差异，因此推测也会有出错的时候。在日常生活中，我们常常错误地把自己的想法和意愿投射到别人身上；自己喜欢的人，以为别人也喜欢，例如父母喜欢为子女设计前途、选择学校和职业，把自己的喜好强加到他们身上。人与人之间既有共性，又有个性，如果投射效应倾向过于严重，总是以己度人，那么我们将既无法真正了解别人，也无法真正了解自己。

（五）定势效应

定势效应又称刻板效应，是指在人头脑中存在的，关于某一类人的固定形象。人的头脑中的定势效应多得数不胜数：不同年龄、职业、社会地位、籍贯、民族、性别的人，在人们头脑中都有一个固定的形象。常见的有两类：一是由于认知主体类型造成的成见，如种族成见、国家成见、地区成见、职业成见、代际成见（代沟问题）、性别成见等，如知识分子是戴眼镜、面色苍白的形象；农民是粗手大脚、质朴安分的形象等。二是通过多种渠道的信息形成的成见，如大众传媒、社会舆论和小道消息等。人头脑中的定势是人以往经验的反映，但由于在各类人当中广泛存在着的差异性及社会发展变化的影响，同一类人的形象不可能是一样的、固定不变的。即使是同一个人，在不同的时期和不同的环境下也会发生语言、行为甚至性格方面的变化。

第三节　人际交往能力的培养

一、大学生常见的不良心理及调适

（一）大学生常见的不良心理

1. 自卑心理

自卑心理是指人们由于主观和客观原因造成的认为自己不如他人的一种自我体验。自卑者对自己评价过低，缺乏自信，妄自菲薄，不敢与人交往，害怕失败，害怕他人看不起自己，其浅层感受是他人看不起自己，深层原因是自己看不起自己。个体心理学认为，人类普遍存在自卑感，只是程度、内容不同，适当的自卑可以成为个体超越自我、追求卓越的内在动力，但过分自卑使人丧失自信。自卑者常用自己的短处与他人的长处比较，总感觉自己不如他人。自卑者害怕与他人交往，他人在与自卑者交往中会感到压抑和沉闷，长此以往，影响人际交往的发展。

2. 自负心理

自负心理是指过高估计自己，只关心自己的需要，过分强调自己的感受，全然不顾他人的感受。自负者常以自我存在的心理状态为前提处理事情，与自己的意愿一致就是正确的，不一致就指责他人，抨击社会。此外，自负者还常常喜怒无常，喜欢他人围绕着自己转，一不如意就火冒三丈，显得十分霸道。一定程度内的自负，可以激发自己的斗志，树立坚定的信心和战胜困难的勇气，但过度的自负，会令人产生不满，对人际交往产生不利影响。

3. 嫉妒心理

嫉妒心理是与他人比较，发现自己在才能、名誉、地位或境遇等方面不如别人而产生的一种由抱怨、愤怒、憎恨等组成的复杂的情绪状态。嫉妒心理具有以下几个特点：（1）潜隐性。嫉妒者表面上（甚至内心里）不承认自己在某件事上存在嫉妒心理，且有意无意地去掩饰这种嫉妒。（2）对等性。嫉妒总是产生在与自己性别、年龄、文化、地位、职务相类似而状况发生了改变的人群身上。比如，大学生一般不会对老师产生嫉妒，教师也一般不会对学生产生嫉妒。（3）行为性。嫉妒心理往往导致嫉妒行为。这类行为诸如讽刺、挖苦、挑拨、中伤、诋毁，普遍具有不同程度的破坏性，并且其破坏性不仅直接危害被嫉妒者，同时也危害嫉妒者本人。（4）变异性。当被嫉妒者的优势转为劣势时，这是原先存在的嫉妒便可能变异，比如转变为同情感、怜悯感、幸灾乐祸等。

4. 猜疑心理

猜疑心理是一种由主观推测而产生的不信任的复杂情感体验。心理学认为，猜疑是闭路思维的结果，其特征是“自圆其说”。怀有猜疑心理的人一般总是从某一假想目标出发，脱离考察，进行封闭式思维，最后又回到假想的目标上来。生活中我们常会碰到一些猜疑心很重的人，他们整天疑心重重、无中生有，认为人人都不可信、不可交。如有的人见到几个同学背着他讲话，就会怀疑是在讲他的坏话；老师有时对他态度冷淡一些，就会觉得老师对自己有了看法，等等。他们总觉得别人在背后说自己坏话，或给自己使坏。喜欢猜疑的人特别注意留心外界和别人对自己的态度，别人脱口而出的一句话很可能会让他们琢磨半天，努力发现其中的“潜台词”，这样便不能轻松自然地与人交往，久而久之不仅自己心情不好，也影响到人际交往。

5. 害羞心理

害羞心理在大学生中较为常见，具有害羞心理的人，在人际交往中由于过度的焦虑和不必要的担心，在语言上常表现为支支吾吾，在行动上常表现为手足无措等。有严重害羞心理的人在人际交往中会害怕交往，躲避交往，甚至发展为恐惧交往。害羞心理常分为认识性害羞、挫折性害羞、气质性害羞。认识性害羞是由于过分注重自我心理体验，总是担心自己的言行是否能得到他人的认可，害怕自己的言行被他人耻笑，尤其是在陌生的环境中。挫折性害羞是指以前不害羞，活泼开朗，善于交往，由于某次经历或事件，遭受挫折，变得害羞。气质型害羞，一般较多在性格内向和抑郁气质的人中出现。

6. 孤独心理

孤独心理又名闭锁心理，就是内心有一种感到与世隔离、孤单寂寞的情绪体验称为孤独心理。孤独是在日常交往中产生的一种冷落、寂寞和被遗弃的心理体验，这是一种消极的情绪表现。孤独并不是指单独生活或独来独往。人人都可能有孤独的时候，一个人也许在他的身边有很多的人，却仍然感到孤独。真正的孤独是那种貌合神离，没有情感和思想交流的人。确切地说，对所处环境及周围的人缺乏情感和思想的交流。

7. 从众心理

从众心理指个人受到外界人群行为的影响，而在自己的知觉、判断、认识上表现出符合公众舆论或多数人的行为方式。而实验表明只有很少的人保持了独立性，没有被从众，所以从众心理是大部分个体普遍所有的心理现象。通常情况下，多数人的意见往往是对的。少数服从多数，一般是不错的，但缺乏分析，不作独立思考。不顾是非曲直，一概服从多数，随大溜，则是不可取的，是消极的“盲目从众心理”。

8. 报复心理

报复心理就是指人在遭受挫折后所受刺激或伤害过强，超过了人的心理承受能力，使人的情感与理智失去平衡而产生企图攻击对方的心理活动。这种心理如果不及时控制和引导，就可能在瞬间转变为报复行为。报复心理以及报复行为在日常人际交往中常常发现，比如像亨利的故事一样。亨利的妻子老是埋怨亨利没有本事赚钱，不能让她过上舒服的日子。一天晚上，亨利怄着气看完电视后，准备上床睡觉，正在脱上衣的妻子命令他道：“快把窗帘拉上，别人看到，多不好意思!”亨利回答道：“没关系，别的男人要是看见你的模样，他会把自家的窗帘拉上的。”

9. 逆反心理

逆反心理，又称逆向心理或对抗心理，是指人们彼此之间为了维护自尊，而对对方的要求采取相反态度和言行的一种心理状态。前苏联心理学家普拉图诺夫在《趣味心理学》一书的前言中，特意提醒读者请勿先阅读第八章第五节的故事。大多数读者却采取了与告诫相反的态度，首先翻看了第八章的内容。这就叫心理的逆反现象。

（二）不良心理调适

不良心理的调适，可从以下两个方面着手。一是客观、正确、全面地认识自己，悦纳自己。二是掌握正确调整心理状态的方法。

1. 悦纳自己

大学生由于生理、心理发展的特点，加上社会阅历浅，容易发生对自己认知的偏差。有时候是自觉或不自觉地发生错误，掩饰真实的自己，有时明知自己不对却又固执己见，不能正确认识自己、评价自己，这对大学生而言极不利于建立和谐的人际交往。美国心理学家卡尔.兰塞姆.罗杰斯（Carl Ransom Rogers）说：“当我接受了现实的自己时，我就发生了变化。”正确地认识、评价、把握自己对培养个人的心理品质和行为表现有着重要的关系。同时也是协调人际关系不可缺少的因素。因此，要做到正确地认识自我就要悦纳自己，即对自己的身材、外貌、才能等各个方面，应有较明确的了解，要看到自己的长处，并充分利用发挥。同时，更重要的是要悦纳自己的不足。不足或缺陷人皆有之，有些事是无法补救的，如高矮、皮肤的颜色等。我们应当欣然接受，不否定自己，不苛求自己，不过度关注自己，扬长避短，完善自我，获得他人的尊重和肯定。

2. 客观、正确地评价和对待他人

在悦纳自己的基础上，大学生还要客观、正确地评价他人，人际交往中出现障碍，很大比率上是对他人的错误认识和沟通不畅导致的，有了对他人客观的、正确的评价的基础，才能做到善待他人；做到了善待他人才能营造一个和谐的人际交往氛围。

3. 塑造良好的个性

伏尔泰说："好运总是降临在乐观开朗的人身上。"在人际交往中，人们都愿意和性格良好的人交往，没有人愿意和自私、虚伪、狡猾、心胸狭隘、性情粗暴的人交往。与性格良好的人交往，其身上积极、乐观、自信、热情等气质能感染与之交往的人。美国加州心理学家曾对资优生进行跟踪研究，研究结果发现：事业成就受到情绪稳定、社会适应、上进心等因素的直接影响，尤其是培养自己良好的个性与人际能力，不但可以提升自我省察能力与自我肯定的能力，更易建立良好的人际互动关系，适应群体生活，将来也更易在社会上出人头地。

4. 树立正确的竞争意识

当今社会是一个竞争激烈的社会，大学生一般都具有较强的竞争意识，希望在竞争中展示自己的才能，但是存在竞争就存在优胜劣汰，如果自我期望太高，只接受成功不允许失败，成功了就沾沾自喜，失败了就一蹶不振，是不可取的。其实，失败并不是一件坏事，很多时候失败中孕育着成功，在失败中吸取教训，累积经验，为成功打下坚实的基础。大学生要注意克服自己的不良心理，正确看待其他同学的进步和成绩，不嫉妒不诬蔑他人，把自己的精力和时间放在思考自己如何取得进步上来。树立良好的竞争意识有利大学生朝着正确的方向发展。

5. 掌握人际交往危机干预方法

大学生人际交往危机主要是指大学生在与他人交往的过程中表现出来的不适、自闭、逃避、自恋、自负，以及难以调和与他人关系的不良心理状态和行为表现。造成大学生人际交往危机的原因很多，大学生在交往中存在的一些人格缺陷和不良个性特征（如自我封闭、自我否定和自我欣赏等），是引发大学生人际交往危机的主要原因。因此大学生要学会防范和管理人际交往危机的方法。

（1）大学生要提高自身人际交往的适应性

作为人际交往的主体的大学生，在进行人际交往时要清醒地认识到：第一，交往是双向的，没有交流就没有了解。开放自己，才能更有效地接近他人。第二，交往是平等的，尊重他人，别人才会尊重自己。在与他人交往时，要把双方放在平等的位置上，既不能觉得低人一头，也不能高高在上。在交往中要对自己有信心，对别人要有诚心，平等互利的交往才可能持久。第三，交往是有选择的。交往的双向性，决定了交往的互动性和选择性，并不是所有的人都适合你，要选择能够与你产生共鸣的人作为交往对象，一厢情愿只会造成两败俱伤。第四，对交往的期待值不要太高。不要希望每个人都能成为你的知心朋友。"人生得一知己足矣。"有层次的交往可以避免因感情投入过多而回报较少造成的心理失落感。

（2）大学生建立有效的危机预警系统

对自己在生活学习中可能出现的人际交往危机进行有效的预测和监测，并进行有效的预防管理，把危机的发生消灭在萌芽状态，尽量降低危机发生的可能性。首先，大学生应时常进行反思，如果感觉不适，就应及时进行心理咨询；其次，应多与同学和老师交流，建立师生间的信任与沟通，实践证明，师生间的信息与沟通是化解危机最有效的方法之一；第三，个人采取系统综合的防范措施，实现有效的预防管理。如经常参加校园丰富多彩的文化活动，充分利用展示自己的机会，感受到自己在集体的位置，提高自信心。

二、建立良好人际交往的原则和技巧

（一）建立良好人际交往的原则

1. 平等与尊重原则

平等主要指交往双方在人格、观念和态度等方面的平等。每个大学生都有独立的人格、尊严和法律赋予的权利和义务。虽然大学生们在知识、专业技能、社会背景、习惯爱好等方面存在着差异，但大学生在交往的关系上是平等的。大学生既不能以盛气凌人、高人一等的姿态与他人交往，也不能以自卑、低人一头的姿态与他人交往。

尊重属于社会伦理范畴，每个人都期望在人际交往中得到尊重。尊重能使人产生信任、坦诚等心理体验，缩短交往双方的心理距离。大学生在与人交往中要充分意识到尊重的重要性，不伤害他人的自尊，注意文明用语，礼貌待人，尊重他人的民族习惯、个人喜好以及生活方式等，不将自己的价值观、人生观及生活习惯等强加于他人，要求他人与自己一致。

2. 诚信原则

诚信是从道德层面要求人们在交往中要信守诺言，言行一致。俗话说“路遥知马力，日久见人心”，只有真诚、诚实地与人交往，才能引起感情上的共鸣，才能赢得他人的信任。诚信是立身之本，大学生在交往中要以诚待人、讲信用、重承诺，才能在交往中与他人建立信任关系，结成深厚的友谊。

3. 理解与互利原则

理解原则是指交往双方互相设身处地、互相同情和谅解。孟子曰：“人之相识，贵在相知；人之相知，贵在知心。”因为只有相互理解，才能心心相通，才有同情、关心和友爱。在人际交往中，因为所处的角度和位置的不同，人们对事物的看法就会有不同，这就容易导致分歧，甚至产生矛盾。因此，大学生在交往中，一方面要注意了解交往对象的基本情况，比如对方的生活状况、理想等，为进一步交往奠定基础；另一方面要善于换位思考，多替他人着想，建立起情感共鸣，促进良好交往行为的发生。

互利原则是指在人际交往中，交往双方相互满足各自的需要，同时获得一定的利益和好处，达到双赢。在人际交往中，一个人想要获得对方的关心、帮助和尊重，就应该考虑到对方也有一样的需求，因此就需要自己先付出，然后获得一定程度的回报；如果在交往中，一方只顾索取不给予，那么交往关系就会中断。当选“全国十大杰出青年”的安踏掌门人丁志忠说他成功的原因时说：“父亲很早就告诉他，要让别人占 51%的好处，自己只要留 49%。长此以往就可以赢得他人的认同、尊重与信任。”互利是与人交往的最佳捷径，是让人们知道，你的行为符合大家的利益。换句话说，就是交往双方互利性越高，交往关系就越稳定和密切，反之亦然。

4. 宽容原则

当今社会是一个多元的社会，由于地域、文化习俗、种族、性格、习惯、家庭环境等方面的不同，人们之间就会有很大的差异。这些差异的存在是普遍的，正常的，但这些差异在人与人交往时容易产生分歧，甚至是矛盾，进而影响人际交往。这就要求大学生们在人际交往中，出现他人的观点、行为、态度等方面与自己不一致时，要采取一种求同存异、宽容待人的态度，设身处地，换位思考，理解他人，善待他人，而不是将自己的思想强加于他人。只有这样才能在人际交往中，减少误会、隔阂，建立良好的人际关系。

5. 适度原则

大学生在人际交往中的适度原则主要包括交往的广度、深度、频率和距离四个方面。第一，交往的广度要适度。大学生的时间、精力是有限的。一方面，交往的圈子不宜太广，人际交往圈太广就会影响交往的质量，浪费时间和精力，影响交往的效果；另一方面，交往的圈子也不宜太窄，交往圈太窄会产生排他性，不利于建立良好的交往关系。第二，交往的深度要适度。大学生在交往中要对交往的程度进行一个区分，比如有“点头之交”的浅层交往，有“良师益友”的中等程度的交往，有“生死之交”“知己”的深层交往。要对自己的交往对象进行一个区分，是哪类交往要做到心中有数。第三，交往的频率要适度。交往的频率高，交往的次数就较多，这是一把双刃剑，既可以增进情感，也可以产生冲突，因此一定要根据自己的情况把握好交往频率这个度。第四，交往的距离要适度。俗话说“远香近臭”“距离产生美”，距离太近，没有了私密空间，容易让人产生厌烦感；距离太远，没有了共同语言，容易让人产生陌生感。

（二）人际交往能力的培养

1. 培养成功交往的心理品质

成功交往的心理品质主要包括自信、热情、真诚、信任、克制和感恩等，大学生有意识地培养成功交往的心理品质有利于提高人际交往的能力。

（1）自信

《墨子·亲士》：“虽杂庸民，终无怨心，彼有自信者也。”自信是指人对自己的个性心理与社会角色进行的一种积极评价的结果。它是一种有能力或采用某种有效手段完成某项任务、解决某个问题的信念。它是心理健康的重要标志之一，也是一个人取得成功必须要具备的一项心理品质。自信在人际交往中表现为不卑不亢、从容淡定，积极与人交往。自信能使个体在交往中感到身心轻松，精神状态饱满。自信的人往往会给自己积极的心理暗示，相信自己在交往中能够得到他人的认可，从而增强自身的人际吸引力。

（2）热情

在人际交往中，热情主要是指对待他人所表现出来的热烈、积极、主动、友好的情感或态度。充满热情的人，往往会让交往对方感到温暖，带动交往气氛，让人感到愉快。大学生要培养热情的品质，就要从心底接受他人，真心喜欢他人，关心和帮助他人，感受到“赠人玫瑰，手留余香”的心理体验。

（3）真诚

在人际交往中的真诚即真实诚恳，心口如一，胸怀坦荡。在人际交往中真诚尤为重要，而且要出自内心的真诚。大学生在人际交往中要以诚待人，对他人的成绩与优点要给予鼓励，对他人的不足和缺点要给予诚恳的建议，这样才能拉近彼此的心理距离，从而建立真诚的人际关系。

（4）信任

美国哲学家艾默生说过：“你信任人，人才对你忠实。”所谓信任，就是要相信他人的真诚，从积极的方面去看待他人的言行和动机，避免猜疑和妄加评判，尽量降低自己的心理防线。首先对他人报以信任的态度，才能使他人产生安全感和信赖感，并同样回应以真诚和信任，在此基础上可使彼此之间的人际关系更加亲近。

（5）克制

克制即是对于情绪和冲动等的有效抑制。大学生在与人相处时，难免会产生矛盾冲突，此时，克制能够起到“化干戈为玉帛”的作用。培养克制能力，就是要处处以大局为重，在自己的利益受到损害的时候保持沉着冷静和宽容忍让的态度，努力控制自己的情绪，避免发生不必要的后果。正所谓“退一步海阔天空”。当然，我们所讲的克制并不是无条件的，而是以维护正义和大众利益为前提的。如果过分忍受他人的无端攻击和不正当指责而不采取合理的方式解决问题，这就是懦弱的表现，同样会影响人际交往。

（6）感恩

感恩是对别人所给的帮助表示感激，是对他人帮助的回报。感恩是一种处世哲学，也是生活中的大智慧。一个智慧的人，不应该为自己没有的东西斤斤计较，也不应该一味索取和使自己的私欲膨胀。学会感恩，为自己已有的而感恩，感谢生活给予自己的一切。感恩是一种积极的人生观，是一种健康的心态。大学生首先要感谢生养自己的父母，让自己来到这个五彩缤纷的世界，为抚育自己而付出一生。其次要感谢在人生路上，所以给予自己帮助的人，感恩所经历的一切，尤其是感恩自己遇到的挫折和逆境。正是这些不平锻炼了我们的意志、激发了潜能，促进自己不断成长。在人际交往中，常怀感恩之心的人更容易与他人建立起良好的交往关系。

2. 提高认识水平

大学生在人际交往中出现障碍，很大程度上是存在认识上的误区。因此，提高自身的认识水平就显得十分重要。提高认识水平主要包括正确认识自我，客观、全面评价他人和适应交往环境三个方面。

（1）正确认识自我

在古希腊的阿波罗神殿的大门上，写着一句闻名遐迩的箴言——“认识你自己”，可见认识自己多么重要，正确认识自己就更为重要。有的人，到老都没有能够正确地认识自己。正确认识自己就是要求对自己的过去和现在进行自省，正确认识自己的优点、缺点，从而做到扬长避短；正确认识自己的脾气和性格，发现不足并加以完善。

（2）客观、全面评价他人

在人际交往中，不能用自己的价值观去要求他人，而是应该以开阔的胸怀和公允的立场对待他人，发现他人的优点和特长。只有客观、全面地评价他人，才能真正地了解他人，进而理解他人。

（3）适应交往环境

随着社会的发展，大学生的交往圈子正在不断扩大，大学生只能不断适应交往圈子的变化，而不能只与自己喜欢的人交往。当大学生不能改变交往环境时，就只能让自己适应交往环境。大学生在人际交往中，面对的对象不管是自己喜欢的类型还是不喜欢的类型，都要保持友好的态度，尊重他人，善待他人。

3. 掌握语言和非语言艺术

语言和非语言均可以用来传递情感和交流思想，在人际交往中具有极其重要的地位。掌握语言和非语言艺术有助于营造和谐的交往氛围。

（1）语言艺术

语言是传递情感和交流思想的工具之一，善于运用语言艺术在人际交往中具有积极的促进作用。语言艺术主要包括准确表达、语言幽默和真诚赞美等几个方面。首先，准确表达。在交往中，要求语言传递者要称呼得体，清晰、简要、明白地表达意思，并注意用语的语气、语调、语速、节奏等，不要给他人理解造成误会。其次，学会幽默。幽默是人际交往中的润滑剂，它能够调节紧张、尴尬的气氛，使人心情放松、愉快，能够在笑声中建立良好的人际关系。第三，学会真诚的赞美。真诚赞美他人是由衷地表达自己对他人的欣赏。心理学研究表明，人们往往更喜欢那些同样喜欢自己的人，通过出于真心赞美可以缩短与被赞美人之间的心理距离。大学生在赞美他人时一定要是出于真心的赞美，否则就会给人以阿谀奉承的感觉，造成人际交往障碍。

（2）非语言艺术

正确使用非语言艺术可以在人际交往中起到“无声胜有声”的作用。一般来说，非语言艺术包括眼神、手势、面部表情、姿态等，非语言可以表达丰富的思想和情感。不同的眼神就会传递出不同的信息，比如惊讶、惊喜、恐惧、冷漠等。大学生在人际交往中要注意使用非语言艺术，学会真诚微笑和“察言观色”。真诚的微笑会让人产生善意交往的心理体验，会让人感到亲切、愉悦。“察言观色”是要大学生在与人交往的时候，要注意观察对方传递出的各种非语言信息，从而做出有效的反馈。

4. 学会成功交往的技巧

成功的交往技巧是可以通过后天的学习和培养获得的，因此大学生们要积极学习相关的技巧，从而提高自己的交往水平。

（1）学会记住交往对象的姓名

名字是一个人特定的符号，名字对每一个人来说都很重要。在非初次见面时，如果能在适合的时候以适当方式呼出对方的姓或名字，对方会感到他自己被人重视，被人尊重，对方也会对你印象深刻，好感加深。

（2）学会换位思考

学会换位思考就是站在他人的立场、角度看待事物，处理事情。只有当我们站在他人的立场和角度看待问题时，我们才会更加理解对方，缩短彼此之间的心理距离，从而产生情感上的共鸣，建立良好的人际关系。

（3）学会拒绝

大学生在人际交往中对待不合理或自己无法满足的要求时，要善于拒绝。每个人的时间、精力、能力是有限的，有无法完成的事情是很正常的。如果在人际交往中，明知无法满足对方要求的情况下，答应对方，是对交往对象的不负责、不尊重，并会耽误对方处理事情，同时也将自己陷入困境。确实无法满足对方的要求时，不妨以不伤害他人的方式拒绝对方，这样既不耽误对方，也不为难自己。

（4）学会倾听

在人际沟通中，有时听比说更重要，要正确理解别人，必须先听懂对方，要听懂则必须专注地听，不随便打断对方的谈话，并不时用言语或非言语的方式给对方简短的回应，不明白时要礼貌地询问对方真正的意思以免曲解别人的意思。专注的倾听能使人感到自己的重要，能鼓励对方表达自己的想法，能促进真诚的沟通，产生良好的人沟通效果，建立良好的人际关系。

（5）学会适当暴露

人际交往是双向的，自我暴露也是双向的。在人际交往中要走进他人内心，必须先敞开自己的心扉，将自己的内心世界适当地暴露给他人，让他人感受到你的真诚，对你产生信任，这样他才会将他的内心世界表露出来。此外，需要注意的是，自我暴露要适度、要真诚，出卖自己或他人的隐私是无法获得他人尊重和信任的，是无法建立良好人际关系的。

（6）学会忘记

大学生在人际交往中，难免会出现分歧、摩擦和不愉快，要学会忘记，才能活得快乐。忘记不开心的往事，不用他人的过错惩罚自己，不对往事耿耿于怀，原谅带给自己伤害的人和物，迎接新的每一天，为自己营造一份好心情。

（7）学会有错认错

人非圣贤，孰能无过。大学生不可避免地要犯错误，面对错误勇敢承认并积极改正，将会给自己的人际交往加分；反之，错了还顽固不化，找理由拒不认错的人，其人际交往会受到很大的负面影响。在交往中，如果因为自己说错了话，做错了事情，给他人造成了伤害、损失等，一句真诚的道歉的话，可以让对方心情开阔，甚至一笑泯恩仇。敢于承认错误并积极改正的人，是有担当、坦荡的人，在人际交往中会受到他人的欢迎。

【知识链接】

大学生人际关系的自我测量与诊断

这是一份大学生人际关系行为困扰的诊断量表，共 28 个问题，请你根据自己的实际情况，逐一对每个问题做出“是”或者“否”的回答。为了保证测验的准确性，请认真作答。

1. 关于自己的烦恼有口难开。
2. 和生人见面感觉不自然。
3. 过分羡慕和嫉妒别人。
4. 与异性交往太少。
5. 对连续不断的会谈感到困难。
6. 在社交场合，感到紧张。
7. 时常伤害别人。
8. 与异性来往感觉不自然。
9. 与一大群朋友在一起，常感到孤寂或失落。
10. 极易受窘。
11. 与别人不能和睦相处。
12. 不知道与异性交往如何适可而止。
13. 当不熟悉的人对自己倾诉他（她）的生平遭遇以求同情时，自己感到不自在。
14. 担心别人对自己有什么坏印象。
15. 总是尽力使别人赏识自己。
16. 暗自思慕异性。
17. 时常避免表达自己的感受。
18. 对自己的仪表（容颜）缺乏信心。
19. 讨厌某人或被某人所讨厌。
20. 瞧不起异性。
21. 不能专注地倾听。
22. 自己的烦恼无人可倾诉。
23. 受别人排斥，感到冷漠。
24. 被异性瞧不起。
25. 不能广泛地听取各种意见和看法。

26. 自己常因受伤害而暗自伤心。

27. 常被别人讨论、愚弄。

28. 与异性交往不知如何更好地相处。

计分标准：选择“是”得1分，选择“否”得0分。

总分在 0～8 分，说明你在与朋友相处上的困扰较少。你善于交谈，性格比较开朗，主动，关心别人。你对周围的朋友都比较好，愿意和他们在一起，他们也都喜欢你，你们相处得不错。而且你能从与朋友的相处中，得到许多乐趣。你的生活是比较充实而且丰富多彩的，你与异性朋友也相处得很好。一句话，你不存在或较少存在交友方面的困扰。你善于与朋友相处，人缘很好，能获得许多人的好感与赞同。

总分在 9～14 分，说明你与朋友相处存在一定程度的困扰。你的人缘一般，换句话说，你和朋友的关系并不牢固，时好时坏，经常处于起伏之中。

总分在 15～28 分，表明你同朋友相处的行为困扰比较严重，分数超过 20 分，则表明你的人际关系行为困扰程度很重，而且在心理上出现较为明显的障碍。你可能不善于交谈，也可能是一个性格孤僻的人，不开朗，或者有明显的自高自大、讨人嫌的行为。

注：测验结果仅供参考。

思考题：

1. 在人际交往中，自己容易出现哪些问题？如何应对这些问题？
2. 如何运用你所学的人际交往理论和方法处理宿舍人际关系？
3. 举例说明人际交往中有哪些心理误区？如何对待这些误区？
4. 在人际交往的技巧上，自己哪些方面做得好，哪些方面做得不好？
5. 请用人际交往理论分析你自己体会最深的一次人际交往实践。
6. 结合自己的成长经历，谈谈建立良好人际关系的重要性。

第六章

大学生恋爱与性心理

大学生已经进入生理、心理的成熟阶段，正处于情感发展的关键时期，正面临着恋爱、性等重大人生命题。如何正确对待恋爱与性，是大学生健康发展的保障。正确认识恋爱，就要了解什么是爱情、恋爱的特点、常见的恋爱困惑及其调适；正确认识性，就是建立性是每个人生命的组成部分，是人的自然和社会属性的统一体的意识，了解性的相关理论及大学生常见的性困惑和调适方法等知识，做一个身心健康、人格健全、生机勃勃的大学生。

第一节　爱情的心理学理论

一、爱情是什么

所谓爱情，就是一对男女之间，基于一定的社会关系和共同的生活理想，在各自内心中形成的对对方最真挚的倾慕，并渴望对方成为自己终身伴侣的最强烈的感情。爱情是两颗心灵相互向往、吸引、达到精神升华的产物，是人类特有的一种高尚的精神生活。

二、爱情的实质

爱情的实质是什么？美国耶鲁大学心理学家斯腾柏格（Sterberg）提出的“爱情三因论”给大学生们提供了一些答案。斯腾柏格认为人类的爱情虽复杂多变，但基本上是由三种成分构成。

（一）动机成分

动机有内发的性驱力，也包括异性之间身体、容貌等特征彼此吸引。以动机为主的两性关系是亲密的。

（二）情绪成分

由刺激引起的身心激动状态，如喜、怒、哀、惧等。以情绪为主的两性关系是热情的。

（三）认知成分

认知成分对情绪和动机来说是一种控制因素，是爱情中的理智层面 。以认知为主的两性关系是承诺的。

由这三种因素为顶点可以组成一个三角形，即爱情三角形（见图 6-1）。三种因素的不同组合形成不同类型的爱情：喜欢式爱情、迷恋式爱情、空洞式爱情、浪漫式爱情、同伴式爱情、虚幻式爱情和完美式爱情。

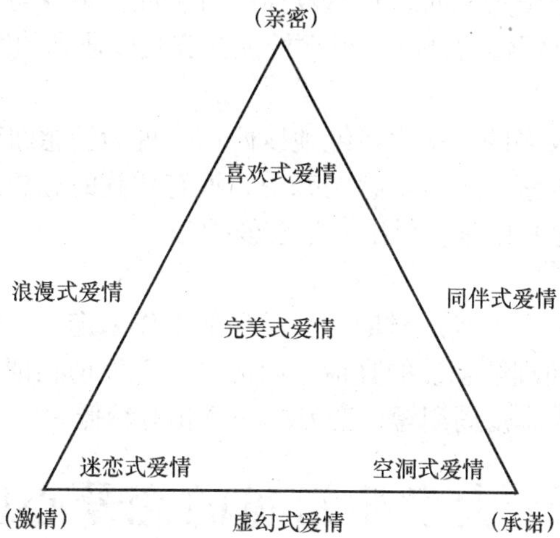

图 6-1　爱情三角形

三、恋爱发展阶段

（一）对异性的敏感期

大学阶段正值青春期，生理和心理均已成熟，是对异性感兴趣的阶段。大学生在交往中会潜意识地关注异性，注意异性的外表、言行、兴趣、爱好等，比较容易对异性产生好感。这种好感是一种泛化的感受，是一种原始的感觉，这种感觉极易转移。

（二）对异性的向往期

大学生在对某位异性产生了好感后，就会不自觉地关注这位异性，强烈地想与对方多接触，多了解对方，进而了解自己在对方心中的印象，从而考虑是否向对方表露情感。

（三）恋爱择偶期

这一阶段是关键和充满困扰的阶段。这个阶段可能是个多选题也可能是单选题，这时选择者背负的心理负担很重，各种担忧和困惑不断出现，容易出现选择挫折，产生心理困扰。大学生在这个阶段要对自己择偶的标准和喜好有个清晰的认识，在这基础上选择适合自己的异性作为恋爱对象，切不可草率决定恋爱对象。这个阶段男女同学都要学习如何高效率示爱，一要客观判断对方对自己的态度；二要选择合适的示爱方式和时间，万万不可莽撞行事，那样会造成适得其反的效果。

（四）恋爱期

这个阶段是双方的关系确定，进入双向情感交流阶段。在此阶段，一部分大学生能够正确处理爱情与学业的关系，恋爱双方彼此接纳对方的优缺点，共同努力，一起成长，学会爱对方和自己，同时为共同的前途和未来考虑。一部分大学生不能够理性地对待恋爱，存在盲目性与随意性，给自己和他人都造成了不同程度的不良影响。

四、大学生恋爱的特点

（一）自主性强

大学生的一般年龄在 17～24 岁，对恋爱充满期待。进入大学后，在“没有谈一场恋爱，大学生活就是不完整”的思想影响下，很多大学生希望找到属于自己的罗曼蒂克。大学生在选择恋爱对象和处理恋爱关系时，具有较强的自主性，很少与父母沟通或征求父母的意见，他们往往会以自己的见解作为基准，独立处理在恋爱中遇到的困难。

（二）注重情感

大学校园中的恋爱，较多的大学生单纯地以两情相悦为情感纽带，很少考虑对方的原生家庭文化、经济、地域等因素。注重情感的恋爱，没有功利的思想意识，可以使恋爱双方愉快地释放自己的情感，在恋爱中学会付出，学会爱护恋人。

（三）不稳定性

大学生的恋爱，处于一个不确定时期。大学生的工作未定，经济不独立，人生经验和社会阅历尚浅，尚未真正全面理解恋爱的真谛，尚无法妥善处理感情纠葛，缺乏理解和宽容的能力，容易意气用事，造成恋爱周期短，恋爱成功率相对较低。

第二节　大学生常见的恋爱心理问题

一、恋爱中的心理困扰

（一）好感与爱情

大学生在刚开始谈恋爱时，容易对好感与爱情产生心理困惑。大学生在生理和心理成熟时期，容易被异性吸引，对异性产生好感，给自己带来心理的愉悦的体验，让部分大学生误以为这种好感就是爱情。其实，好感和爱情是两个不同的概念。

好感可以同时对不同的人产生，好感具有广泛性的特质；好感可以仅仅基于对方某个方面或者产生于某些方面使自己认同或感到快乐；好感属于情绪化的反应，一般持续时间短。而爱情则是具有排他性的，只是针对一个特定对象；爱情是在价值观、世界观、习惯、爱好等诸多方面的综合性认可和满意后形成的一种情感；爱情是在交往中相互了解、相互欣赏形成的一种稳定持久的情感。

此外，好感和爱情从某种程度上来说，有一定联系。在有好感的前提和基础上，可以进一步发展成为爱情，有部分同学就是在与异性交往时，先是对对方产生好感，随着交往的频繁，了解的深入，最后发展成恋人关系。

（二）友谊与爱情

大学生在与异性交往时，容易混淆友谊与爱情的界限，从而产生种种心理困扰。实际上，友谊与爱情是有区别的。

首先，两者交往的范围、体系是不一样的。友谊既可以建立在同性或同性之间，也可以同时建立在同性和异性之间，还可以建立在个体和群体之间，具有广泛性、开放性；爱情一般来说只是建立在两个异性之间，具有排他性、封闭性。其次，交往的层面不一样。友谊是建立在精神层面的，友谊侧重于相互帮助，友谊期待值相对较低，容易获得满足感，不会产生拥有对方身体的愿望；爱情是建立在精神和生理基础上的，爱情意味着相互包容、相互理解、相互付出，爱情的期待值高，充满“欠缺感”，希望和对方产生身体上的亲昵来满足自己正常的生理需要。再次，交往的距离是不一样的。友谊意味着交往双方有各自的独立性，有私密空间，不会有经济上的合一要求，双方在交往中的地位是平等的；爱情在生活空间和经济上具有亲密性，双方在交往中的地位是一体的。再次，交往的纽带是不一样的。友谊交往的纽带是理解，友谊是讲道理的，分对错的；爱情交往的纽带是感情，爱情讲情，难分对错。

（三）寂寞与爱情

大学生离开父母和熟悉的环境，进入新的学习和生活环境，面对相对单一的生活，容易陷入寂寞、孤独的境地。大学生在这样的情景下，渴望找到一个异性知己，消愁解闷，寻求寄托，宣泄情绪，获得关怀，即所谓“寂寞期的恋爱”。心理学家弗洛姆认为：“人的孤独和性欲使人很容易沉溺于爱情，这丝毫没有什么神秘之处，相反它倒是极易获得也极易失去的东西……爱一个人就是指关切他，对他的生命负有责任感，而且对他全部人性的力量的成长和发展负有责任感。”因此，这种基于消除寂寞的恋爱，并非真正的爱情，会随着环境的变化、阅历的丰富，而逐渐淡化和消失。

（四）虚荣与爱情

虚荣心理是指人们通过追求金钱、名誉、荣耀等表面的光彩，来满足自尊需要的心理。马斯洛的需要论理指出人有满足自尊的需要。当人们在某些时候自尊得不到满足，就会用一些外在的荣耀来代替，虚荣心是每个人都有的一种心理现象，只是每个人表现在不同的方面和程度不同而已。从某种程度上说，虚荣心理可以起到保护自己自尊的作用，但虚荣心理太强，一定是有害无益的。大学生在恋爱中存在不同程度的虚荣心理，比如找个帅气、漂亮的恋人显得自己脸上很有光；或者找个家庭条件好的恋人来补偿自己的虚荣心理，等等。这种恋爱是建立在很重的虚荣心理上面的，爱情的基础是不对的，为爱情的发展埋下了隐患，注定是不牢固的。

二、恋爱中的常见问题

（一）单相思

单相思是指异性关系中的一方倾心于另一方，却得不到对方回报的单方面的“爱情”。一些大学生在生活中被自己喜欢的异性所吸引，便产生了爱恋之情，但因没有机会或者害怕被拒绝而没有勇气向对方表露心意，使自己陷入单相思的煎熬之中。也有些大学生向爱恋的人表达了爱恋之心，却被对方拒绝，但自己不能接受这个现实，导致心理受到挫折，心理需求得不到满足，情感无法释放，导致一直生活在痛苦和压抑之中，无法自拔。单相思会让人闷闷不乐，神情恍惚，严重的还会茶饭不思，对生活失去兴趣，导致抑郁症甚至自杀。

（二）多角恋

所谓的多角恋，是指一个人同时与两个或两个以上的异性建立恋爱关系，通常把被多方追求的对象称之为“主角”，而追求同一对象的人称为“配角”。多角恋一般分为两种类型，一类是隐蔽式的多角恋，即主角和多个配角相恋，主角刻意隐瞒多角恋真相，在几个配角之间巧妙周旋，配角之间并不知道；另一类是公开式的多角恋，主角同时和几个配角保持恋爱关系，配角之间彼此知晓，彼此之间展开竞争，这类多角恋相对较少。多角恋在大学生中虽然少，但是也是存在的。多角恋是一种不负责任、不尊重他人的不健康的恋爱态度，是极其危险的恋爱模式，容易发生严重的不良后果。

（三）网恋

网恋即网络恋爱，是指以互联网为媒介进行交流，进而产生恋爱关系的一种感情。网恋主要分为两种类型。一是纯粹的网络上（以下简称线上）交流、恋爱。这类网恋的特点是完全虚拟的恋爱，通过网络认识，比如网络游戏、聊天平台等，在线上恋爱甚至组建线上家庭，但在现实中完全不接触。另一类是在线上认识，建立恋爱关系，并在线下即现实生活中见面，开始传统的恋爱过程。网恋具有虚拟性的特点，缺乏现实生活的基础，恋爱双方不能真实、全面地了解对方。在网恋中双方往往都会展示自己美好的一面，把很多现实的因素，比如家庭情况，自身的外貌、能力、性格等进行了过滤，缺失了让恋情坚固的现实土壤。在实际中，虽然也有网恋成功的实例，但大学生应以慎重的态度对待网恋，避免受到不必要的伤害，影响自己的心理健康。

（四）与已婚者恋

大学生与已婚者相恋主要有两种类型，一是不知道对方已婚与之保持恋爱关系；二是明知对方已婚仍与之保持恋爱关系。女生发生与已婚者恋爱的比例大于男生。涉世未深的女生，容易对成熟男性充满崇拜，进而产生爱慕，如果对方再对自己关怀备至的话，就容易坠入爱情的旋涡不能自拔，或是为达到某种目的与已婚男性保持恋爱关系。此类恋爱没有平等的主体地位，是不被法律、道德所允许的，是不被主流文化所认同的，是一种害人害己的恋爱关系。

第三节　大学生恋爱能力的培养

一、爱的能力的含义

（一）爱的能力

爱的能力，是指和他人建立亲密关系的能力。具备了爱的能力，会引导一个人去真正地爱他人，也真正地爱自己，能真正体验到爱给人带来的快乐和幸福。恋爱的过程是培养爱的能力的过程。心理学家弗洛姆认为："爱是人的一种主动的能力，一个突破把人和其他同伴分离之围墙的能力，一种使人和他人相联合的能力；爱使人克服了孤独和分离的感觉，但他允许他成为他自己，允许他保持他的完整性。"爱的能力是一门艺术，大学生需要在恋爱中逐渐培养出付出、奉献、宽容、理解他人等爱的能力。爱的能力是一个人综合素质的体现，是一个人心理真正成熟的重要标志之一。爱的能力的培养是相互的，只有拥有爱的能力，给予别人爱，才能收获他人的爱。

（二）爱的储备

爱的能力的一个重要特征就是具有主动性，爱的能力从某种意义上说是一种给予能力。要给予别人爱就必须心中有爱，有爱的储备。爱的储备就是首先看内心储存了多少爱可以给予。如果一个人内心是干枯的，没有爱可以付出，也就缺乏爱的能力的基础。大学生在恋爱的过程中，要心中有爱，有爱的储备，并将这些爱给予对方，让对方感受到自己是一个可爱的人，从而让对方反馈他的爱，这样才能让爱互动起来。

（三）自爱

艾克哈特认为："如果你爱自己，你就会像爱自己那样爱其他的每个人。只要你对其他人的爱不及对自己的爱，你就不会真正地爱你自己，但是如果你同样地爱所有的人，包括爱你自己，你就会爱他们像爱一个人，这个人既是上帝又是人类，这样的人就是一个既爱自己，又爱其他所有人的伟大而正义的人。”弗洛姆谈到：“关心、尊重、责任、认识，它不是为某个人所爱之意义上的一种情感，而是为所爱的人的成长和幸福的一种积极主动的奋斗，它根植于自身的爱的能力。”

爱的能力植根在爱自己的基础上，在爱别人之前先要学会爱自己，把自己照顾好了，才有能力照顾他人。这一点在恋爱中的大学生来说尤为重要。在恋爱中，学会了自爱，让自己内心不断强大，方能给予他人爱，获得他人的爱。

二、爱的能力的组成

（一）爱的表达能力

心中有爱，就需要用语言或者行动表达出来，流露出来。有的大学生比较内向，不善表达，当遇到自己心仪的对象时，不敢表达，这样就会失去被对方接受的机会。马云曾经说过：“人们往往不是因为做过什么而后悔，而是因为没有做过什么而后悔。”不管对方是否接受自己的爱，只要表达出来了，让对方知道你的心意，即使你没有成功，也就没有遗憾了。

（二）爱的接受能力

大学生在与异性交往时，遇到适合自己的人，想表白时，要有接受爱的能力，切不可心口不一，明明内心高兴，却也拒人于千里之外，错失发展爱情的机会，给自己留下无限的遗憾。

（三）爱的拒绝能力

大学生面对爱情的来临，要学会判断，适合自己的就接受，不适合自己的就要勇敢拒绝。面对不喜欢的人的求爱，要明确地拒绝。拒绝是对他人负责，是对他人的一种尊重。当然，拒绝需要讲究技巧，一方面要感谢他人对自己的欣赏；另一方面要委婉，不伤害对方的自尊心，做不成恋人依旧是朋友。切不可面对他人的求爱，明明不喜欢，却优柔寡断，表态不清，让对方产生误会，对他人造成多次伤害。

（四）爱的鉴别能力

爱的鉴别能力是指能较好地区分好感、喜欢和爱情的界限，并能判断爱情的真伪。有爱的鉴别能力才能处理好不同的关系。好感、喜欢属于友谊的范畴，友谊和爱情的相处方式是不一样的。只有区分清楚了友谊和爱情，才能避免自己混淆友谊和爱情而陷入困境，才能在人际交往中把握自己的情感走向，使真正的爱情朝着健康的方向发展。

（五）解决爱的冲突能力

大学生在恋爱时，因性格的差异、生活中的误会等，不可避免要发生种种冲突。冲突解决得好，会使爱情更加稳固，冲突解决得不好会使爱情解体。面对冲突时，双方切勿用人身攻击的话语伤害对方或者冷战，双方要有效沟通，表达清楚自己的感受、思想，一起解决冲突，在冲突中相互更加了解，让冲突成为爱情的润滑剂，让爱情良性发展。

（六）面对失恋的心理承受力

失恋是一段爱情的解体，是一种重要关系的丧失，是一种心理挫折，不可避免地会给失恋者带来不同程度的痛苦。失恋是对心理抗挫能力的考验，有的大学生在较短的时间内自我适应，自我调适，有的大学生会在失恋的泥潭中痛苦挣扎，甚至产生过激行为。面对失恋，理性的做法是，培养承受失恋的能力，正确看待失恋。首先，失恋并不意味着个人的全面失败，而仅仅是一段爱情的一种选择，两个不适合的人在一起，彼此痛苦，分手未尝不是一种解脱。其次，失恋是一笔人生财富，是一份人生经历。在一段失败的爱情中，总结出自己的优缺点，自己适合找什么样的恋爱对象。再次，失恋给自己重新获得美好爱情的机会。

（七）保持爱情长久的能力

保持爱的能力要保持爱的稳定、坚固、和谐，这需要多种能力的共同作用。需要双方主动、真诚地敞开自己的心扉，相互尊重、理解、包容，进行一致性的沟通，用心帮助、关心对方，同时相互又具有独立性，各自有自己独立的人格、空间和经济地位等，实现相互欣赏，让爱情长青。

第四节　性心理概述

一、基本概念

（一）性的概念

谈到性，人们脑海中就会出现“性”“性别”“性别角色”等词汇。在日常生活中，我们可能会将这几个词语交互使用，但在理论上这几个词语从不同的领域反映了性的特质，它们的区分涉及关于性概念在生物学、心理学以及社会学三个方面的知识。

1. 生物学上的性

生物学上的性主要是指男女两性在生物学上的差异，表现在男女两性第一、第二性征方面的不同。男性从 13～14 周岁到 18～20 周岁，女性从 11～12 周岁到 17～18 周岁，性功能逐渐发育成熟。男性的第一性征指的是男性的生殖器官，主要包括阴茎、阴囊、睾丸、附睾、输精管、精囊、前列腺、精液，男性性成熟的标志是出现精子。男性的第二性征主要是指男性喉结增大，声音变低沉，出现体毛、胡须等。女性的第一性征指的是女性的生殖器官，包括外生殖器和内生殖器，外生殖器指生殖器官的外露部分，又称外阴，包括阴阜、大阴唇、小阴唇、阴蒂、尿道前庭。内生殖器包括阴道、子宫、输卵管及卵巢（后两者也被称为子宫附件）。女性的第二性征是指乳房隆起、阴毛和腋毛的生长，声调变高，胸、臀的皮下脂肪增多，显现女性特有的体态。

2. 心理学上的性

心理学上的性是指男女两性在生理差别基础上的心理差异，主要是指思维方式、性格等方面的不同。正如约翰·格雷在《男人来自火星，女人来自金星》一书中提到的一样，男人和女人在认知上的巨大差异：男人习惯“聚焦式”看待世事，女人则是“发散式”看待周围的一切。这一认知特点导致了男人和女人在思维模式、做事方法、交流形式上的截然不同。所以性对于男女两性而言在心理上是存在很大不同的。

3. 社会学上的性

社会学上的性是指社会按照人们的性别赋予人们不同的社会行为模式。在我国封建社会时期，要求“女子无才便是德”“夫为妻纲”“男尊女卑”等，社会要求男性刚强、独立、自主，女性要依赖、顺从、柔顺。不给予女性学习和参与社会建设的机会，压制女性并将女性禁锢在家庭内，认为女性就是繁衍后代的工具和服务家庭的仆人。随着社会生产力的提高和女性社会地位的提高，两性的性别分化日渐模糊，女性已取得了和男性一样平等的地位。

（二）性的本质——生物属性与社会属性的有机统一

作为生物属性的性，是指男女在生理构造上的差异和人生来具有的性的欲望和本能，它是人类生存和繁衍后代的必要基础条件。从生物属性上来理解，性是指伴随着性生殖出现的，由于染色体的差异与性器官的差异而形成了男性和女性。性，人人都有，每个人都是性塑造的生命，每个人都伴随着性的发育成熟而长大，性是人生命的一个组成部分。人的性和性欲是基于人体内分泌的性激素而产生的，人的性欲并不神秘，就如人渴了要喝水，饿了要吃东西一样是一种生理现象。但是，只从人的生物属性看待性，不从社会属性上看待性，就会把人的性降低到动物生存的本能意义上去。人既是生物性动物也是社会学动物，人的性行为既受生物学支配，也受社会规范的约束。只有把人的性行为控制在既满足人的生物属性，又满足社会规范，人类才能健康、可持续发展。

社会属性的性，是性的本质体现。人的性由社会关系所决定，人的性需要，不仅包括生理性需要，更重要的是也包括社会性需要。比如婚姻，选择配偶不是单纯地寻找一位异性，而是要考虑很多方面的影响因素，如原生家庭的经济文化情况，对方的兴趣、爱好、职业以及是否满足个人的审美需要等方面的因素。恩格斯指出："人类婚姻家庭从群婚到一夫一妻，到现代性爱发展的过程，完全是由生产力的发展状况和生产关系所有制的性质所决定的。因此，人们对于爱情、婚姻的态度归根结底还是由他所在的社会关系所决定。"

性的本质就是人的生物属性和社会属性的统一体，这说明性既要受到人体发展的生物规律、自然规律的支配，又要受到人类社会文化发展条件和各种社会需要的制约。两者是有机联系，密不可分的。性的社会属性是人类文明进步发展的本质，人不仅仅是一个自然人，更是一个社会人。

（三）性行为

1. 性行为的概念

性行为是以生育和获得性的满足为基本目的的行为。在与性行为有关的事情中,有四个特别重要的领域：生育、欢愉、性别和情感。

2. 性行为的分类

（1）依照有无性对象分

自身性行为：如自我手淫、梦遗、意淫白日梦，还可包括变通性对象的兽奸、代用性器等。

社会的性行为：凡是以人为对象（包括尸体）的性行为，因牵涉一系列社会伦理问题，故属于社会的性行为，异性恋、同性恋、群居杂交等行为都在此列。

（2）按照对性行为的价值判断分

正常的性行为：指为社会文化认可的性行为。性对象要求是成年异性，关系是法定的配偶，否则就可归为异常性行为。目前流行的看法认为，夫妇之间自愿和无害的性行为都是正常性行为。

异常的性行为：目前一般将性变异以及有害健康与违反社会道德的性行为视为异常性行为。

（3）根据满足性欲程度分

目的性性行为：能够达到较大性满足的性交或相当于完成性交（如能达到性高潮的手淫）的行为。

过程性性行为：明确将导向目的性性行为的调情或围绕实现目的性性行为的动作。

边缘性性行为：日常生活中界于性行为与非性行为之间的行为，它的目的是为了表示爱慕或者仅仅是爱慕之心的自然流露，包括拥抱、亲吻、男女间眉目传情等。当然，亲子之间的拥抱和亲吻，以及某些国家作为见面礼仪的拥抱和亲吻就同边缘性性行为无关。

二、基本理论

（一）弗洛伊德的性心理发展理论

弗洛伊德的性心理发展理论主要有以下几点。

1. 性动力

弗洛伊德认为在人的性背后有一种潜力，常常驱使人去寻找快感的满足，这就是力比多，即性本能、性欲望或性冲动，称之为性动力。这种行动力是人天生就具有的。性本能冲动和欲望不仅需要在与性活动直接相关的生殖行为或接吻、触摸行为中得到满足，而且它是人的心理动力。性是人类的一种基本动机，也是推动人们心理活动的一种基本动力。

弗洛伊德认为，性冲动和性欲望需要得到满足，这是人的正常性心理，不能过分压抑。但同时性本能的实现又具有替代性和延缓性，可以通过其他本能得到满足的方式来实现，且可以升华，行动力是促进人进行创造性活动的内驱力。

2. 人格结构

弗洛伊德把人的人格结构分为本我、自我和超我三个部分。本我、自我和超我处于不断的对立冲突过程之中。

本我是原始的无意识的本能，是基本的驱力源，包括性、攻击等。它以非理性的方式工作。本我遵从快乐原则，寻求不受约束的性、躯体和情绪快感。

自我是人格中现实性的一面，充当本我要求与环境间的调解员。

超我是个人价值观的源泉，包括良知和自我理想。超我寻求完善，代表人的社会性一面。

（二）弗洛伊德的性心理发展的阶段

弗洛伊德的性心理发展阶段从婴儿期开始，他认为幼年的性经历对人的性心理和人格发展具有重要影响。他把性心理发展分为 5 个阶段。

1. 口唇期（0～1 岁）

这时婴儿主要通过吃奶和吸吮等口唇动作来获得满足快感。

2. 肛门期（2～3 岁）

这时幼儿以肛门的忍、排便行为为快感来源。这时也正是对儿童进行便溺训练的时期。

3. 生殖器期（4～6 岁）

4 岁左右，儿童进入生殖器期，通过生殖器部位的刺激和幻想，为快感的主要来源。在这个时期，出现一种特殊的现象：儿童恋慕父母中异性的一方，男孩子恋母，女孩子恋父。通过对父母中同性一方“认同”来解决矛盾。

4. 潜伏期（7～12 岁）

从七八岁左右开始一直到青春期前，儿童性心理发展进入潜伏期。这时，儿童的兴趣转向外部，以性知识好奇为性满足，同时注意发展各种为应付环境所需要的知识和技能。

5. 生殖期（青春期和成年期）

这个阶段起于青春期贯穿于整个成年期。虽然快乐源仍指向生殖区，但人们不只是寻求自我满足，而是考虑他人的需要，在性爱的基础上建立爱情关系。

弗洛伊德认为，如果人在以上各个阶段性心理发展的内容和变现形式都顺利完成，就可以一步一步实现成熟；如果在性的发展中遇到阻力，性心理就发生不协调甚至变态。性欲发展的各个阶段的特点，都可以单独地畸形发展，形成不同类型的性变态或神经症。

三、性心理的发展阶段

我国学者关于性意识发展的三阶段论。

（一）异性疏远期

异性的疏远期一般在 12～13 岁。这一时期，男女第二性征出现，使少男少女出现羞涩感。他们把异性的差异和彼此之间的关系看得很神秘，担心别人看到自己在性征上的变化，认为男女接触是很羞耻的事，也害怕与异性接触而遭到他人的耻笑。因此，他们开始闭锁自己，疏远异性。这种疏远是由心理上向往异性的朦胧感与羞耻感之间的矛盾造成的。在这时期就出现了“课桌三八线”等现象。

（二）异性接近期

进入青年期后，伴随着性生理的成熟和个人阅历的增长，男女两性对异性的朦胧感和羞涩感逐渐减弱，开始渴望接近异性。这一时期，他们想接近的不是某个特定的异性而是泛化的异性接触，男女两性之间相互关注、相互吸引，他们喜欢观察和接触异性，在各种场合中，希望在异性面前展示自己的优势，以博得异性的关注和好感。此时的男女由于缺乏与异性接触的经验，往往不知如何表达自己，还分不清好感、友情和爱情的区别。一方面，他们渴望与异性交往，以释放内心对异性的爱慕之情；一方面，在与异性交往中又感到不安和困惑。

（三）恋爱期

随着青年男女性生理和性心理的成熟，他们已不再满足泛化的异性接触，而是开始以自己的标准来选择理想的恋爱对象，对特定的异性表现出特别的关心，更多地与自己爱恋的对象约会，出现不再热衷参加集体活动的现象。大学生的恋爱一般分为初恋期、热恋期、稳定期、走向婚姻或分手。

大学生的性心理由对异性的抵触、关心、爱慕到恋爱的发展过程是一个动态的过程，随着年龄和阅历的增长，寻找人生伴侣的渴望也随之增长。男女进入各阶段的具体年龄和发展过程，受多方面因素的综合影响，有的人几个阶段很明显，有的人几个阶段比较模糊，都是正常的。

赫罗克认为性心理发展有四阶段：（1）性的疏远期。（2）向往年长者的时期，也称“牛犊恋”期。（3）对异性的狂热期。（4）浪漫的恋爱。

第五节　大学生常见的性困惑

一、性生理困惑

（一）性征困扰

大学生在进入青春期后，自身体象发生了很大变化，第二性征形成。这时，男生希望自己身材高大、体魄强壮、声音浑厚等，具有男性魅力；女生则希望自己面容娇美，身材高挑、苗条，胸部丰满，声音柔美、皮肤细腻光滑等，具有女性魅力。然而，当他们的体征不如己意时，就会出现烦恼、焦虑、自卑。

（二）遗精恐惧与月经困扰

遗精是指男性在无性交状态下的射精现象，是青春期男性常见的正常生理现象，是性成熟的标志。我国过去传统观念认为“一滴精，十滴血”，认为遗精会大伤元气，在这样观点的影响下，男性往往会对遗精感到焦虑不安，甚至惊慌失措。实际上，精液是由精子和黏液组成的，一次排放的数毫升精液中 99%是水分，其余是蛋白质、糖等，其营养成分对人体微乎其微。因此，认为遗精就是“泄阳”是不科学的，大学男生不必对遗精感到紧张和焦虑。

月经是指伴随卵巢周期性排卵，卵巢分泌雌孕激素的周期性变化所引起的子宫内膜周期性脱落出血。月经是女性性成熟的主要标志。月经期部分女性会出现痛经，导致经期困扰。未婚女性及月经初期少女痛经现象较为普遍，主要表现为经期或经期前后周期性下腹部疼痛、严重者放射至骶腰背部、大腿内侧。处理方法主要为经期注意卫生，经期及经期前后少吃生冷、辛辣等刺激性强的食物，局部热敷和进食热饮；可适量参加劳动和运动，能够缓解紧张并且放松子宫，从而减轻疼痛；如以上方式无效时可遵医嘱服用止痛药，但应避免形成习惯，防止成瘾。

二、性心理困扰

（一）对自己性别认同的困扰

性别认同困扰主要是指自己对自己的性别不喜欢。性别认同困扰在大学男生和女生中都有表现，性别认同困扰分为先天因素和后天因素。先天因素是指任何一个与性别发育有关的生理因素（性染色体、性腺、性激素、生殖器）出了问题，都可能造成性别认同困扰，如异性的性激素水平较高，男生的雌激素水平高则表现得较女子气，女孩睾丸激素水平高则表现为男子气较重。后天因素是指人在成长过程中，家庭教养和生活环境对人的性别认同造成的影响。调查显示，男生性别认同困扰或障碍者大多数在 5 岁前失去父亲（父母离异、父亲长期在外等原因），长期与母亲生活并多与女性玩耍，则在行为举止和心理上也倾向女性特点。

（二）性幻想困扰

性幻想又称性的白日梦，是指在某种特定因素诱导下，自编、自导、自演与性交往有关的心理活动过程。大学生对与异性交往有着强烈的渴望而又不能实现时，性幻想就可能发生，性幻想是性冲动的发泄形式之一，是大学生性成熟的一种正常现象。性幻想每个人都会有，不分男女，只是或多或少而已。一些大学生由于缺乏对性幻想的认识，一旦自己出现性幻想就出现不同程度的焦虑和自尊恐慌，其实对这种现象没有必要焦虑，但是性幻想过度了，成天沉溺于性幻想中，甚至把幻想当成现实，那就是心理异常了，会给身心带来不良后果。

（三）性梦的困扰

性梦是指在睡梦中发生有关性的行为。性梦是大学生性心理较为普遍的一种表现，性梦是性成熟后出现的正常现象。大学生存在异性间的爱慕或者外界的性刺激导致产生性冲动，但在意识的控制下，个体抑制了这种冲动，进入睡眠后，被压抑的性冲动，不再受社会规范等的约束，在梦中得到满足、得到释放，从而缓解性压抑。

（四）性冲动困扰

性冲动是性兴奋逐渐增加而准备付诸行动的一种心理体验，常伴随着生殖器官的充血以及心理上的激动和快感，是正常生理因素和心理因素综合的结果。部分大学生由于缺乏相关的性知识，一方面认为产生性冲动是不道德、不纯洁的，并因此感到羞愧、自责、苦恼；另一方面，又有性的自然冲动和赤裸裸的性欲望。因此，不少大学生处在这样一个矛盾体中，常常为此感到不安、迷惑甚至导致严重的心理问题。

三、性行为失当

（一）边缘性性行为

大学生在恋爱的过程中，随着时间的增长，彼此之间相互熟悉，有了一定的感情，在此基础上两性有时抑制不住内心的冲动，发生一些亲密动作如拥抱、接吻和爱抚等行为，有学者也称这种行为为边缘性性行为。部分大学生对发生边缘性性行为表现出羞愧和自责，甚至认为这种行为是不道德的，产生这种观点的大学生以女生居多。究其原因主要在于，在发生边缘性性行为时，一是没有充分的心理准备；二是双方之间的感情还未发展到亲密的程度，感到勉强，不是很愿意，勉强迎合对方；三是传统恋爱观对大学生的影响，认为婚前发生边缘性性行为是不道德的，低级的；四是对恋爱的成功持怀疑态度，有事后后悔的心理。

恋爱中的大学生发生一些边缘性行为是正常的，可以理解的，只要注意分寸和场合，不必自责与懊悔。但是，如果仅仅以身体的亲密代替心理的亲密，甚至以此代替爱情是不恰当的。过多的身体亲密，会加剧性冲动，有时会使双方行为失去控制，给自己的心理带来负担。

（二）自慰

性自慰在我国俗称“手淫”，是指用手或工具刺激性器官而获得快感的一种自我刺激，它是青少年获得性补偿和性宣泄的行为。根据对当代大学生的调查发现，18～23 岁的大学生中超过 96%的学生有过手淫行为，表明手淫是一种相当普遍的行为。但是我国传统观念认为手淫是邪恶的、不道德的、下流的，因而部分有手淫行为的大学生会因此背上沉重的心理负担。实际上，手淫对身体的危害并不大，其最大的危害在于手淫者心理上的焦虑。国内外医学、心理学学者普遍认为，偶尔几次手淫对身体健康不会有什么危害，不会影响婚后性生活的质量。但是如果频繁手淫，甚至以手淫为嗜好，对身心的危害是很大的。

（三）婚前性行为

婚前性行为是指男女双方在恋爱时发生的性行为，一般认为，婚前性行为是双方自愿进行的，不存在强迫，婚前性行为不受法律保护，双方没有在婚姻中应有的权利与义务。对于婚前性行为，一些大学生认为只要双方愿意就可以发生，有些大学生甚至认识不久就发生性关系，在校外租房同居。大学生在求学期间，各方面的条件尚不成熟，发生婚前性行为，会产生很多负面影响，女生尤甚。婚前性行为会给女生带来巨大的身体和心理压力。对身体健康的影响在于，女生在发生婚前性行为后如果怀孕，就要进行人工流产，人工流产会对身体造成伤害，有些伤害甚至是无法补救的、巨大的。对于心理方面的影响在于对发生婚前性行为的自卑、恐惧，担心如果失恋，会影响以后的婚恋质量。

（四）性骚扰的恐惧

一般来说，性骚扰主要是指故意擦碰异性身体的某个部位，或故意贴近异性，或故意谈性话题，用色情语言进行挑逗，或用暧昧眼神打量异性，或强行要求和异性发生性行为等。大学女生在遇到性骚扰时，由于缺乏自卫心理，表现出惊慌失措，恐惧万分，事后碍于自己的声誉和前途，不敢声张，甚至带来长期的心理困扰，这在一定程度上助长了性骚扰的势头。

四、性心理障碍

（一）性指向障碍

性指向障碍是指性欲对象与常人相异，如恋物癖、恋兽癖、恋童癖等。

（二）性偏好障碍

性偏好障碍是指性心理和性行为带有儿童性活动的特点，即以幼年的方式求得性满足，如易装癖、露阴癖、窥阴癖等。异装癖是指以穿戴异性服装和异性饰品来产生性兴奋，获得性满足。露阴癖是指在不适当场合裸露自己的生殖器，引起他人激烈的反应而获得性满足。窥阴癖是指偷看他人的裸体或生殖器或他人性活动，而获得性满足。

（三）性身份障碍

性别认同困扰严重者甚至发展成为性身份障碍。性身份障碍是指从心理上否认自己的生理性别和服饰，强烈希望转换成异性。大部分性身份障碍者通过长期的心理治疗可以获得较好的效果，但是，有少部分性身份障碍者是通过变性手术获得心理障碍的释放。

第六节　大学生性健康的维护

一、大学生性发展的特点

（一）性心理的性别存在差异性和对性知识的渴求

大学生性心理存在着明显的性别差异。一般来说，在对于异性的感情流露上，男生较为直接和热烈，而女生较为含蓄和内敛。在内心体验上，男生更多的是感动、喜悦、新奇和神秘，而女生则感到害羞、不知所措和茫然。在表达方式上，男生较为主动，有意识地在自己心仪的异性面前表现自己，寻找机会向异性表露心意，女生则显得被动、腼腆，更喜欢暗示对方，让对方明白自己的心思，使对方主动追求自己。在性兴奋上，男生易被视觉刺激唤起性兴奋，而女生则易被听觉和触觉刺激唤起性兴奋。

大学生在此阶段，性别角色基本定位，并产生了两性的分化，他们对异性感到好奇、敏感，心中有很多疑惑等待找到答案，因此产生对性知识的强烈渴求。这时他们会有意识地通过一些途径来学习性知识，如查看相关书籍、报刊、杂志，收听或收看专栏节目等。如果此时性教育没有跟上，就可能使他们对性知识产生一些片面、扭曲甚至是错误的认识，对性观念产生负面的影响。

（二）性心理的本能性与朦胧性

大学生的性生理已经发育成熟，体内分泌的性激素会带来性本能作用，比如会对异性产生情不自禁的好感与爱慕等，但大学生因社会阅历尚浅、性知识匮乏等，导致性生理和性心理未到达同一水平，对性充满向往但又对性知识知之较少，此时的性对大学生而言就披着一层朦胧的神秘的面纱。通过各种渠道学习性知识，如报刊、书籍、网络以及就寝时的“卧谈会”，大学生的性生理和性心理更加成熟，朦胧的性心理逐渐强烈和成熟起来。

（三）性心理的强烈性与文饰性

大学生对性的关心程度比以往时期都强，一方面渴望在异性心中留下美好印象，渴望理解和取悦异性，寻求归属与爱，希望有人能和自己分享快乐，分担痛苦；另一方面又害怕失败，闭锁自己，内心十分重视自己在异性心中的分量和评价，但表面上却装作无动于衷，甚至刻意回避。文饰自己内心强烈的性渴望，不敢轻易敞开心扉，这种心理的矛盾导致大学生产生各种性困扰。

（四）性心理的动荡性与压抑性

大学阶段男女两性拥有人生中最旺盛的性能量，在体内性激素激增的基础上，再辅以外界各种渠道传播的性刺激，就极易导致性冲动和催生了性需求，从而出现性心理的动荡、不安。但是，大学生基于道德、法律以及客观条件的限制，被唤出来的性欲望只能被理智约束着，产生性压抑。

二、大学生健康的标准

（一）具有良好的性知识；

（二）对于性没有由于恐惧和无知所造成的不当态度；

（三）性行为符合人道；

（四）在性方面做到“自我实现”；

（五）能负责地做出有关性方面的决定；

（六）能较好地获得有关性方面的信息交流；

（七）接受社会道德和法律的约束。

三、维护大学生性健康的途径

（一）科学掌握性知识

性是一门综合科学，大学生应从生物、心理、社会三个方面学习人类性知识。

1. 学习性生理学

人类性行为有遗传特质，是一种有序的生理过程。从生理解剖学和遗传学上了解两性在生理构造上的不同，性器官的功能和性本能的产生，了解性的产生、发展和成熟的规律。学习性生物学可以使大学生去掉性禁忌，减少性神秘感，降低性压抑。

2. 学习性心理学

性行为是个体的性需求、性动机、性态度、性情绪、性经验以及人格特征在性活动中的综合体现。学习性心理学，了解性欲、性心理、性别角色、恋爱婚姻心理及性变态心理等。通过性心理学的学习了解自己性心理的发展，以理智克服冲动。

3. 学习性社会学

性社会学是研究家庭、宗教、人际关系、道理与法律等会塑造、调整和影响人类的性活动。学习性社会学，让人对自己的性进行控制，使其符合性道德和性法律等的规范，从而被社会主流文化所认可。

(二)培养健康的人格

性是人格的完成。性是生物本能，是个体对待性的态度，是个体人格成熟的标志。大学生应当不断完善自己的人格，学会自信，尊重他人，对社会负责和培养自己良好的意志品质。

1. 自爱自信，认同自己的性别角色

大学生无论男女都应悦纳自己的性别角色，认同自己的生理和心理特征。性别角色的认同是心理健康的重要标志。人类世界是由男性和女性组成的，两性在生理和心理上各有自己的特点。世界上没有两个完全相同的人，每个人都有自己的优点，不要拿自己的弱项和他人的强项进行比较，因为有些生理特点带有先天遗传的因素，无法受自己控制，只有通过增强自己的后天能力，培养自己强健的心理素质。因为只有拥有自信、乐观的心态，才会散发出自己的人格魅力，成为被人欣赏的对象。

2. 性行为要对他人和社会负责

性行为具有生物和社会双重属性。一般性行为均要涉及他人，性行为会对他人的身体、心理和社会角色带来改变，还会带来新的生命，这就意味着性行为会给自己、他人和社会带来影响，因此要对他人和社会负责。大学生婚前同居的现象已是屡见不鲜，但当事人有负面情绪和焦虑的心态占大多数。婚前同居带来的身体伤害，比如怀孕后堕胎造成的不孕、妇科疾病以及未婚生育的子女无力抚养等；心理困扰，比如发生婚前同居害怕被他人知晓以及担心如果分手对以后婚姻质量造成影响等。每一个大学生都要意识到性行为是一件严肃的事情，不仅仅是一个人的事情，而是一个家庭、一个社会的事情。对待性行为要自尊、自重，要对自己、他人、社会负责，要用法律、道德的标准约束自己的性行为。

3. 培养良好的意志品质

大学生自我意志控制性心理的强弱，从某种程度上来说是由个人的意志品质强弱决定的。大学生作为成熟的个人，有正常的性需要，在外界的刺激下甚至会产生满足性需要的冲动。但人的性行为和动物不一样，是受意志支配和控制的，是有理智的。如果大学生的意志力薄弱，一时冲动之下，体验了“不在乎天长地久，只在乎曾经拥有”，那么冲动的后果能否承担得起？因此，在大学阶段要有意识地培养自己的意志，做一个生理和心理都成熟的人，为自己将来的幸福和成功负责。

(三)积极进行自我调适

大学生在性发育成熟的阶段，会遇到各种与性相关的困惑，如何有效地进行自我调节显得尤为重要。

1. 通过正确途径学习性知识

大学生之所以会出现许多性困惑，大多数是因为性生理发育成熟了，而相关性知识未及时跟进。大学生应通过学校相关课程的学习，翻阅权威书刊、正规媒体节目等多渠道补充性知识，掌握性生理和性心理发展的规律和常见性困惑的处理方法，以正确的态度对待性，用科学的方法调节性心理问题。大学生在进行性知识学习的时候要对性知识读物进行甄别，避免接触那些低级、粗俗、不正规的书刊和网站等渠道上的淫秽信息，避免受不良传播媒介对自己身心产生负面的影响。

2. 规划职业生涯

性只是人们生活的一部分，不是全部。大学生要树立正确的价值观，将主要精力放在学习和未来发展等方面，规划自己的职业生涯。在规划自己职业生涯并为之付诸努力的过程中，会在一定程度上转移对性问题的关注并缓解由于性冲动带来的不适反应。

3. 积极参加各项活动

积极参加各种集体活动，在活动中锻炼自己，结识更多朋友，促进人际交往，拓展知识，开阔视野，愉悦身心，放松心情，从而达到缓解性压力的目的。

（四）主动寻求心理帮助

大学生在遇到有性方面的问题或困惑时，通过努力仍无法调适自己的状态时，科学和恰当的处理方法是寻求专业的心理咨询师的帮助。值得提出的是，部分大学生对心理咨询有顾忌，其实是完全没有必要的。心理咨询是一件很平常和科学的疏导心理的方法。一是心理咨询的职业要求就是为咨询者保密，二是心理咨询是专业人员有针对性帮助咨询者，并提出有效缓解的方法帮助大学生面对各种有关性的困惑。因此，大学生要建立主动需求心理咨询帮助的意识，为自己的快乐护航。

【知识链接】

苏格拉底和失恋者的对话

苏格拉底:（以下简称苏）孩子，为什么悲伤？

失恋者:（以下简称失）我失恋了。

苏：哦，这很正常。如果失恋了没有悲伤，恋爱大概也就没有什么味道了。可是，年轻人，我怎么发现你对失恋的投入甚至比对恋爱的投入还要倾心呢？

失：到手的葡萄给丢了，这份遗憾，这份失落，您非个中人，怎知其中的酸楚啊！

苏：丢就丢了，继续向前走去，鲜美的葡萄还有很多。

失：我要等到海枯石烂，直到她回心转意向我走来！

苏：但这一天也许永远不会到来。

失：那我就用自杀来表示我的诚心。

苏：如果这样，你不但失去了恋人，同时还失去了你自己，你会蒙受双倍的损失。

失：踩上她一脚如何？我得不到的，别人也别想得到。

苏：可这只能使你离她更远，而你本来是想与她更接近的。

失：您说我该怎么办？我可真的很爱她。

苏：真的很爱？那你当然希望你所爱的人幸福？

失：那是自然。

苏：如果她以为离开你是一种幸福呢？

失：不会的！她曾经跟我说，只有跟我在一起的时候她才感到幸福。

苏：那是曾经，是过去，可她现在并不这么认为。

失：这就是说，她一直在骗我？

苏：不，她一直对你很忠诚。当她爱你的时候，她和你在一起；现在她不爱你，她就离去了，世界上再没有比这更大的忠诚。如果她不再爱你，却还装得对你很有情谊，甚至跟你结婚生子，那才是真正的欺骗呢！

失：可我为她所投入的感情不是白白浪费了吗？谁来补偿我？

苏：不，你的感情从来没有浪费，因为在你付出感情的同时，她也对你付出了感情，在你给她快乐的时候，她也给了你快乐。

失：可是，她现在不爱我了，我却还苦苦地爱着她，这多么不公平啊！

苏：的确不公平，我是说你对所爱的那个人不公平。本来，爱她是你的权利，但她爱不爱你则是她的权利，而你却想在自己行使权利的时候剥夺别人行使权利的自由。这是何等的不公平？

失：可是您看得明白，现在痛苦的是我而不是她，是我在为她痛苦！

苏：为她而痛苦？她的日子可能过得很好，不如说是你为自己而痛苦吧！明明是为自己，却还打着别人的旗号。

失：依您的说法，这一切倒成了我的错？

苏：是的，从一开始你就犯错。如果你能给她带来幸福，她是不会从你的生活中离开的。要知道，没有人会逃避幸福。

失：可她连机会都不给我，您说可恶不可恶？

苏：当然可恶。好在，你现在已经摆脱了这个可恶的人，你应感到高兴，孩子！

失：高兴？怎么可能呢？不管怎样，我被人给抛弃了。

苏：被抛弃的并不是说就是不好的。

失：此话怎讲？

苏：有一次，我在商店看中一套高贵的衣服，爱不释手，店主问我要不要，你猜我怎么说，我说质地太差！不要！其实我口袋里没有钱。年轻人，也许你就是这件被遗弃的衣服。

失：你真会安慰人，可惜你还是不能把我从失恋的痛苦中引出。

苏：时间会抚平你心灵的创伤。

失：但愿我也有这一天，可我的第一步该从哪里做起呢？

苏：去感谢那个抛弃你的人，为她祝福。

失：为什么？

苏：因为她给了你忠诚，给了你寻找幸福的新机会！

思考题：

1. 你觉得在大学期间谈恋爱是否适合？为什么？
2. 谈恋爱时，如果遇到困扰，你一般会用什么方式来调节自己的心情？
3. 培养爱的能力对大学生的人生发展有什么意义？
4. 为什么说性教育是人格的教育、生命的教育、人际关系的教育？
5. 大学生常见的性心理问题有哪些？
6. 大学生应当如何维护自己的性心理健康？

第七章

成为学习的掌舵人——大学生学习心理

对于学生来讲，学习是一个永恒的话题。大学生的学习除了具有学习的一些规律、特点外，还有其自身的一些独有的特征，如大学生的学习专业性、自主性、探索性等。掌握大学生学习的特点对于当代大学生来讲可以尽快适应大学生活。在本章节中，从概念范畴对学习和人类学习、大学生学习进行对比，可以使我们进一步了解学习的重要性。此外，通过对大学生常见的学习异常心理进行分析，提出相应的调适方法，可以使大学生更充分地掌握一些技能、技巧，进而提高学习效率。

第一节　学习概述

一、学习的定义

（一）广义的学习

广义的学习是人和动物所共有的心理现象，是人和动物凭借经验引起的相对持久的行为或行为潜能的变化。人和动物的行为有两类，一类是本能性行为，一类是习得性行为。本能性是通过遗传得来的，生而具有，如婴儿出生后会吸吮奶头等。习得性行为是指通过学习而习得的行为，如猩猩会剥香蕉皮，中国人会使用筷子等。

可以从以下五个方面来理解。

（1）学习是人和动物所共有的心理现象。动物为了求得生存，在成长过程中也需要不断学习，比如蜜蜂要学习采花粉，麻雀要学习筑巢。人类更需要通过学习来适应社会，尤其是在当今科技迅猛发展的社会中，如果一个人不学习或者长时间不学习，那么不久将会落后于他人，最终影响到自己的生活甚至生存。

（2）学习是以外显的行为改变或内隐的行为潜能的改变为标志。学习的结果是外显行为发生改变，如识字后可以阅读等。但有些学习结果并不能立即发生或不能直接被观察到，如学习骑自行车时，需要一次又一次的练习才能最终学会骑车。

（3）学习的发生是由经验引起的。经验是有机体在生活中所经历的一切体验，包括外部环境刺激，也包括有机体的训练和练习。

（4）学习不是本能行为，而是后天习得性行为。本能性行为是不学而能的，是生存的本能性行为，而后天习得性行为是指为了适应现实生活环境，在生活中所获得的知识或技能，是为在生存的基础上追求更好的生活。

（5）学习导致的行为变化是相对稳定的。学习引起的行为变化并非短暂的行为，而是相对稳定的，如学会了驾车，就很难丢失这个技能。而由于成熟、药物、疲劳等引起的行为变化只是一种短暂的行为，会随着时间消失。

（二）狭义的学习

1. 人类的学习

我国著名心理学家藩菽认为：人的学习是在社会生活实践中，以语言为中介，自觉地、积极主动地掌握社会和个体经验的过程。

2. 学生的学习

学生的学习是指学生在学校中，在老师的指导下系统地掌握知识的过程。它是一种特殊形式的学习，具有以下几个方面的特点。

（1）被动性

从狭义的教育来讲，学习的根本特点是接受学习，尽管我们一直强调学生的自主学习，但是前提是学生的学习是在教师的指导下有计划、有目的地进行的，对于学习内容也是教师已经事先设定，并在课堂上有序实施的过程。

（2）间接性

学生的学习主要是在老师的指导下，学习人类已经掌握的知识经验，是一种间接性学习。在学生的学习中也有体验或实践环节，但是这样的环节多数是验证性和练习性的，重在强化学习内容，使学生更加深刻地理解并掌握所学知识。

（3）计划性

学生的学习是由专门的部门规定并安排教学实施内容，学校结合当地实际有计划地安排教学内容，并由老师按照教学计划、教学大纲和教科书所规定的内容组织教学，而非由当地部门、学校或老师自己任意规定教学内容。

（4）简捷性

学生所学习的知识经验是人类数千年来的经验累积，但是在学习过程中，教师可以通过对知识的凝缩提炼，在几节课或几个章节中把知识传授给学生。教师在加工知识时，会有选择性地提取一些与课程内容相关的知识，而不需要把人类知识的所有演变过程及内容告诉学生。

（5）交往性

学习的过程是由教师向学生传授教学内容的过程，这一过程是在人际交往系统中进行的，另外，学习过程中除了教师与学生的交往性以外，还存在着教师与教师、学生与学生之间的交往。这是由学习活动中各成员的地位和职能决定的。

二、学习的分类

我国心理学家把学习分为知识的学习、技能的学习和行为规范的学习。

知识的学习：即知识的掌握，指学生在教师有目的、有计划、有步骤的指导下，积极主动地接受和占有前人所积累下来的知识经验，在头脑中构建相应的认知结构的过程。知识的学习是通过领会、巩固和应用三个环节来实现的。知识的学习最终要解决的是认识问题，即知与不知、知之深浅的问题。

技能的学习：指通过学习或练习，建立合乎法则的活动方式的过程，有心智技能的学习和操作技能的学习两种。技能的学习比知识的学习更为复杂，不仅包括对活动的认识问题，还包括活动或动作的实际执行问题。不仅要知道做什么、怎么做，还要能够实际做出动作。

知识的学习与技能的学习的区别：从学习内容上看，知识学习的对象是人们的认知经验，即人脑对客观事物属性与联系的反映；技能学习的对象是人们的动作经验，即动作映象及其合理、完善的活动方式。从学习的形式和过程上看，知识学习主要是在教师的讲解下，理解、巩固和运用书本知识的过程，而技能学习主要是在教师示范下通过模仿练习掌握一些动作及其操作顺序的过程。

知识学习能给技能学习提供理论基础，从技能学习目的的确定到对技能学习内容的分析、操作，都是在有关知识的指导下进行的。技能的学习反过来又会促进学生对知识的理解和巩固。

行为规范的学习：又称社会规范的学习，是把外在于主体的行为要求转化为主体内在的行为需要的内化过程。行为规范的形成过程一般包括依从、认同和内化三个水平，即包括规范的认识问题，又包括执行及情感体验问题，因此比知识、技能的学习更为复杂。

三、学习的功能

（一）提高个人素养

人类在社会发展中，用自己的聪明才智创造了许多有益的经验和教训，内容涉及广泛，涵盖了人文、地理、医学、教育、文学、艺术等方方面面，是人类发展史上一笔伟大的财富。作为后人，通过学习这些知识可以使自己的文化底蕴变得丰厚，使自己的个人能力得到提升，思想得到丰富，视界得到拓展，从而使个人素养得到不断提升，民族的整体素质得到提高。

（二）促进适应社会

学习是根据一定个人或社会需求而进行的行为，在历史长河中，一个社会或民族要想不被消灭，就应时刻更新、丰富和完善科学知识，对于个人也是如此。如果一个人要适应社会，就要不断运用现有知识、汲取新知识。我们的社会正发生着日新月异的变化，无处不在提醒我们学习新知识的重要性，要想跟上时代步伐，不被社会淘汰，就应努力学习、不断学习。正如《礼记》中所言“玉不琢，不成器；人不学，不知道”，只有不断学习才能适应社会。

（三）促进个体成熟

格赛尔的“双生子爬梯实验”说明，成熟对个体发展具有重要作用。影响个体成熟的因素有来自内部和外界等多个方面，众多研究表明，学习对个体成熟具有举足轻重的作用。

心理学家克雷奇分别对三组幼鼠呈现有丰富刺激、有少刺激和无刺激的实验变量，结果显示，三组幼鼠的大脑皮层的重量和密度出现了明显的差异：给予丰富刺激的白鼠最重，给予少量刺激的白鼠次之，无刺激呈现的白鼠最轻，且三组幼鼠在大脑神经传递物质的含量上也有明显不同，结果与上相同。

著名儿童心理学家皮亚杰认为，学习对儿童的发展和成熟具有促进作用。心理学家怀特通过对婴儿的眼手协调的动作进行研究，结果表明学习和训练对婴儿的发展和成熟具有促进作用。

以上研究说明，学习对成熟具有明显的促进作用。因此，我们除了关注个体内部因素对成熟的影响外，外部环境的改进也是不容忽视的。学习正是促进个体成熟的一个途径，这样才能进一步促进个体的发展，进而促进民族的进步。

（四）延续人类文明

从原始文明的钻木取火、磨制石器受自然控制的时期，到农业文明的青铜器、铁器、陶器、文字、造纸、印刷术等对自然进行探索的时期，再到工业文明时期蒸汽机、电动机、电脑和原子核反应堆等对自然进行征服的时期，直至现今的生态文明强调人类与自然协调发展的时期，人类文明的每一次进步，总离不开人们在已有的知识经验的基础上不断地学习。每一次技术革命的进步，都需要后人不断学习并延续这些文明，这样人类才能长足进步、发展。所以学习前人的先进经验是掌握先人知识的最佳途径。

四、学习与心理健康的关系

（一）学习有利于心理健康

无知产生愚昧，这里的愚昧并非单指思想落后，在当代社会也指处理问题的能力较差。学习的过程是不断学习新知识，并不断提高自己发现问题、解决问题能力的过程。所以学习的过程是培养人的洞察力、应变力的一个过程。这样就能消除一个人的自卑等消极心理，提升自己的信心。对于一些不自信或行为消极的人，可以通过不断学习来消除这些不良的品质或行为。如某大二同学，总是感觉自己与父母的关系很微妙，既不像有的同学那样跟父母特别亲近，也做不到对自己的父母漠不关心。很长一段时间以来，他都为自己这种感觉而困惑，所以特别想知道其中缘由。于是他就读了许多心理学书籍，终于发现原来是他在童年时期没有跟父母建立很好的心理联结，并且后来由于自己不懂心理学知识，不知道如何弥补这一遗憾。当他知道答案之后，主动跟父母表达自己的想法，并向父母讲述学习来的知识，慢慢地跟父母的关系得到缓解。

（二）心理健康制约学习效率

众多研究均表明，心理健康有助于提高学生的学生积极性，进而提高学习效率。如一个自信、乐观、积极向上的学生会有较强的记忆力、想象力、创造力，所以他的学习效果就要较自卑、悲观、消极的学生有较强的学习积极性和主动性，他们能够在学习中找到乐趣，快乐学习，所以在这种心态的带动下，他们会全身心投入到学习中去，学习效果也会明显增强。但是对于一个具有消极心理的学生来讲，他的注意力易被一些与学习无关的事情吸引，而影响学习的积极性。如一个因失恋而陷入抑郁情绪的学生，他的情绪会比较低落、消极，感受不到生活、学习的乐趣，在课堂上也无法保证注意力的集中，有时还会出现迟到、旷课的现象，学习的积极性明显降低或消失。

能力的大小不是成功者与失败者的最本质的区别，多数时候心理素质的好坏决定了一个人是否能够成功。1983 年，哈佛大学心理学教授赫瓦加纳出版了具有重大影响力的《心理构架》一书。在书中，他指出我们对智力的定义太过于狭隘，人生的成就并非取决于单一的智力，而是取决于多方面的智能。美国教育家也提到一个人的成功并非取决于智力因素，而取决于非智力因素，其中非智力因素就包括自信心、意志力、兴趣、态度、情感等。

第二节　学习的影响因素及学习策略

一、学习的影响因素

（一）外部因素

1. 学习环境

许多研究数据表明，学习环境对学习具有非常大的影响作用，良好的环境可以使大脑效率提高15%～35%，并可延缓和消除脑力疲劳。

（1）声音

声音有噪声和乐音之分。在噪声环境中容易造成学生分心、注意力不集中、情绪焦躁不安，从而影响学生的学习效率。研究表明，声音强度在30分贝以下为佳。

（2）光线

光线过强或过弱对学习都会产生不利影响。过弱的光线不仅对大脑兴奋性进行抑制，还容易使眼睛产生疲劳感；过强的光线除了会导致眼睛不适外，还会使人产生烦躁的情绪，降低学习效率。

（3）温度

学习环境的最佳温度是 20℃，此温度是人脑活动的最有利温度。当低于 10℃时，人的头脑虽然清醒，但是解决问题的能力较差；当气温高于 35℃时，大脑能量的消耗和大脑疲劳明显增加，人也会变得焦躁不安，使学习效率下降。

除学习条件影响学习效率外，空气湿度、氧气供应量、气味和色彩等对学习效率都有影响。由此可见，创造良好的学习环境可以有效促进学习效率，相反不良的学习环境不利于学习的进行，平时应注重创造较好的学习环境。

2. 学习方法

有人说 21 世纪的文盲不是那些没有知识的人，而是那些不会学习的人。在学习的过程中，掌握科学的学习方法，是影响学习效果的关键因素之一。有时经常看到一些没有怎么学习的同学在考试时却取得了好成绩，究其原因，就会发现是因为他们有较为科学、合理的学习方法；有时也会看到有些同学天天埋头苦学，不舍得浪费一点时间，但是学习效果却并不佳，在很大程度上也跟方法不对有关。当然，学习方法也不能照抄照搬，拿来为我所用，自己在学习别人的方法时，要结合实际情况加以改善，找到适合自己的方法。所以，掌握科学、合适的学习方法对于学习来讲是非常有必要的。

（二）内部因素

1. 内在动力

（1）学习态度

学习态度可分为积极的学习态度和消极的学习态度。积极的学习态度是指有明确的学习目标和学习兴趣，在行为上注重学习方法的探索和改进，表现为学习积极性强。消极的学习态度则指学习目标不明确，对学习抱有一种无所谓的态度，学习积极性不足或缺失。由此可知，持有不同的学习态度，其学习效果是截然不同的。

（2）学习兴趣

常言道，兴趣是学习最好的导师。一个人如果对学习具有深厚的兴趣，那么就会主动钻研、认真学习。相反，如果让一个人从事他根本不感兴趣甚至反感的事，那么这件事对他来讲就是一件令他头痛的事。对于学习也是一样，让一个对学习不感兴趣的人好好学习，这是很难做到的，即使他看起来是在学习，但是学习效果也是不佳的，反之亦然。在学习活动中，如果没有学习兴趣，其结果是可想而知的。如有同学在多门学科的学习中成绩都是名列前茅，就唯独对英语的学习不感兴趣，尽管也像其他同学那样努力学习英语，但是就是提不起兴趣，同样是在学习英语，但对他来讲这个过程是艰辛的，无章可循的。一旦提起自己感兴趣的数学或其他科目，他就会眼前一亮，顿时来了精神。

有时兴趣不是天然存在的，需要后天有意识地培养才能具备。要达到好的学习效果，应主动培养自己的学习兴趣，才不至于没有充足的学习动力和明确的学习目标。

（3）意志力

古人云，滴水穿石，非靠蛮力，皆因坚持不懈。意志力是成功的重要心理因素，是成功的保证。一个人只有兴趣却没有坚强的学习意志力，也是无法很好地完成学习的。意志力坚强的人，会自觉地以实际行为为实现预定的目标而努力，自觉克服各种困难，使自己的行为服从于既定的目标和信念。意志力薄弱的人，在遇到困难和挫折时，就会知难而退，畏缩不前。

良好的意志力品质也不是天生存在的，要靠日常的锻炼形成，可以尝试各种途径锤炼自己的意志力。

（4）情绪、情感

情绪是人受到外部环境的刺激而产生的一种心理状态或心理反应。它对学习者的学习有一定的影响作用。在学习过程中，如果学习者的心情愉快，便能激发其学习兴趣和积极性，增强学习的学习自信心，如果情绪沮丧，就会对学习失去兴趣，注意力也较易分散，从而影响学习效率。所以，积极的情绪是可以增强学习效率的。

2. 智力

智力因素又称为认知因素，主要包括观察力、注意力、记忆力、想象力和思维力，其中思维力是其核心因素。智力的高低对学习非常重要，有研究表明，二者的相关系数为 0.60 左右，呈显著相关。但是如果不努力，即使是高智力的人学习也不见得优秀；经过努力，低智力的人也可以取得优异的学习成绩。所以，智力只是一个前提条件，但并非唯一的要素。

二、学习策略

学习策略是指学习者为了提高学习的效果和效率，有目的、有意识地制订的有关学习过程的复杂的方案。

此定义明确了学习策略的四个方面的特征：第一，学习策略是学习者为了完成学习目标而积极主动地使用的；第二，学习策略是有效信息所必需的；第三，学习策略是有关学习过程的；第四，学习策略是学习者制订的学习计划，由规则和技能构成。

（一）认知策略

是指学习者在认知加工的过程中所采用的策略，即加工信息的一些方法和技术。这些策略能使信息较为有效地储存、保持和提取。认知策略在学习策略中具有重要的作用，也是有效运用学习策略的基础。可以分为精加工策略、复述策略和组织策略。

1. 精加工策略

指学习者把新信息与头脑中已有的信息联系起来，增加新旧信息之间的意义联系，从而帮助学习者将信息储存到长时记忆中去的学习策略。主要包括记忆术、记笔记、提问、画线、利用背景知识、联系实际和生成性学习等。

2. 复述策略

指在工作记忆中为了保持信息而对信息进行反复重复的过程。

3. 组织策略

是整合所学新知识之间、新旧知识之间的内在联系，形成新的知识结构。包括列提纲、利用图形和利用表格。

（二）元认知策略

元认知策略是学生对自己认知过程的认知策略，包括对自己认知过程的了解和控制策略。可以分为计划策略、监视策略和调节策略。

1. 元认知计划策略

是根据认知活动的特定目标，在一项认知活动之前计划各种活动，预计结果，选择策略，想出各种解决问题的方法，并预估其有效性。它包括设置学习目标、浏览阅读材料、产生待回答的问题及分析如何完成学习任务。

2. 元认知监视策略

是在认知活动的实际过程中，根据认知目标及时评价、反馈自己的活动结果与不足，正确估计自己达到认知目标的程度、水平，并且根据有效性评价各种认知行动、策略的效果。包括阅读时注意加以跟踪和对材料进行自我提问、考试时监视自己的速度和时间等。

3. 元认知调节策略

是根据对认知活动结果的检查，如发现问题，则采取相应的补救措施，根据对认知效果的检查，及时修正、调整认知策略。

（三）资源管理策略

资源管理策略是辅助学生管理可用环境和资源的策略。可分为学习时间管理策略、学习环境管理策略、学习努力和心境管理策略、社会资源管理策略。

1. 学习时间管理策略

（1）统筹安排学习时间。

（2）高效利用最佳时间。

（3）灵活利用零碎时间。

2. 学习环境管理策略

首先要注意调节自然条件，如流通的空气、适宜的温度、明亮的光线、和谐的色彩等；其次要设计好学习的空间，如空间范围、室内布置、用具摆放等。营造一个良好的学习环境有利于人们的学习心情和状态，从而使学习达到事半功倍的效果。

3. 学习努力和心境管理策略

除了具有较适宜的外界环境外，良好的学习意志努力也是学习过程中不可或缺的因素。获得较努力的学习态度和心境的方法主要有激发内在动机，树立为了掌握而学习的信念，选择有挑战性的任务，调节成败的标准，正确认识成败的原因和自我奖励等。

4. 社会资源利用策略

要善于利用教师的帮助及通过同学间的合作与讨论来加深对内容的理解；同时，要擅于利用参考资料、工具书、图书馆、广播电视及计算机与网络等。

第三节　大学生的学习

一、大学生学习的特点

（一）专业性与技能性

大学的教育任务是为社会培养各类高级专门人才。大学生在学业完成后就要分布到各个领域从事各式各样的工作，这就要求大学生掌握所从事工作需要的知识和技能。因此，大学生的学习不同于以前的中小学学习，而是专门学习某一领域的专业性知识和技能。如果说中小学是注重横向学习的话，那么大学的学习则是纵向学习，对某一领域的深入挖掘，是针对某一方面的知识进行深层次的研究，使大学生成为这一行业的专业人才。

此外，现代的教育理念要培养大学生的专业技能，尤其是对于一些技术性的专业，掌握该专业的基本操作技能是必需的。比如学习建筑类专业的大学生，就要学习看图纸的基本技能，而对于汽修专业的大学生，基本的维修技能也是要具备的。所以在大学的教学计划中安排了许多锻炼技能的教学途径，诸如实验、实习、考察、调查等。

（二）自主性与独立性

大学的学习生活不再像中学那样，以班级为单位，即使是自习课也要在固定的教室学习。大学生的学习生活固然也是以班级为单位，但是在上课之余，大学生们有更多的自由时间，他们根据自己的兴趣和需要合理安排自己的时间。另外，教师的课堂讲解很少，主要依靠大学生自己的努力。大学生的参考书籍也不再只是学校设定的固定书籍，对于他们来讲，学习某一门课程可能要参考很多册相关书籍，所以大学的图书馆就成了大学生们经常光顾的去处。学校的网络资源也是他们拓展专业知识的一个很有利的途径，他们可以根据自己的需求筛选一些知识为自己所用。所以对于大学生来讲，很多学习活动都是自己的主动行为，具有很强的自觉性和独立性。

（三）丰富性与探索性

大学生的学习方式和学习内容较中学时期要大为丰富。学习方式上，大学生的学习不再拘泥于课堂学习，而是可以通过在实验室做实验、去现场考察、到实习基地实习等方式完成学习。例如对于临床医学专业的学生而言，除了在课堂上学习相关知识外，还要以实习的方式到医院跟随医生实地学习；对于师范类的学生来讲，在学习相关教育理论之后，学校会专门开设教学实践课程，专业供这些学生进行教学实践。在学习内容上，大学生除了完成老师的教学任务外，还可以自己拓展学习内容。此外，大学也会根据社会及专业需要，灵活开设一些课程。比如，空乘专业的学生除了学习专业知识外，可能还会学习某些关于应急处理的方法等；中文专业的学生除了学习文学方面的内容外，还要学习普通话等课程。

由于大学生的学习具有较强的自主性和丰富性，所以他们的学习行为就具有了培养探索精神理念。很多知识并非全部依靠教师的讲授，而是通过自己不断探索来完成的。这也体现了我国的教育理念。

二、大学生学习心理的特点

由于大学生不再像中学时期那样有明确的升学目标，加上大学生的学习方式也发生了很大的变化，所以大学生的学习心理状态和学习水平也有不同，大致可以分为以下三个不同的层次：最低层次，即学习心态和学习状态都较差，经常处于考试焦虑和缺乏明确学习动机甚至是厌学的学习心态中，没有良好的学习策略、学习方式，机械被动地完成任务，勉强能应付学习和考试；中间层次，即学习心态和学习状态处于中等水平，有较为明确的学习目标和较强的学习动机，也具有较大的学习兴趣，学习态度良好，能较好地完成学习任务，成绩尚好；最高层次，学习心态和学习状态良好，学习目标非常明确，学习动机强烈，学习热情深厚，学习兴趣广泛，具有积极进取、不怕困难的品质，学习是一种任务也是一种乐趣，且能使用发现式学习、探究式学习和创造性学习等方式进行学习。

（一）学习动机的特点

学习动机分为内部学习动机和外部学习动机。内部学习动机是指由个体内在的学习需要引起的动机。如认知内驱力，即个体对新知识、新事物怀有好奇心，促使其趋向知识，接近事物，探索解决问题；兴趣内驱力是指由符合个人兴趣的知识和事物所引发的动力；成功内驱力是由成就需要和成功欲望驱动个体不断求知的动力。外部学习动机是指由来自机体外部的诱因所引发的动机，如想获得家人的奖励、老师的赞赏、同学的羡慕，获得奖学金、出国、避免考试失败等。

多元化的社会环境充斥着大学生的学习和生活，这些对大学生的社会认知产生了很大的影响，无形之中激发了他们的无限遐想和广泛兴趣。所以，当代大学生的学习动机较为丰富，既有来自外部的学习动机，也有来自内部的学习动机。同时，也有一部分学生因为学习空间自由而容易沉迷于某些学习以外的事物，如网络游戏对一部分大学生的影响是相当大的。所以，对于大学生来讲，如何激发自己的学习动机，关键要看自己的主观意志。

（二）学习态度的特点

大学生的学习充分体现了学生的主体性，自修室、图书馆、实验室等全面对学生开放，他们可以利用课余时间补充课堂上学习的局限性。又由于大学的学习专业性较强，他们学习毕业后就要利用自己的专业立足于社会，所以大学生的学习态度已经由高中时为了升学而学习，变成为了自己以后的生活而学习，学习的主动性明显提高，学习态度更为积极。

（三）学习策略的特点

由于大学生的学习内容较为灵活，教师没有固定的教学大纲，所以很多时候都是老师根据学校的培养目标自己设定教学内容以及安排课时。所以大学生的学习策略也具有非常大的灵活性和自由度。不用拘泥于课堂上老师的授课内容，自己可以利用多种途径加以拓展。

（四）学习方式的特点

大学生的学习方式较高中时期具有很大的变化，老师的讲授占其中一小部分，多数情况下是要靠自己的努力探索而得到知识，所以大学生的学习方式更强调主动性和探索性。另外，大学生上课的教室也是不固定的，座位也是可以自由选择的，这一点也不同于中小学时的固定教室和座位。另外，大学生还可以选修自己感兴趣的课程，也可以修第二专业。他们可以聆听专业的讲座，也可以跑去图书馆自己查阅资料。所以，大学生的学习方式更加多元化，具有更大的自主性。

三、大学生学习异常心理及调适

（一）大学生学习异常心理

1. 学习动力不足

学习动力是指推动学生学习的内部动力，表现为学习动机或态度对学习活动的影响和作用。

学习动力不足主要表现为学习没有明确的目标、没有计划性、学习不主动、注意力易分散、旷课等。影响大学生学习动力不足的原因是多方面的，主要与社会、家庭、学校及自身有关。所以要改变大学生学习动力不足的现象，应从多方面入手。作为学习者自身应树立学习目标，找到适合自己的方法，实施有效的学习行为。

2. 学习疲劳

学习疲劳是指学习者由于长时间地持续学习，感觉身体或心理劳累，学习效率明显下降的现象。

生理疲劳指由于肌肉受力过久或持续重复伸缩而造成的痉挛和麻木、眼球肿痛、腰酸背痛、瞌睡等现象。心理疲劳指由于大脑细胞活动持续时间较长，而导致脑细胞处于一种抑制状态。主要表现为感官活动机能降低、注意力不集中、思维迟钝、情绪暴躁、厌烦、情绪低落、学习效率下降等。

学习疲劳暂时看起来对学习效率造成了不利影响，但是它是一种保护性抑制，身体或心理出现了不适感，是提醒学习者需要适当休息来恢复自己的亏损。但是如果长期处于疲劳状态，就会导致大脑兴奋和抑制过程失调，甚至引起神经衰弱。

3. 考试焦虑

是指在考试前表现出异常紧张、不安和恐惧等情绪状态。研究表明，适当的焦虑是有必要的，它能促进学生努力学习，取得较好的成绩。但是过度的考试焦虑非但对学习没有帮助，而且还会降低学习效率，有的甚至会产生心理障碍。

（二）大学生学习异常心理调适

1. 确定合理的学习目标

哈佛大学作了一个十分著名的关于目标对人生影响的跟踪调查实验。该调查选取一群学历、环境等相当的人作为研究对象，结果发现，27%的人没有目标，60%的人目标模糊，10%的人目标清晰且具体，3%人的目标清晰且长远。25 年后的跟踪调查发现，3%的那部分人在坚持目标过后，成为社会各界的顶尖人士；10%的那部分人大多生活在社会的中上层；60%的那部分人几乎都生活在社会的中下层，他们过着安稳、无忧的日子，但是成绩平平；27%的那部分人处于社会的最底层，生活过得很不如意。由此可见，清晰明确的目标对人生的发展具有巨大的作用，成功与否就取决于当初的一个选择。你选择什么样的目标，就会有什么样的成就，就会有什么样的人生。

所以，对于大学生来讲，确实合适的学习目标对大学生的学习是非常重要的。它一方面可以指引学习的方向，另一方面可以检验学习的效果。所以确定合理的学习目标是调整学习问题的关键。学习目标分为近期目标、中期目标和长期目标。近期目标与自己目前的状况差距不要太大，避免目标实现不了给自己带来挫败感。另外，近期目标要具体且可操作，防止远、大、空的目标方案。

作为大学生应试如何确定学习目标呢？首先，设定学习目标应符合自己的实际情况，这就要考虑自己现有的学习基础和认知结构；其次，目标难度要适度，不能触手可及也不能高不可攀，切忌好高骛远；第三，学习目标要有阶段性，必要时可根据周围环境的变化而进行调整。

学习目标无所谓大小，关键是要适合自己的实际情况，所以确定学习目标时，不能盲目地以别人的学习目标为参照。只要是适合自己的，能激励自己学习的目标都可以用来作为学习目标。另外，确定学习目标不要贪多，要确保能够完成。

2. 制订科学的学习计划

“凡事预则立，不预则废”，在确定好合理的学习目标后，如果没有很好的实施计划，可能也会使自己的行为手忙脚乱。如果说确定合理的学习目标是有效学习的第一步的话，那么制订科学的学习计划就是实现学习目标的具体措施。学习计划应紧紧围绕学习目标来制订，做到具体、全面、合理利用时间、可操作，最好能配合相应的惩罚措施来监督计划的实施。

3. 实施有效的学习行为

确定学习目标和制订学习计划只是纸上谈兵而已，一切都以落实在行为上为准。说得再精准的学习目标、再完善的学习计划，如果没有落实到行为上，那么就是竹篮打水一场空。有效的行为包括以下几个方面。

（1）合理分配时间

大量的知识之间是有相互干扰性的，一天中不同的时间进行学习，效果也存在不同。我们把前面知识对后面知识的抑制作用称为前摄抑制，把后面知识对前面知识的抑制作用称为后摄抑制，中间材料容易遗忘，开头与结尾的内容容易记忆，睡觉前和醒来后是两个绝佳的记忆黄金时段。作为学习者，应不断探索自己的记忆规律，合理安排自己的学习时间，从而达到较好的学习效果。

（2）及时进行复习

《论语》有云：“温故而知新。”人们在学习过程中，不可能一次就掌握所学的全部知识，随着时间的流逝，所掌握的知识会有相当一部分被遗忘。有研究表明，时间间隔的长短对知识保持的百分比如下：20 分钟 58%；1 小时 44%；8 小时 36%；1 天 34%；2 天 28%；6 天 25%；31 天 21%，这说明复习的最佳时间是记住材料后的 1～24 小时，最晚不超过 2 天，在这个区段内稍加复习即可恢复记忆。所以，在学习新知识过后，如果能及时进行合理的复习，那么学习效果也会大幅度上升。

（3）集中学习与分散学习

集中学习是指较长时间的学习，一般学习次数较少；分散学习是指把学习时间分成几个阶段，每学习一段时间就稍作休息。研究表明，一般情况下，分散学习的效果要明显优于集中学习的效果。但是这一结果对于不同的学习者及不同性质的学习材料也有所不同。对于高智商的学习者来说，善于采用集中学习的方法；比较难懂的复杂材料，集中学习较为合适。但是集中学习的时间也不宜过长，否则也易事倍功半。

（4）过度学习

过度学习是指对知识达到勉强可以回忆的程度后，继续进行学习，即在对知识全部学会以后再学习一段时间，以巩固学习内容。通常认为过度学习以 50%为宜，时间过长或过短都不宜于学习效果的达成。

（5）多感官协同并用

运用多种感官协作可以帮助知识在大脑中形成多方面的印象，可以有效地提高学习效果。例如在听课时，边听边小声复述；在背英语单词时边读边写；在学习一项技能时边说边做等。特瑞奇勒的研究结果表明，人们在获取信息的过程中，1%是通过味觉，1.5%是通过触觉，3.5%是通过嗅觉，11%是通过听觉，83%是通过视觉。人们一般可以记住自己阅读的10%，自己听到的 20%，自己看到的 30%，自己看到和听到的 50%，交谈时自己所说的70%，这些数据说明在学习的过程中，合理运用多种感官参与可以提高学习效率。

（6）科学用脑

① 早用脑。脑部发展遵循递减法则，有数据显示，0 岁开发大脑，可以使人的智力达到 100 度；5 岁开发大脑，可以使人的智力达到 80 度；10 岁开发大脑，可以使人的智力达到 60 度。这说明人的大脑在合理范围内开发时间越早，越有助于智力的发展，从而有利于学习。

② 勤用脑。人的大脑遵循一个自然法则——用则进化，废则退化。用脑有一个使用的上限和下限，时间过短或过长都会影响学习效果，长时间用脑不足，会使大脑长时间处于停滞或半停滞状态，使人的学习效率下降；而如果过度用脑也会使大脑处于疲倦状态，而不能很好地调用大脑神经进行工作，使注意力不集中，进而影响学习效率。

③ 善用脑。不同知识之间可以相互促进也可以相互干扰，作为学习者应善于观察知识之间的关系，做到排除新旧知识间的相互干扰，使新旧知识相互促进，从而达到学习迁移的效果。

④ 会养脑。要保证大脑有效地工作，首先就要确保有足够的营养供给。所以在一日三餐中，要做到营养丰富，荤素合理搭配、不挑食不贪食，还要注意蔬菜和水果的及时补充。此外，还要注意不伤害大脑，在生活中不吸烟、不酗酒、不吸食毒品。第三，防止外伤对大脑的影响。

4. 学会正确的结果归因

（1）归因的定义

归因是指观察者为了预测和评价人们的行为，并对环境和行为加以控制而对他人或自己的行为过程所进行的因果解释和推论。简言之，即对行为原因和结果之间的看法和观念。

（2）韦纳的归因理论

归因理论是指说明和分析人们活动因果关系的理论，也称为认知理论，即通过改变人们的自我感觉、自我认识来改变和调整人的行为的理论，归因理论的四个因素如表 7-1 所示。

表 7-1　韦纳的归因理论的四个因素

稳定性 \ 控制点	内部	外部
稳定	能力	任务的难度
不稳定	努力	运气

美国心理学家韦纳认为，控制点（内因和外因）、稳定性（稳定和不稳定）、可控性（可控和不可控）是人们在进行归因时应该考虑的维度。能力、努力、任务难度和运气是人们常用的对成败进行归因的四个因素。它们可以分别归到三个维度中，其中控制点是指当事人认为影响其成败的因素，是个人的重要条件（内控）或外在环境（外控）。在此维度上，能力和努力属于内控，任务难度和运气属于外控；稳定性是指当事人认为影响其成败的因素，在性质上是否稳定，是否在类似情境下具有一致性，其中能力和任务难度是不随情境改变的，属于稳定因素，努力和运气是可以改变的，属于不稳定因素；可控性是指当事人认为影响其成败的因素，在性质上是否能由个人意愿所决定，其中努力是可以凭个人意愿控制的，其余三个因素是不受个人意愿控制的。

韦纳等人认为，人们对成功和失败的解释会对以后的行为产生重大影响。如果学生把考试成功归因于运气和个人努力，就会具有自豪感，下次还会努力学习，以期取得好成绩；如果把成绩差归因于内部原因或努力不够，则会接受教训，努力提高学习成绩；如果认为是考试难度大或自己运气不好，则会失去努力的动力，不愿意付出意志改变现状。

要正确应用积极归因，积极的归因模式：成功→能力高→自豪感、自尊心/增强对成功的期望→愿意从事有成就的任务；失败→缺乏努力→内疚/相对的对成功的高期望→愿意并坚持从事有成就的任务。消极的归因模式：失败→缺乏努力→羞愧、无能感、沮丧感/降低对成功的期望→避免或缺乏对有成就任务的坚持性；成功→运气→不在乎/很少增强对成功的期望→缺乏从事有成就任务的愿望。

所以，我们应学会正确的、积极的归因，激发学习的动机。

【知识延伸】

美国作家斯宾塞.约翰逊写的畅销书《谁动了我的奶酪》中讲述了两个小矮人和两只小老鼠的故事。故事中的四个角色代表了人们生活中四种不同的心态。在面对奶酪不见的变化时，嗅嗅和匆匆立即穿上鞋子，开始出去寻找奶酪，并最终如愿以偿；而唧唧在犹豫中感到了现实的残酷，经过一番思想斗争也决定穿上鞋子到漆黑的迷宫里寻求奶酪，最终也如愿以偿；而哼哼却害怕变化，否认和拒绝变化，还是停留在原地自怨自艾，最终一无所获。我们现在面临的社会也是处于瞬息万变中的，在面对改变的环境时，我们会经历各种强烈的内心冲突，也会感到不知所措，有的人就会在埋怨中一事无成，而有的人选择学习和适应。社会需要看到变化时及时调整自己心态、顺应变化并试图采取行动的人。学习是年轻人选择改变的最好出路之一。

思考题：

1. 想一想你在专业课学习方面有哪些学习的技巧。
2. 请你制定一个学习目标，并列出相应的实施计划。
3. 试想一下你的学习方法科学吗。
4. 请简述该如何进行知识的复习。
5. 根据自己身边的实例，利用韦纳的归因理论从不同的角度解释一下，试试看有什么不同的效果。

第八章

健健康康才快乐——大学生疾病防治与健康

健康与疾病是人类生命活动中一对永恒的矛盾。疾病是机体身心在一定内外因素的作用下所出现的一定部位功能、代谢或形态结构的改变，表现为损伤与抗损伤的过程，是机体内部及机体与环境间平衡的破坏和正常状态的偏离或终结。只要有健康存在的地方，就会找到疾病的影子。在人的一生中，多次“生病”的痛苦体验，特别是在如今的和平年代，大多数人都将因为疾病而最终无奈地告别美好的世界。健康与疾病之间是相对的、动态变化的、可转化的。健康与疾病在个体身上同时并存时取决哪一方占主导。

在许多时候，健康与疾病之间往往不存在一个明确的界线。例如，某人体内滋生某病且已病入膏肓，却谁也不知晓，表面上仍被认为健康，只有当出现了痛苦的症状或异常的体征时，才被认为“生病”了。也就是说，普通老百姓判断是否生病的依据是“痛苦的症状”，而对深层次的病理改变一无所知。这显然是片面、错误的。事实上，许多疾病一旦表现出明确的临床症状，往往已经无药可治了，如肺癌、肝癌。因此，疾病应以预防为主，提倡“定期健康检查”“经常自检”，疾病要“早发现、早诊断、早治疗”。我健康了，我才能快乐，健康是快乐之本。

第一节　常见疾病的识别与防治

一、常见呼吸系统疾病

大学生常见的呼吸系统（见图 8-1）疾病有急性上呼吸道感染、急性气管—支气管炎、肺炎、自发性气胸等。

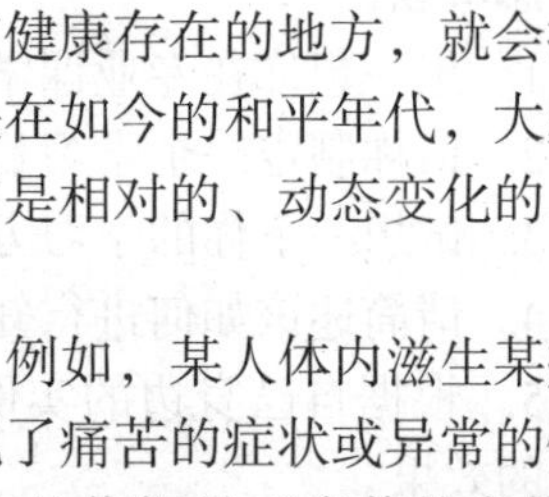

图 8-1　呼吸系统

（一）急性上呼吸道感染

这是鼻腔、咽或喉部急性炎症的概称，简称急性上感，俗称感冒。有 70%～80%由病毒引起。主要有流感病毒（甲、乙、丙）、副流感病毒、呼吸道合胞病毒、腺病毒、鼻病毒等，细菌感染可直接或继病毒感染之后发生，以溶血性链球菌为多见；其次为流感嗜血杆菌、肺炎球菌和葡萄球菌等；偶见革兰阴性杆菌。其感染的主要表现为鼻炎、咽喉炎或扁桃腺炎。当有受凉、淋雨、过度疲劳等诱发因素，使全身或呼吸道局部防御功能降低时，原已存在于上呼吸道或从外界侵入的病毒或细菌可迅速繁殖，引起本病，尤其是老幼体弱或有慢性呼吸道疾病如鼻窦炎、扁桃体炎者更易罹患。

临床表现有：（1）鼻塞、打喷嚏；（2）病毒性咽炎、喉炎；（3）急性病毒性咽炎；（4）急性病毒性喉炎；（5）疱疹性咽峡炎；（6）咽结膜热；（7）细菌性咽炎、扁桃体炎。

预防措施：加强体育锻炼，增强体质，提高身体抗病能力；加强室内通风透气；避免受凉、过度疲劳（如运动过量及熬夜）、注意个人卫生，流水肥皂洗手，不用脏手揉眼、鼻。

（二）急性支气管炎

急性支气管炎是病毒或细菌等病原体感染所致的支气管黏膜炎症。往往继发于上呼吸道感染之后，也常为肺炎的早期表现。临床以咳嗽伴（或不伴）有支气管分泌物增多为特征。

急性感染性支气管炎，多流行于冬季，常为急性上呼吸道感染的一部分，可发生于普通感冒或鼻咽、喉及气管支气管的其他病毒感染之后，常伴发继发性细菌感染。

临床表现为：（1）鼻塞，不适，寒战，低热，背部和肌肉疼痛、咽喉痛、剧烈咳嗽等；（2）发热；（3）无合并症的急性支气管炎几乎无肺部体征；（4）严重并发症。

预防措施：除预防上感的措施外，积极治疗上呼吸道感染，防止病原体向下侵犯支气管为一良策；对于慢性扁桃体炎、慢性咽炎、慢性鼻窦炎，要积极治疗；改善环境卫生、防止大气污染；不吸烟、不饮酒；对过敏引起者，要寻找过敏原，并加以去除。

（三）肺炎

肺炎是指肺泡（即肺脏中半球状的囊泡）及其周围组织的炎症。

肺炎可由多种病原体引起，如细菌、病毒、真菌、寄生虫等。例如，腹部手术或胸部外伤会导致大量细菌随血液到达肺脏，从而造成细菌感染，引起肺炎；流感病毒和水痘病毒等也可引起肺炎。此外，长期抽烟酗酒者，以及糖尿病、艾滋病患者更易患肺炎。从解剖学的角度来看，肺炎可分为大叶性肺炎、小叶性肺炎和间质性肺炎。

临床表现为：（1）寒战、高热；（2）咳嗽、咳痰；（3）胸痛；（4）呼吸困难；（5）其他症状。少数患者有恶心、呕吐、腹胀、腹泻等胃肠道症状，严重者可出现神志模糊、烦躁、嗜睡、昏迷等症状。

预防措施有以下几方面。

（1）避免受凉、淋雨、抽烟、酗酒，皮肤有疖、伤口感染、毛囊炎、蜂窝组织炎时应及时就诊。

（2）劳逸结合，生活有规律，参加体育锻炼，防止感冒。

（3）每日开窗通风，保持室内空气新鲜，通风时注意保暖，避免着凉。

（4）咳嗽、咳痰时，尽量将痰液咳出，咳痰后漱口。

（四）自发性气胸

自发性气胸是指因肺部疾病使肺组织和脏层胸膜破裂，或靠近肺表面的细微气肿泡破裂，肺和支气管内空气逸入胸膜腔的现象。

自发性气胸大多数由于胸膜下气肿泡破裂引起，也见于胸膜溃破、胸膜粘连带撕裂等原因。胸膜下气肿泡破裂可为先天性，也可为后天性。前者称为原发性气胸，为脏层胸膜下肺泡先天性发育缺陷或炎症瘢痕形成的肺大泡引起表面破裂所致，多见于瘦高型男生；后者称为继发性气胸，常继发于肺或胸膜疾病，如肺结核、肺癌、肺脓肿等疾病直接损伤胸膜所致，细菌进入胸膜腔引起化脓性感染，形成气胸。此外，气压骤变、剧咳、喷嚏、屏气或高喊大笑、举手欢呼、抬举重物、用力过度等都可能诱发气胸。自发性气胸可分为闭合性气胸、开放性气胸和张力性气胸 3 种。

自发性气胸的轻重取决于起病快慢、肺压缩程度和肺部原发疾病的情况，其典型临床表现为突发性胸痛，继之出现呼吸困难，并伴有刺激性干咳。

预防措施：

（1）积极防治原发病。

（2）戒烟，注意补充营养，适当进食粗纤维食物，以增强机体抵抗力。

（3）防止呼吸道感染，避免剧烈咳嗽。

（4）避免用力和屏气动作，保持大便通畅，防止便秘。

二、常见消化系统疾病

大学生常见的消化系统（见图 8-2）疾病有急性胃肠炎、消化性溃疡等。

（一）急性胃肠炎

急性胃肠炎是一种十分常见的急性胃肠道疾病，常见于夏秋季节。急性胃肠炎的病因有物理因素、化学因素、细菌和病毒感染、精神因素等。

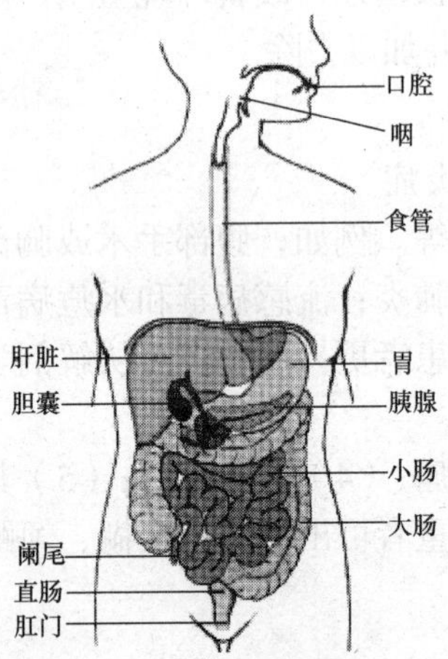

图 8-2 消化系统

临床表现为：恶心、呕吐、腹痛、腹泻、发热等。恶心、呕吐，呕吐物为未消化的食物，腹泻可为稀便和水样便。由于反复呕吐和腹泻，失水过多可引起脱水，表现为皮肤弹性差，眼球下陷，口渴，尿少等症状，严重者血压下降，四肢发凉。

预防措施如下。大学生应养成良好的卫生习惯，饮前便后要洗手，要掌握正确的洗手方法——流水、肥皂洗手；注意饮食卫生，不暴饮暴食，不吃变质、不洁或超过保质期的食物，不过量食用生冷食物；搞好环境卫生，消灭蚊蝇、蟑螂等害虫。

（二）消化性溃疡

消化性溃疡是胃或十二指肠的内层被胃酸和消化液所消化而形成的圆形或椭圆形溃烂病灶。十二指肠是连接胃的前 10 余厘米的小肠肠段，如图 8-3 所示。

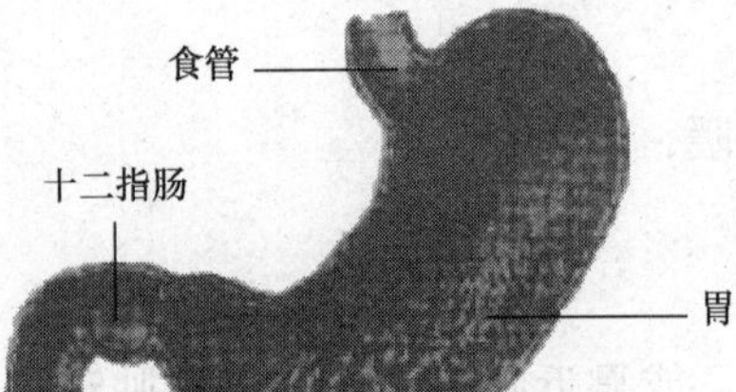

图 8-3 胃与十二指肠

精神紧张、生活起居和饮食不规律、食物不洁、过度劳累、长期抽烟酗酒、神经功能失调等原因可导致胃和十二指肠的抵抗力降低，加之胃分泌的胃酸及消化酶过多，侵蚀了胃和十二指肠的表面，从而造成消化性溃疡。

临床表现为：腹痛、反酸和泛口水、烧心、食欲增加、贫血等。

预防措施如下。

（1）避免精神紧张；（2）注意饮食；（3）保持生活规律，根据气候变化及时增减衣物；（4）避免服用对胃黏膜有刺激的药物。

三、常见心血管系统疾病

心血管系统是一个封闭的管道系统，由心脏和血管组成。心脏是动力器官，血管是运输血液的管道。大学生常见的心血管系统疾病有高血压、病毒性心肌炎等。

（一）高血压

高血压是一种以动脉血压持续升高为主要表现的慢性疾病，常引起心、脑、肾等重要器官的病变。根据世界卫生组织（WHO）的标准规定，人体正常血压为收缩压（即心脏收缩时的动脉内壁压力）≥140mmHg 和（或）舒张压（即心脏舒张时的动脉内壁压力）≥90mmHg，即可诊断为高血压。

大约 90%的高血压患者没有明确的病因，这种高血压称为原发性高血压。原发性高血压的发生可能为多种因素作用的结果，心脏和血管的多种改变同时存在可能使血压升高。还有一种高血压有明确的病因，这种高血压称为继发性高血压，其常见病因有遗传因素、饮食偏咸、饮酒过度、过于肥胖及情绪波动。

预防措施如下。

（1）注意劳逸结合，保持睡眠充足，多参加体力劳动和体育锻炼。

（2）注意调节饮食，以低盐、低动物脂肪类食物为宜，并尽量少吃富含胆固醇的食物。

（3）养成良好的生活习惯，戒除烟酒。

（4）肥胖者应适当控制食量，适当减轻体重。

（5）情绪激动或精神紧张时可在医生指导下服用少量镇静剂，如安定、嗅化钾、利眠宁等。

（二）病毒性心肌炎

心肌是由心肌细胞构成的一种肌肉组织。病毒性心肌炎是因病毒侵犯心脏，引起心肌炎症性改变所导致的一种心脏疾病。

病毒性心肌炎多由病毒感染所致。肝炎病毒、狂犬病病毒、流感病毒、风疹病毒、天花病毒等都可引起本病。此外，细菌感染、营养不良、剧烈运动、过度疲劳等因素也可能使机体抵抗力下降导致病毒感染而致病。

患者发病前 1～3 周内有急性病毒性感冒史，感冒同时出现胸闷、心悸、气急、乏力等；严重者表现为呼吸困难、食欲不振、多汗、恶心、呕吐、面色苍白等症状；更为严重者可出现出血性心力衰竭，并伴有心脏扩大、肝大、双下肢浮肿、少尿等。

预防措施如下。

（1）预防感染。尤其应预防呼吸道感染和肠道感染。易感冒者平时应注意营养，避免过度疲劳，还应适当参加体育运动，以增强体质；感冒流行期间应戴口罩，避免去人口拥挤的公共场所活动。

（2）劳逸结合。应避免情绪突然激动或体力活动过度而引起身体疲劳，使机体免疫抗病能力降低。

四、常见神经系统疾病

神经系统是人体内起主导作用的功能调节系统，可分为中枢神经系统和周围神经系统两大部分。其中，前者包括脑和脊髓，如图 8-4 所示；后者由遍布全身的神经网络组成，具有联系脑、脊髓和身体各部的作用。大学生常见的神经系统疾病有癫痫、脑炎、面神经炎等。

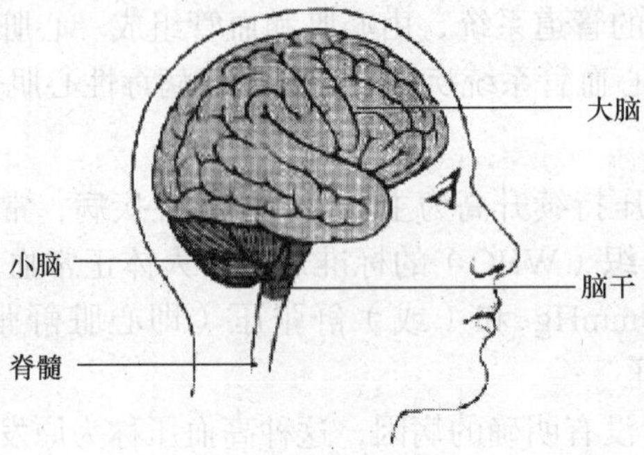

图 8-4 脑和脊髓

（一）癫痫

癫痫俗称羊癫疯或羊角风，是大脑神经元突发性异常放电，导致短暂的大脑功能障碍的一种慢性疾病。

癫痫可能由多种病因引起，以下是几种常见的诱因。

（1）物理因素。发热、过量饮水、过度换气、饮酒、过度劳累和饥饿等均可诱发癫痫发作。此外，服用某些药物（如美解眠、戊四氮等）或突然停用抗癫痫药物，也可导致癫痫发作。

（2）感觉因素。某些患者对某些特定的感觉（如视觉、听觉、嗅觉、味觉等）较为敏感，当受到刺激时可引起不同类型的癫痫发作，称为反射性癫痫。

（3）精神因素。某些患者在强烈情感活动、情绪激动、受惊、精神紧张时可引起癫痫发作，称为精神反射性癫痫。

据统计，患者在第一次癫痫发作后，复发率为 27%～82%，因此，预防癫痫再次发作就显得尤为重要。具体来说，患者可从以下几个方面预防癫痫发作。

预防措施如下。

（1）保持乐观情绪。实践证明，精神紧张、悲观失望等可促使癫痫发作。然而，保持良好的心理状态，坚持长期治疗，可使绝大多数患者降低复发率。

（2）劳逸结合。要注意劳逸结合、多加休息，学习也不要过度紧张。

（3）保证充足的睡眠时间，不要熬夜。

（4）饮食有节，避免过饱、过饥或一次性大量饮水。

（二）脑炎

脑炎多由病毒感染引起，其感染途径主要有以下三种。

（1）病毒通过昆虫叮咬、动物咬伤或输血等方式进入血液，经血液循环进入脑内。

（2）脑邻近组织感染时，病毒可直接扩散入颅。

（3）皮肤、呼吸道或胃肠道黏膜感染可使病毒进入血液或沿神经末梢进入脑内。

脑炎患者常伴有发热、头痛等一般症状，具体临床表现可根据病因和病情严重程度而有所不同。病情较轻者可仅有头痛、头晕、颈部僵直等症状；病情严重者则可出现意识障碍、躁动、颅神经麻痹、肢体瘫痪、不自主运动、尿便障碍、惊厥等症状；更为严重者可陷入深度昏迷状态，出现意识障碍。有时病变可局限于脑干、脊髓等部位，引起相应的症状，分别称为脑干炎或脊髓炎。

预防措施如下。

脑炎可通过蚊虫传染，因此，灭蚊是预防脑炎最根本、最有效的方法。除了灭蚊之外，大学生睡觉时还应关上蚊帐或点上蚊香，以防蚊虫叮咬。此外，脑炎与个人的身体状况也有一定关系。如果平时不注意身体健康，经常上网熬夜，作息和饮食不规律，一旦过度劳累，身体的抵抗力会下降，从而增加病毒感染的概率。因此，大学生应经常参加体育锻炼，改掉以上不良的生活习惯。

五、常见内分泌系统疾病

内分泌系统是机体的重要调节系统，它与神经系统相辅相成，共同调节机体的生长发育和各种代谢，维持内环境的稳定，并影响人体行为和控制生殖等。内分泌系统由内分泌腺和分布于其他器官的内分泌细胞组成。其中，内分泌腺是人体内一些无输出导管的腺体，如图 8-5 所示。内分泌细胞散布在各器官内，其分泌物称为激素。大学生常见的内分泌系统疾病有甲亢、糖尿病、肥胖症等。

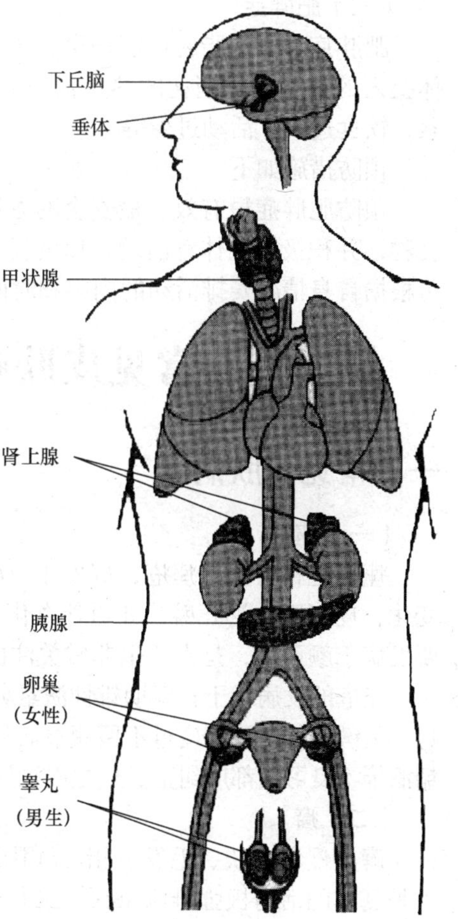

图 8-5　内分泌腺

（一）甲亢

甲亢是甲状腺机能亢进的简称，是由多种因素引起的甲状腺激素分泌过多所致的一种常见的内分泌系统疾病。

甲亢的发病与多种因素有关，如食用过多的碘，急性感染及创伤，长期的精神创伤或强烈的精神刺激、忧虑、惊恐、紧张等都可能导致甲亢。此外，甲亢也与遗传因素有关。

甲亢患者多见于女性，其临床表现主要包括甲状腺素过多引起的代谢率增高和神经兴奋两个方面。此外，甲亢的临床表现还有心悸、自汗、手抖、眼球突出、甲状腺肿大等。

预防措施如下。

（1）多吃高热量以及富含糖类、蛋白质和维生素的饮食，如肉、蛋、奶、糖、新鲜水果、蔬菜等。

（2）注意预防感冒，保持个人清洁卫生，防止发生各类感染。

（3）多听优美的音乐，还应加强学习，提高素养，不断提高自我调节情绪、控制情绪的能力。

（二）糖尿病

糖尿病是一种由于机体不能正常释放或利用胰岛素（胰腺分泌的一种激素），而使血中葡萄糖水平不适当升高所导致的疾病。

糖尿病的发生是由于机体无法产生足够的胰岛素以维持正常的血糖水平，或者是细胞对胰岛素不敏感所致。糖尿病是由遗传因素和环境因素相互作用而引起的。

糖尿病的典型临床表现为“三多一少”，即多尿、多饮、多食、体重减轻。

预防措施如下。

（1）生活有规律。不暴饮暴食，吃饭要细嚼慢咽，多吃蔬菜，尽可能不在短时间内吃含葡萄糖、蔗糖量大的食物，以防血糖在短时间内快速上升。

（2）防治肥胖。肥胖是引发糖尿病的重要原因，预防糖尿病就需要预防肥胖；对于已经很胖的学生，则需要立即采取有效措施进行减肥。

（3）改掉抽烟酗酒等不良嗜好。烟酒对人体危害极大，不仅会直接引起多种危害人体健康的疾病，还会使人体抵抗力、免疫力下降，给糖尿病以可乘之机。

（4）多加锻炼身体，少熬夜。

（三）肥胖症

肥胖症是体内脂肪过度积聚、体重超过一定范围的一种营养障碍性疾病。肥胖症是因身体摄入的热量超过消耗的热量而引起。具体来说，肥胖症的病因主要有遗传因素、疾病因素、饮食过多、活动过少等。

预防措施如下。

预防肥胖症最有效、最安全的方法是有意识地控制饮食，少吃高糖、高脂肪、高热量的食物，并积极参加体育活动，以消耗摄入的多余热量，避免过多的脂肪在体内积存。每个人可根据自身情况安排活动的内容和时间，但要持之以恒。

第二节　常见皮肤病和五官科疾病的识别与防治

一、常见皮肤病

（一）痤疮

痤疮也称为青年痤疮，好发于 16～25 岁的青少年，系因青春期人体内分泌机能有较大变化，皮脂腺分泌旺盛，如再伴有化脓球菌的混合感染形成慢性化脓性毛囊炎，即痤疮，主要发病于颜面部，是大学生非常关注的常见病。

痤疮的发病缘于青春期雄性激素分泌过多，所以在青春期很难根治。青春期过后可自然痊愈。关键是如何顺利度过不留瘢痕。如经常用手挤压、滥用刺激性化妆品，过多的脂肪饮食和糖酒等不良习惯都应纠正。代之以勤用肥皂、热水洗净脸面，多吃水果蔬菜，保持合理作息。

（二）癣

癣是侵犯皮肤、毛发、指(趾)甲的浅在真菌病，在皮肤病中居首位。广泛流行的原因，一是真菌的活力极强难以杀灭，二是带菌者比比皆是，成为防不胜防的传染源。根据发生部位癣分为头癣、体癣、足癣、手癣和甲癣。

1. *足癣*

发病率极高，依据皮肤损害特点容易确诊，三种临床分型对治疗有指导意义。一种是汗疱型。患处是明显的不易破裂的水疱，觉痒。可发展成各种形态的片状，如不去搔挠，数日后干枯脱皮露出鲜红色的底部，若搔挠弄破水疱则有五色液体溢出。一种是间擦糜烂型。多在趾间，皮肤感染后潮湿变白，变得容易剥脱，剥后见糜烂创面并有溢液。一种是鳞屑角化型。在足底，足侧或足跟处微红的底面上出现表皮增厚、粗糙和片、点状的鳞屑。

2. 手癣

多是由足癣蔓延而来，所以临床表现大致相同。因手与足所处环境不同而有各自的特点：其一是手经常暴露，而且易洗，既较干净也较干燥，很少发展到间擦糜烂型，其二是接触外界的机会更多，受污染机会也更多，敷药不可能维持较长时间，故治疗就更困难。

预防措施有以下几点。

手足癣的治疗原则是力求治愈，而不在于暂时控制好转，所以应坚持长久性治疗和以预防为主。预防有两层含义：一层是不被感染，应不用公共毛巾、脸盆和拖鞋，经常洗脚并保持趾间干燥，鞋袜要勤洗勤换；另一层是不再复发。

3. 甲癣

又俗称“灰指（趾）甲”，指（趾）甲在真菌感染后变形、变色、变脆，呈灰白色增厚且无光泽，随着甲下被蛀空，使甲板与甲床分离。不但令人望而生恶，而且影响正常的生活与工作。以往虽有许多方法，但很难达到彻底治愈。

癣易患不易治，欲想不患就应强调预防。了解防癣的常识，尤其是对过集体生活的人。为公众服务的单位或部门都应学习自防、群防的知识，自觉养成良好的卫生习惯。

（三）湿疹

湿疹是由多种内外因素引起的具有明显渗出倾向的皮肤炎症反应，皮疹呈多形性，慢性期则局限而有浸润和肥厚，瘙痒剧烈，容易复发。

湿疹的发病原因很复杂，有内在因素与外在因素的相互作用，常是多方面的。外在因素如生活环境、气候条件等均可与湿疹的发生有关，外界刺激如日光、寒冷、干燥、动物皮毛甚至某些食物也可诱发湿疹，内在因素如慢性消化系统疾病、胃肠道功能障碍、精神紧张、失眠、感染病灶、内分泌功能失调等均可产生或加重湿疹的病情。

急性湿疹可发生于体表的任何部位，多对称分布，常见于头面、耳后、四肢远端、手足露出部及阴囊、女性外阴、肛门等处。皮肤损害为多数密集的粟粒大的丘疹，高出皮肤表面，也可出现小水疱，自觉奇痒。慢性湿疹的皮肤损害表现为局部皮肤增厚、色素沉着甚至苔藓样变，自觉阵发性瘙痒。

某些特定部位的湿疹会由于特定环境或特殊的致病条件而有特殊的临床表现，如阴囊湿疹、乳房湿疹、肛门湿疹及女性外阴湿疹等。

保持健康的生活方式在湿疹的预防治疗中具有十分重要的作用，因此，在医生的协助下查找诱发因素，可以促进疾病的早日康复。此外，应注意检查全身的健康状况，以了解有无慢性病灶和内脏器官疾病。

二、常见五官科疾病

（一）眼疾与用眼卫生

眼睛是人体最重要的感觉器官。人从外界环境接受各种信息时，约 90%以上的信息从视觉通道输入，视觉的敏锐与否对劳动、学习和生活的能力影响极大。眼睛是娇嫩的器官，是易感疾病和易受外伤的部位，保护眼睛至关重要。我们学习了解眼科常见病、多发病，对保护视力、预防眼病是大有裨益的。

1. 急性结膜炎

眼结膜表面大部分直接与外界接触，同时结膜囊内有适当的湿度与温度，适宜于微生物生长繁殖，因此结膜易遭受微生物的侵袭而发生炎症。急性结膜炎(红眼病)是一种常见的急性传染性眼病，由细菌或病毒引起，一般在夏秋季节中流行。

急性结膜炎传染性强，主要传播方式为：患眼——水——健眼，或患眼——手或物——健眼。往往通过接触带有这种病菌的东西引起感染和传播，如毛巾、洗脸盆、门把手、水龙头、玩具，以及在游泳池中游泳等，与急性结膜炎患者握手或用脏手擦眼睛都会被传染。本病为接触传染。

预防措施有以下几点。

（1）隔离患者用的毛巾、脸盆、玩具等，用后均要烫洗消毒。

（2）急性结膜炎患者要自觉不在公共场所洗手、洗脸、理发、游泳。

（3）学校在流行季节中，对急性结膜炎患者应进行隔离。

（4）当一只眼患病时应预防健眼受到感染。如在点眼药水时应偏向患侧，以免分泌物等流入健眼。

（5）养成讲卫生的习惯，勤洗手，不用手揉眼睛或不用不清洁的水洗脸，注意用眼卫生。

2. 沙眼

沙眼是由沙眼衣原体引起的一种慢性传染性眼病。因此在睑结膜表面形成粗糙不平的外观，形似沙粒，故名沙眼。目前此病在亚非地区不少发展中国家仍然是主要的致盲眼病。20世纪 50 年代以前曾在我国广泛流行，是当时致盲的首要原因。随着人们生活水平的提高，卫生常识的普及，医疗条件的改善，其发病率有所下降。

沙眼发病率较高，须采取有效的预防措施，以减少其传播感染的机会。沙眼衣原体存在沙眼患者的分泌物中，分泌物通过患者的手、毛巾、手帕，用过的洗脸盆、水、儿童玩具等直接或间接传染沙眼。

预防措施有以下几点。

（1）养成良好的卫生习惯。常剪指甲，勤洗手，不要用脏手揉眼。

（2）从小养成毛巾、脸盆单独使用的习惯，用后洗净晒干。不使用公共场所未经消毒的毛巾。游泳、理发时提倡一人一巾。

（3）毛巾要经常煮沸或在日光下暴晒。水能传染沙眼，用水要清洁，提倡用流动水洗手、洗脸。

（4）定期检查眼睛，发现沙眼及早治疗。对已患沙眼的患者要隔离，应用抗沙眼药物，避免、减少并发症的发生。

3. 干眼症

干眼症是一种常见眼表疾病，严重的干眼症会严重影响生活质量。随着时代的进步，人们生活质量的提高，对干眼症越来越重视。

干眼症的发生可以因为泪液产生不足，或其分布不正常。常见的原因有：①环境因素，如烟雾、粉尘、风沙等空气污染；②广泛的化学烧伤、热灼伤，眼睑瘢痕，睑裂闭合不全；③戴隐形眼镜，使眼睑与角膜接触不好；④长时间操作电脑；⑤某些药物（抗组胺药和抗胆碱药物）、眼药水、防腐剂的刺激；⑥全身免疫性结缔组织病；⑦内分泌功能紊乱（绝经期妇女）；⑧老年人泪腺萎缩等。

干眼症为慢性病，治疗较困难，应解除精神压力，树立治疗信心。寻找病因，对症处理。

4. 角膜炎

角膜病是目前我国主要致盲病之一，其中又以感染性角膜炎占主要地位。这是由于角膜暴露于外界，易受微生物、外伤及化学、物理性刺激而发炎。此外，某些全身免疫反应、中毒、营养不良、泪液分泌障碍等也可导致角膜炎。炎症造成角膜透明度及屈光状态的改变，从而影响视力。

角膜上皮的完整性是防止细菌侵入的屏障。因此，防止角膜外伤、保持眼部卫生是防止感染的关键。如在运动时，树枝或指甲等碰伤眼睛后，要及时去医院就诊，一旦疼痛、畏光流泪症状加重时，更是延误不得。如异物进入眼内，应反复眨眼，使异物被泪液冲掉。如异物存留，要去医院在无菌操作下取出，术后滴抗生素眼药水。眼科的检查和治疗用药及器械必须严格消毒，防止污染。

5. 青光眼

青光眼是由于眼内压升高而引起视神经萎缩、视野缺损，最后可以完全导致失明的严重眼病。青光眼是我国的常见病，占致盲眼病的第四位。

青光眼的预防主要是预防青光眼盲，早期发现、合理治疗是关键。提高对青光眼的认识，增强自我保健意识。当人们出现以下情况时，应及时去医院进行青光眼的全面检查，以便及早发现，及时治疗。

① 出现过性虹视、雾视现象，并伴有头痛，但不能用其他原因解释者。

② 不能解释的视疲劳及不明原因的视力下降，特别是戴眼镜或频繁换眼镜仍感不适者以及高度近视眼患者。

③ 有青光眼家族史、出现不明原因的视力下降或其他可疑症状者。

④ 一只眼已患本病，“健眼”以及视神经乳头或视野出现可疑变化者。

⑤ 眼压高于 3.2kPa（24mmHg）或 24 小时内眼压波动大于 1.06kPa（8mmHg）者。

6. 近视眼

近视眼是眼调节静止状态下外界平行光线经过眼屈光间质后集焦点于视网膜前，这种屈光状态称近视眼。我国是世界上近视眼发生率最高的国家之一，并且逐年增加，尤其在青少年中近视眼的比率随年龄的增长越来越多，近视度数也越来越高。因此，近视眼的防治已成为全社会共同关注的问题。

按照“近工作”引起近视眼的学说，近视眼是由于过度近工作所致。所谓“近工作”是指任何在 2 米距离之内所进行的工作，主要有阅读、打字、使用电脑等。为了避免“近工作”的负面影响，应该建立良好的用眼习惯。

① 保持阅读距离：把书和其他阅读材料，放在眼睛尽可能感到舒服的距离上。从肘部到指关节的距离被认为是最佳的阅读距离。每看完一段书，抬头看一下远处，让眼睛放松。

② 注意阅读姿势：不要躺在床上看书。

③ 照明要合理：做“近工作”时要保持适当的照明。必须避免不加选择地使用太阳眼镜，特别是避免在室内做“近工作”时戴太阳眼镜。

【知识链接】

佩戴隐形眼镜的注意事项

隐形眼镜是角膜接触镜，是根据人眼角膜的形态制成，直接附着在角膜的泪液层上，并能与人眼的生理相容，从而达到矫正视力的目的。戴隐形眼镜后应注意以下问题。

（1）夜晚入睡前必须摘镜。

（2）严格做好清洁、冲洗、消毒、保存、去蛋白质等各项处理，防止镜片的污染。

（3）最好每日对镜检查眼睛，发现有任何异常，包括眼红、眼分泌物多、有异物感、怕光、流泪、视物模糊等，不可勉强继续佩戴，应立即摘镜，及时到医院就诊。

（4）定期、规律地检查镜片。是否有划痕、断裂、透明度减低或有点状沉积物。根据医生建议及时更换镜片。

（5）戴镜时不可随意滴用点眼液，以及未加防腐剂的生理盐水。

（6）游泳时不可使用隐形眼镜，入浴时亦最好摘镜。

（二）鼻炎和鼻窦炎

1. 鼻炎

鼻炎是指鼻腔黏膜和黏膜下组织的炎症。

大学生常见的鼻炎类型有过敏性鼻炎、急性鼻炎、慢性单纯性鼻炎、干燥性鼻炎等，各种鼻炎的临床表现有所不同，分为：（1）过敏性鼻炎；（2）急性鼻炎；（3）慢性单纯性鼻炎；（4）干燥性鼻炎。

预防措施有以下几点。

（1）少吃辛辣、油炸类食物（如辣椒、油条、方便面等）和海产品（如鱿鱼、虾等），多吃富含维生素的蔬菜、水果（如菠菜、胡萝卜、苹果等）。

（2）平时可用热水或电吹风给鼻及额面部加温，使局部血液循环顺畅。

（3）作息时间规律，不要通宵达旦上网。

（4）坚持晨跑，以增强身体的抗病能力。

（5）积极预防和治疗感冒。

2. 鼻窦炎

鼻窦炎是鼻窦黏膜的非特异性炎症，为一种鼻科常见多发病。

感染的鼻窦区有肿胀和压痛感，鼻腔黏膜充血、红肿，黄绿色脓性分泌物增多。患者有时也可能出现全身症状，如发热、畏寒等，这些症状表明感染已扩散至鼻窦以外。

预防措施有以下几点。

（1）戒除烟酒，忌吃辛辣食物。

（2）平时注意鼻腔卫生，养成早晚洗鼻的良好卫生习惯，并经常做鼻部按摩。

（3）每日早晨可用冷水洗脸，以有效增强鼻腔黏膜的抗病能力。

（4）注意擤涕方法。鼻塞多涕者，应先按塞一侧鼻孔，稍稍用力外擤，之后交替而擤。

（5）在秋冬季或感冒流行期间，外出时应戴口罩，尽量少去公共场所。

（三）口腔卫生

口腔疾病是影响人体健康的常见病、多发病。据调查资料显示，儿童乳牙患龋率高达70%以上，人群恒牙患龋率达 50%左右，老年人全口无牙率达 10%以上，牙龈炎、牙结石检出率也较高，口腔卫生状况普遍较差。口腔卫生是健康生活的组成部分，也是社会文明的标志之一。人的一生有两副牙齿，乳牙 20 颗，恒牙 28～32 颗。

为了保持牙齿形态完整、美观及功能正常，要重视对牙齿的保护。

1. 正确刷牙

正确刷牙的原则是“三三制”，即每天刷牙三次，每次刷三分钟，刷遍牙齿的三个面。正确的刷牙方法能有效地消除牙齿及牙周组织的菌斑和软垢，可起到预防龋齿和牙周病的作用。提倡不损伤牙齿及牙周组织的竖刷法。刷上颌后牙时，将牙刷置于上颌后牙上，使刷毛与牙齿成 45° 角，然后转动刷头，由上向下刷，各部位重复刷 10 次左右，里外面刷法相同。刷下颌后牙时，将牙刷置于下颌后牙上，刷毛与牙齿仍呈 45° 角，转动刷头，由下向上刷，各部位重复 10 次左右，里外面刷法相同。上、下颌前牙唇面刷法与后牙方法相同。刷上前牙腭面和下前牙舌面时，可将刷头竖立，上牙由上向下刷，下牙由下向上刷。刷上、下牙咬合面时，将牙刷倒置于牙齿咬合面上，稍用力以水平方向来回刷。

2. 少吃含糖食物

口腔中的细菌使食物中的糖类发酵、产酸，使牙齿脱钙，逐渐形成龋齿。少吃含糖食物可减少龋病的发生。

3. 定期口腔检查

龋病的发生是一个缓慢的过程，早期无任何症状，不易引起注意，一旦出现疼痛时，牙病已到晚期，治疗也很费时。定期进行口腔检查可早期发现，早期治疗，同时可得到牙科医生的指导。养成良好的口腔卫生习惯。成人最好每年进行一次牙科检查，发现牙病及时治疗。

4. 及时修复

牙齿缺失后若长时间不装假牙，情况就会发生一系列的变化。首先，完整的牙弓遭到破坏，咀嚼受力时，牙齿之间失去了原来的那种相互依靠、相互支持的邻接关系，会发生牙移位和倾斜。其次，与缺牙相对的牙齿，为了填补空隙而不断伸长，甚至触及缺牙区牙床黏膜。此外，长时间的缺牙会使患者咬合关系紊乱，养成单侧咀爵等不良习惯，可能进一步引起颌面的一系列并发症。

第三节　常见传染病的识别与防治

传染病是由病原微生物和寄生虫感染人体后产生的具有传染性的疾病。由病原微生物和寄生虫引起的疾病都属于感染性疾病，但感染性疾病不一定都具有传染性。在感染性疾病中，具有传染性的疾病称为传染病。

大学生正处于青年时期，社会活动频繁，集体住宿，流动性较强，来自全国各地，因而接触和感染传染病的机会相对较多。因此，学习一些常见传染病的防治知识，对我们今后学习、工作中做好传染病的预防是十分必要的。

一、流行性脑膜炎

流行性脑脊髓膜炎是由飞沫经空气传播，多发病于冬、春季节，儿童发病率高于成人。临床表现为突起高热、头痛、呕吐、皮肤黏膜淤点及脑膜刺激症，脑脊液呈化脓性改变。该病的病原体为脑膜炎球菌，人是本菌的唯一宿主。带菌者及患者是本病的主要传染源。病人从潜伏期开始至发病后 10 日内具有传染性。

大学生要做好预防工作，重点从以下方面入手。

（1）早期发现：及时发现病人，并对患者实行呼吸道隔离和治疗，直至症状消失后 3 日，或不少于病后 7 日。对接触者应进行医学观察 7 日。

（2）做好疫情监测与报告：流行期间加强卫生宣传教育工作，注意勤晒衣被，保持室内空气流通，减少探亲访友，外出时可戴口罩，大流行期间尽量避免或减少集会。

（3）疫苗预防：对易感人群注射疫苗是最为有效的预防措施。需要指出的是，要针对流脑的致病型细菌注射流脑疫苗方能有效。

（4）药物预防性使用：与病人密切接触者，尤其流脑大规模流行期间，应口服药物治疗。

二、流行性感冒

流行性感冒（简称流感）是由流感病毒引起的急性呼吸道传染病。大学生应有效预防流行性感冒。保持良好的个人及环境卫生：勤洗手，打喷嚏或咳嗽时应用手帕或纸巾掩住口鼻，避免飞沫传染给他人；均衡饮食，适量运动，充足休息，避免过度疲劳；每天开窗通风数次，保持室内空气新鲜；在流感高发期，尽量不到人多拥挤、空气污浊的场所，在流感流行季节前接种流感疫苗。

三、甲型 H1N1 流感

甲型 H1N1 流感病毒是 A 型流感病毒，携带有 H1N1 亚型猪流感病毒毒株，包含有猪流感、禽流感和人流感三种流感病毒的核糖核酸基因片断，同时拥有亚洲猪流感和非洲猪流感病毒特征。预防甲型 H1N1 流感应从以下方面入手。

1. 控制传染源

开展人间和猪类流感疫情监测，一旦发现猪类或其他动物感染猪流感病毒，应按照《动物检疫法》有关规定，对疫源地进行彻底消毒，对病人及疑似病人进行隔离。

2. 切断传播途径

对发现有病猪的养殖场，曾销售病猪肉的摊档，患者所在单位、家庭等进行消毒，对病死猪等废弃物应立即就地销毁或深埋；收治病人的门诊和病房按禽流感、SARS 标准做好隔离消毒;标本按照不明原因肺炎病例要求进行运送和处理。

3. 保护健康人群

养成良好的个人卫生习惯，保证充足的睡眠，勤于锻炼，减小压力，保证足够的营养；避免接触流感样症状（发热，咳嗽，流涕等）或肺炎等呼吸道病人；注意个人卫生，经常使用肥皂和清水洗手，尤其在咳嗽或打喷嚏后；避免接触生猪或前往有猪的场所；避免前往人群拥挤的场所；咳嗽或打喷嚏时用纸巾遮住口鼻，然后将纸巾丢进垃圾桶；如在境外出现流感样症状（发热，咳嗽，流涕等），应立即就医（就医时应戴口罩），并向当地公共卫生机构和检验检疫部门说明。

4. 加强院感控制措施

对于疑似病人或确诊病人进行隔离并佩戴外科口罩；医务人员要做好个人防护，加强手卫生，使用快速手消毒剂进行手消毒；发热门诊和感染性疾病科等重点部门的医务人员应佩戴外科口罩，必要时佩戴护目镜或防护口罩；对发热门诊和感染性疾病科等重点部门应当加强室内通风。

目前只有用于猪的猪流感疫苗，还没有专门用于人类的，就目前情况看，普通的流感疫苗对预防人类猪流感没有明显效果。

四、禽流感

人感染高致病性禽流感（以下称人禽流感）是由禽甲型流感病毒某些亚型的毒株引起的急性呼吸道传染病。禽流感病毒属甲型流感病毒。高致病性禽流感可以直接感染人类，截止到 2013 年 3 月，全球共报告了人感染高致病性 H5N1 禽流感 622 例，其中死亡 371 例。病例分布于 15 个国家，其中，我国发现了 45 例，死亡 30 例。大多数感染 H5N1 禽流感病例为年轻人和儿童。

防止人感染高致病性禽流感关键要做到“四早”，即对疾病要早发现、早报告、早隔离、早治疗。

五、非典型性肺炎

传染性非典型肺炎为一种由冠状病毒（SARS-CoV）引起的急性呼吸道传染病，世界卫生组织（WHO）将其命名为严重急性呼吸综合征（Severe Acute Respiratory Syndrome，SARS）。临床特征为发热、干咳、气促，并迅速发展至呼吸窘迫、外周血白细胞计数正常或降低。2002 年 11 月，我国广东省发现不明原因的传染性疾病，并报告首例非典型肺炎。SARS 是由冠状病毒感染引起，主要通过近距离空气飞沫和密切接触传播，发病时同在呼吸道传染病容易高发的冬、春季节。在家庭和医院有明显的聚集现象。

预防措施有以下几点。

（1）培养良好的个人健康生活习惯，注意均衡饮食，定时进行运动，有足够的休息，减轻压力和避免吸烟，以增强身体的抵抗力。

（2）保持良好的个人卫生习惯，打喷嚏或咳嗽时应掩着口鼻；勤洗手，不共享毛巾及其他物品。

（3）确保室内空气流通；避免前往人烟稠密的地方；避免前往空气流通不畅的公共场所。

（4）如有不适并出现发烧、干咳、呼吸急促等症状。应尽早找医生诊治。

（5）学校要建立晨检制度，及时掌握学生健康状况。一旦发现学生、教职员工有发热、头痛、咳嗽等症状，要及时送到医院检查治疗。

六、肝炎

肝炎是由肝炎病毒所致的全身性传染病，临床上主要表现为乏力、食欲减退、厌油腻、恶心、腹胀、肝脾肿大及肝功能异常，部分病例可出现黄疸。肝炎病毒至少包括甲型（HAV）、乙型（HBV）、丙型（HCV）、丁型（HDV）和戊型（HEV）五种，随着肝炎研究的进展还可能会发现新的肝炎病毒。

预防措施有以下几点。

（1）避免与肝炎患者密切接触，避免医源性感染，保护好伤口，养成良好的卫生习惯，实行分餐制。

（2）遵守性道德、洁身自爱不搞性乱；不以任何方式吸毒；不与他人共享剃须刀、牙刷等。

（3）不接触未经严格检验的血液或血制品，注射时坚持“1 人 1 针 1 管 1 用 1 消毒”；不使用消毒不严格的医疗器具进行诊疗。

（4）普及及推广疫苗接种。甲肝疫苗接种可使接种人群的抗体产生率达 100%，这表明该疫苗具有良好的保护效果；乙肝疫苗可以成功地预防乙肝病毒的感染；丙肝至今尚无疫苗可供预防接种。所以曾接受过输血、血制品的人群也应该尽早到医院进行相关的丙肝抗体检测，及早发现，接受专业规范化治疗，就可以恢复健康生活。

七、结核病

结核病是由结核杆菌感染引起的慢性传染病。结核菌侵犯肺脏称为肺结核病。结核病又称为“痨病”和“白色瘟疫”，世界卫生组织于 1993 年宣布“全球结核病紧急状态”，确定每年 3 月 24 日为“世界防治结核病日”。患者如果不能彻底治疗就会完全丧失劳动能力，而且还会传染给他人，对个人和家庭都是极大的危害。

连续 3 周以上的咳嗽、咳痰通常是肺结核的一个首要症状，如果同时痰中带有血丝。就有极大的可能是得了肺结核病。其他常见的症状还有低烧、夜间盗汗、疲乏无力、体重减轻等。

患者应及时到结核病防治机构进行检查、治疗和管理。

预防措施有以下几点。

控制传染源、切断传播途径及增强免疫力、降低易感性，是控制结核病的基本原则。减少结核病感染和发病机会的措施有：

（1）早发现、早治疗，治愈传染源，减少结核杆菌传播的机会。

（2）养成良好的卫生习惯，不对着他人打喷嚏或大声说话。

（3）室内经常通风换气，坚持体育锻炼，保持身体健康，增强免疫力。

（4）新生儿和婴幼儿应及时接种卡介苗。新生儿一出生就应接种，如果出生时没有及时接种，在 1 岁以内一定要到当地结核病防治机构或其他的卡介苗接种站去补种。

（5）对已感染结核杆菌并有较高发病可能的人，在医生指导下给予抗结核药物来预防等。

八、艾滋病

艾滋病的医学全称为“获得性免疫缺陷综合征”（英文缩写 AIDs），是由艾滋病病毒（医学全称为“人类免疫缺陷病毒”，英文缩写 HⅣ）引起的一种慢性致死率极高的严重传染病。传播途径主要通过性传播、血液传播、母婴传播三种方式。

预防措施有以下几点。

艾滋病是一种危害大、病死率高的严重传染病，是可以预防的。洁身自爱、遵守性道德是预防经性接触感染艾滋病的根本措施。

（1）防止艾滋病病毒经性行为传播。不进行性行为或者进行安全的性行为，正确使用质量合格的安全套；及早治疗并治愈性病，杜绝不健康的性行为。

（2）避免有病毒的血液进人体内：避免不必要的注射、输血和使用血液制品；不使用别人用过的、未经消毒的注射器、拔牙工具、剃须刀、牙刷等；尽量避免输血，如果必须输血时，要使用经过检测的血液；避免直接接触他人的血液或伤口，必须接触时要戴手套或者使用其他可能的隔离用品。

（3）防止艾滋病病毒从母亲传染给她们的孩子，尽可能不生育。对感染艾滋病病毒的孕产妇及时采取抗病毒药物干预，减少生产时损伤性操作，避免母乳喂养等。

在日常生活和工作中，与艾滋病病毒感染者或病人握手、拥抱、礼节性接吻、共同进餐、共享劳动工具、办公用品、钱币等不会感染艾滋病。艾滋病也不会经马桶圈、电话机、餐饮具、卧具、游泳池或浴池等公共设施传播。咳嗽和打喷嚏不传播艾滋病。蚊虫叮咬也不会传染艾滋病。

九、狂犬病

狂犬病（又称恐水症），是由狂犬病病毒引起的以侵犯中枢神经系统为主的急性人畜共患的传染病，多见于狗、狼、猫等食肉动物。人多因被病兽咬伤而感染。一旦发病，死亡率几乎 100%。临床表现为特有的狂躁、恐惧不安、怕风恐水、流涎和咽肌痉挛，终至发生瘫痪而危及生命。

预防措施有以下几点。

（1）做好防范工作。对犬、猫等宠物应严加管理，定期进行疫苗注射；人被狂犬咬伤，应立即清洗伤口，可用 20%肥皂水、去垢剂、含胺化合物或清水充分洗涤。清洗后，尽快注射狂犬病毒免疫血清。

（2）管理传染源。捕杀所有野犬，对必须饲养的猎犬、警犬及实验用犬，应进行登记，并做好预防接种。发现病犬和病猫时立即击毙，以免伤人。咬过人的家犬、家猫应设法捕获，并隔离观察 10 天。仍存活的动物可确定为非患狂犬病者可解除隔离。对死亡动物应取其脑组织进行检查，并将其焚毁或深埋，切不可剥皮或进食。

（3）及时处理伤口。早期的伤口处理极为重要。人被咬伤后应及时以 20%的肥皂水充分地清洗伤口，并不断擦拭。伤口较深者尚需用导管伸入，以肥皂水作持续灌注清洗。如有免疫血清，作皮试阴性后，可注入伤口底部和四周，伤口不宜缝合或包扎。

（4）预防接种。接种对象为：①被狼、狐等野兽所咬者；②被发病随后死亡（包括观察期内）或下落不明的犬、猫所咬者；③为已被击毙和脑组织已腐败的动物所咬者；④皮肤伤口为狂犬唾液玷污者；⑤伤口在头、颈处，或伤口较大而深者，如咬人动物（指非流行区而言）5 日后仍安危无恙，注射即可终止；⑥医务人员的皮肤破损处为狂犬病病人玷污者等。

第四节 药物的基本知识

药物指用于防治及诊断疾病的物质，从理论上说，凡能影响机体器官生理功能及（或）细胞代谢活动的化学物质都属于药物范畴。药物规定有适应证、用法和用量，包括中药材、中药饮片、中成药、化学原料药及其制剂、抗生素、生物制品、放射药品、血清疫苗、血液制品和诊断药品等。药物可以防病治病，但大多数药品又有不同程度的不良反应，有的药品本身就是从毒物发展而来，两者只有量的差异。

一、药物的来源

药物的来源有两个：一是自然界，二是人工制备（包括仿生药物）。来自自然界的药物为天然药物，包括中药及一部分西药；来自人工制备的药物为化学药物，包括大部分西药。天然药物，特别是中药，大都已经过长期的临床使用，其疗效多已肯定，使用安全性较高，但疗效较慢；相比之下，化学药物疗效显著而且迅速，但某些品种毒副作用较大，其潜在的不安全性还需要较长期使用后才能发现。人们认为使用中药比西药的毒副作用要小，相对比较安全，这并不正确。中药中也有剧毒药，若服用不当，同样会引起严重后果。

二、处方药及非处方药

依照《中华人民共和国药品法》规定，药物分为两类，即处方药物及非处方药物。处方药物指那些考虑到医疗安全只能在医疗监护下使用的药物，必须由执业医师出具书面处方，如抗生素、精神用药、麻醉药品等。非处方药物（overthecounter，OTC）指那些不用医疗监护即具相当安全性的药物，可在无处方情况下由药店直接出售。非处方药物一般限制在一定的范围内（如感冒、咳嗽、牙痛、肌肉和关节疼痛等）应用。为进一步加强我国的药品管理，方便患者治疗，节约药品资源，降低医疗费用，并与国际药品惯例接轨，我国实行处方药及非处方药管理制度，先后颁布了国家处方药目录和非处方药目录。

三、常见的不合理用药

（一）抗生素

抗生素的不合理使用现象目前仍比较广泛而且比较严重，一般伤风感冒，有人也用抗生素，这不仅是一种浪费，而且可引起不良反应，产生耐药性，增加合并症，延长病程。因为感冒有 70%～80%由病毒引起的，而抗生素对病毒无效。

（二）解热镇痛药

由于解热镇痛药大多属非处方药，人们可以直接从药店购买，不合理使用现象比较普遍。复方阿司匹林与索密痛均含非那西丁，长期服用含非那西丁的制剂，可引起肾乳头坏死、间质性肾炎等。

（三）中药

“是药三分毒”，完全无毒性的药物是很少的，中药也不例外。如服用不当也会中毒，严重者可出现急性肾衰竭。

（四）补药

补药是一般人对维生素及其他营养物质（氨基酸、葡萄糖、微量元素等）、补血药或某些中药补益药（如人参）的俗称。人体对这些药物的需要大都有一定的限度，例如维生素，每日需要量并不大，一般从膳食中即可得到充分供应，不必再补充；只有儿童、孕妇、吸收障碍的患者才需要适当补充。成人一次服维生素 A 超过 50 万单位，就可能引起急性维生素 A 中毒。著名的滋补药人参在长期服用后，一些人会出现失眠、易激动等现象，需停药一段时间才能好转。

思考题：

1. 急性上呼吸道感染的症状及其预防措施有哪些?
2. 举例说明眼疾与用眼卫生的关系是什么?
3. 概述过敏性鼻炎症状及其治疗措施。
4. 如何进行口腔保健?
5. 概述人感染高致病性禽流感及预防措施。
6. SARS 的主要临床特点是什么?如何预防 SARS 的传播?
7. 概述艾滋病的传播方式及其预防措施。
8. 常见的不合理用药现象表现在哪些方面?

第九章

平平安安才是真——意外伤害与急救

随着经济和社会的发展，人类活动空间的拓宽，生态环境的破坏，自然灾害加剧，多种多样的灾难给人类带来很多不良后果，其中最紧迫、威胁最大的是灾难是对人的伤害。人是社会最宝贵的财富，在灾难发生时和发生后现场受灾人员的自救、互救，医务人员的现场抢救、运送伤员以及医院救治十分重要。90%在突发的自然灾害中幸免于难者，都是在最初的24小时内得救的，故称“黄金24小时”，而外来援助往往要24小时以后才能到达。

大学生在学习和生活中，有时会发生突然的疾病和意外，如各种运动创伤、车祸、溺水、烧伤、中毒、中暑以及其他急性伤害等，可能危及生命或产生严重后果。如何做好意外伤害的防治工作，提高自我保护意识和能力，做好意外伤害的现场自救、互救是非常重要和必要的，学习和掌握一些自救和互助知识，有备无患，受益终身。

第一节　生命体征观测常识

人体生命体征包括意识、呼吸、体温、脉搏、血压、瞳孔。它们是维持机体正常活动的支柱，缺一不可，不论哪项异常都会导致严重或致命的疾病，同时某些疾病也可导致这六大体征的变化或恶化。在情况复杂的现场，救护人员应首先确认并立即处理威胁生命的情况，检查病人的意识、气道、呼吸、循环及全身各局部体征情况，迅速作出整体情况判断，以便进行有序的救护。

一、意识

判断病人神志是否清醒，可呼唤、轻拍、摇动病人。

如果有睁眼或肢体活动反应，表明病人意识存在，反之则表明病人意识丧失，正陷入危重状态。病人突然倒地，呼之不应，情况多比较严重。

二、气道

保持气道通畅是呼吸的必备条件。如果病人有反应但不能说话，不能咳嗽，可能存在气道阻塞，必须立即检查和清除。

三、呼吸

正常人每分钟呼吸 12～18 次。危重病人呼吸变快、变浅，甚至不规则，呈叹息样呼吸。对检查无反应的病人，如果呼吸已停止，在保持气管通畅情况下立即实施人工呼吸。

四、循环体征

正常成人心跳每分钟 60～100 次，儿童每分钟 110～120 次。呼吸停止随之心跳停止，或者心跳停止随之呼吸停止，或者心跳呼吸几乎同时停止都是常见的。

心跳可反映在手腕部的桡动脉、颈动脉、大腿根部的股动脉。

急性心肌梗死病人、心率失常病人，以及严重创伤、大出血危及生命时，心跳或加快至每分钟 100 次以上，或减慢至每分钟 40～50 次，或不规则，忽快忽慢，均提示心脏呼救的信号。

另外，还可以通过病人体温、皮肤颜色进行检查，了解皮肤循环及氧化代谢情况，病人面色苍白或青紫，口唇、指甲发绀，皮肤湿冷等均提示情况不好。

五、瞳孔

正常情况下双眼瞳孔是等大等圆的。强光刺激迅速缩小，很快又恢复原状。

脑部受伤的人，有颅内出血、严重的药物中毒的病人，瞳孔可能缩小为针尖大小，也可能扩大到黑眼球边缘，对光线刺激无反应或反应迟钝。出现脑瘤或脑水肿时，瞳孔可有一大一小的变化。瞳孔的变化显示脑病变的严重性。

六、局部情况

完成以上评估后，对病人的头部、颈部、胸部、腹部、骨盆、脊柱、四肢等处依次进行检查，了解是否存在开放性损伤，骨折畸形、触痛、肿胀等体征，有助于对病人的病情进行判断。

第二节　常用急救方法

一、心肺复苏术

心肺复苏术 CPR 的英文全文是 Cardlo Pulmonary Resuscitation,（CPR）是一种基本的救生技巧，是指胸外心脏按压与人工呼吸的合并使用，是在患者停止呼吸甚至心跳、心脏失去功能的情况下使用的。

在日常生活中经常会遇到因各种急性中毒、溺水、触电、外伤、过敏窒息、煤气中毒等原因引起突然呼吸停止、心跳骤停的病人。一旦呼吸停止，会使病人血中氧含量顿时降低，很快使心脏及大脑等重要器官因缺氧而发生功能障碍，继而引发心跳骤停。大脑因缺血缺氧发生不可逆性损伤，最终导致病人死亡。此时如果有人掌握急救方法，在最短时间内判断出呼吸、心跳停止，并立即实施人工呼吸和胸外心脏按压，往往可以挽救病人的生命，或为争取进一步到医院治疗而赢得时间。如果不懂急救方法，而是晕头转向，手忙脚乱，或者只顾四处找医生，结果贻误了抢救时间，往往造成病人死亡。医学家们认为，非医务人员对于在进院前的心跳、呼吸骤停的病人所给予的急救措施是十分关键的一个环节，是抢救成功的有力保障。

心肺复苏术主要包括三个主要步骤，为便于记忆，按照英文字母的顺序，分为 A、B、C 三步，A（Assessment+airway）的意思是判断意识与开放气道；B（Breathing）即人工呼吸（口对口吹气）；C（Circulation）表示胸外心脏按压。

（一）判断意识与开放气道

1. 判定病人有无意识

检查负伤者或病人意识的有无，是判断生命有无危险的标志。抢救者到达现场后，必须迅速判断伤病者有无外伤和意识是否丧失。判断方法是：抢救者应轻轻摇动病人肩部或轻拍病人面部，并大声问："喂，你怎么啦?"如认识，也可直呼其名。如对轻拍、呼唤无反应，立即用手指甲掐人中穴或合谷穴约 5 秒钟，如还无反应，说明病人意识已经消失，应立即在原地进行抢救。

2. 呼救

一旦确定病人意识消失，应立即招呼周围的同学或其他人前来协助抢救。切不可丢下病人不管前去找人或打 120 电话，可大叫"来人哪!救命啊!" 打急救电话要讲清 5 个"W"——When、What、Where、Who、Why。

- When：发生的时间。
- What：发生的事件、病因。
- Where：地点——伤病员的准确位置（最好说出周围有标志性的建筑物）。
- Who：什么人昏倒？并告诉急救人的姓名和联系电话。
- Why：伤病员的主要表现和具体诱因（如不知诱因也要说明猜测的可能原因）。

3. 将病人放置于适当的体位

为实施心肺复苏术，判断复苏效果，在呼救的同时，须将病人置于复苏位（即仰卧位），如病人摔倒时面向下，在转动病人时一定要小心，防止不恰当地转动体位而进一步加重病人损伤。方法是：使病人全身成一个整体转动，即头、肩、躯干同时转动，避免扭曲，头、颈部应与躯干始终保持在同一个轴面上。如为软床，病人身下应垫一块硬板，没有硬板可直接将病人放在地板上，不要为了找硬板而延误抢救。病人如心跳呼吸未停止，只是昏迷，应将病人置于昏迷体位（侧卧，头偏向一侧，便于呕吐物排除，防止误吸）。若病人恢复体位超过 30 分钟，要把病人转到另一侧，以免造成肢体压伤。

4. 开放呼吸道（畅通呼吸道）

开放气道的方法是：让病人的头部后仰，比如，一手压额头使头部后仰，另一手放在伤者的下颌骨下方，将颏部向上抬起，达到成人头部后仰的程度。要以下颌骨与耳垂的连线同地面垂直，让咽喉部、气道等在同一水平线上，使病人的气道保持在开放位置，有助于病人自主呼吸，也便于心肺复苏术式的口对口呼吸（见图 9-1）。

如患者口鼻内有呕吐物、泥沙、血块、假牙等异物时，用纱布包住食指伸入口腔进行清除。舌后坠者用纱布或手巾包住拉出。如果病人假牙松动，应取下，以防脱落阻塞气道。要松开病人的衣领、裤带、乳罩、内衣等，以免阻碍胸廓运动。

开放气道后要立即判断是否有呼吸。方法是：先将手掌心或耳朵贴在病人的鼻腔或口腔前，体察是否有气流进出，或者用一薄纸片、棉花丝或一丝餐巾纸放在病人的鼻腔或口腔前，看看是否随呼吸来回摆动，或观察其胸部有无起伏动作，最后仔细听有无气流呼出的声音。以上方法检查，如无迹象的话，可以初步判定呼吸已经停止。判断及评价时间不得超过 10 秒钟。

（二）人工呼吸

当呼吸停止，心脏仍然跳动或刚停止跳动时，可用人工的方法使空气出入肺脏，以供组织所需要的氧气，这种方法称人工呼吸术。常用于外伤、触电、溺水、窒息、中暑或中毒等意外事故引起的呼吸骤停。

人的心脏和大脑需要不断地供给氧气。如果中断供氧 3～4 分钟就会造成不可逆性损害。所以呼吸停止，首要的抢救措施就是迅速进行人工呼吸，以保持有效通气，保证重要脏器的氧气供应。实践表明，伤病员呼吸停止后，若能及时采用人工呼吸术，往往会收到起死回生的效果。现场急救人工呼吸可采用口对口（鼻）方法。

在进行口对口人工呼吸时，要将病人仰卧平地或硬板上，两臂在身旁紧贴身躯，用手帕擦去口腔内异物。抢救者用按于病人前额手的拇指和食指夹住鼻翼，口对鼻吹气时（见图 9-2），则可将上抬下颏手掌代替中、食指，以拇指、食指封闭口唇，抢救者作深吸气后，俯身以口唇包围病人口（鼻）部，用力缓慢呼气，将气压入肺脏。吹气时应见到胸廓扩张抬起，这是有效人工呼吸的指标。每次吹气时间约 1～1.5 秒，气量 500～600 毫升为宜，开始第 1～2 次量可多些，避免快速、用力。每次吹气后，移开口唇，急救者的头稍抬起并侧转换气，松开捏鼻孔的手，让病人肺内气随胸廓回缩排尽，再重复吹气，频率每分钟 10～12 次左右，每次吹气务求用深吸气的前部分呼气，以保证最高含氧浓度。为了卫生，口对口吹气时可先垫上一层薄的织物，厚度以不妨碍气流通过为宜。

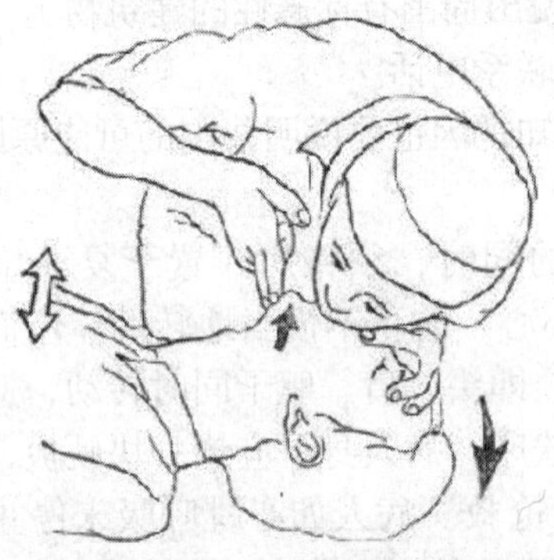

图 9-1　心肺复苏术式的口对口呼吸

图 9-2　口对鼻人工呼吸方法

口对口人工呼吸法以其优良的效果普及于世界各地，但是救助者易于疲劳是其最大的缺点，由于疲劳自身耗氧量的增加，救助者呼出气体中氧含量将逐渐降低，使急救效果难以保证，因此于长时间实施急救时，应争取有人交替操作。

（三）胸外心脏按压

胸外心脏按压是指发生心跳骤停时，通过人工的方法促使血液在血管内流动，以形成暂时的人工循环的方法。使人工呼吸后带有充足氧气的血液从肺部血管流向心脏，经动脉输送到全身，维持重要生命器官的血、氧供应。

胸外心脏按压是抢救心脏骤停的首要措施。特别是对那些原来从事正常活动，突然发生意外的循环呼吸骤停的患者，及时正确的胸外心脏按压及人工呼吸，可暂时维持有效的循环呼吸，使周身组织特别是主要器官组织免于过久缺氧，在相当长的时间内不致发生不可逆性改变。然后尽快设法建立患者的有效循环呼吸功能，纠正酸中毒，保护脑组织及主要内脏功能，如果赢得这一段时间，便有可能争取到更完善的复苏条件，显著提高病人成活的可能性。

1. 心跳呼吸骤停的判断

患者表现为神志不清、胸部起伏的呼吸运动消失，严重者出现面色苍白或青紫，口唇发绀。救助者检查时可发现病人对摇动和简单询问无反应，触摸颈总动脉搏动消失，即可明确呼吸、心跳已停止。一旦发现患者心跳停止、意识丧失、瞳孔散大、眼球固定、脸色苍白、发绀等，应立即开始心肺复苏，切记不要等待医务人员或其他人员的到来，也不要等待做什么检查，否则将丧失抢救时机。判断有无脉搏时触摸颈动脉不能用力过大，以免颈动脉受压妨碍头部供血，检查时间不可超过 10 秒钟（见图 9-3）。

2. 叩击心前区促使心脏复跳

一旦发现病人心跳骤停，立即使病人仰卧于坚硬的木板或水泥地面上，绝不可在柔软有弹性的床上进行心前区叩击和胸外心脏按压。去除其过厚的衣物，救护者右手握拳，拳心向下，快速从 20～30 厘米的高度猛击患者心前区胸骨体下 1/3 处。心前区叩击可使部分病人的心律复转，但这种方法只能由经过训练的人员实施。叩击一次后如不成功则应进行人工呼吸及胸外心脏按压。

3. 胸外心脏按压

使病人仰卧于硬木板上，救助者跪在患者身旁。首先以食指、中指并拢沿病人肋弓处由外向中间滑移，在两侧肋弓交点处寻找胸骨下切迹（剑突处），以此作为定位标志。然后将食指和中指的两指横放在胸骨下切迹上方，食指上方的胸骨正中部位即为按压区（见图 9-4）。胸外心脏按压步骤如下：用一手掌根部放在患者胸骨体的中下 1/3 交界处（剑突上 2 横指），另一手重叠于前一手的手背上，两手指缝合拢，交叠压紧，指尖朝上翘起。两肘伸直，借助抢救者的体重、肘及臂力，快速、有节奏地垂直向下按压病人胸骨，施压的力量应足以使胸骨下沉 4～5 厘米，然后迅速解除重压，使其胸骨靠弹性自行复位，如此反复进行，每分钟 100 次左右。

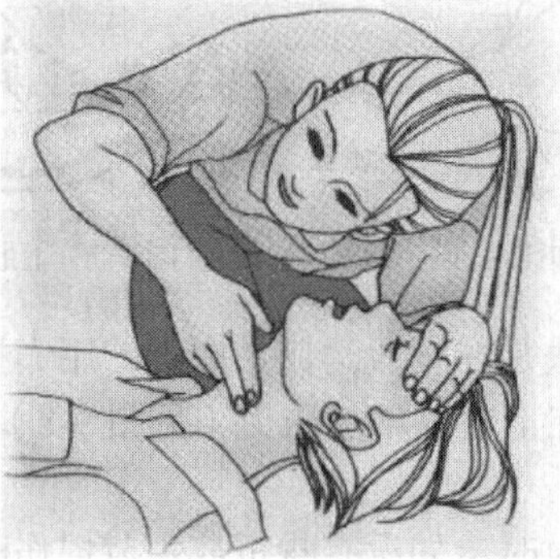

图 9-3　触摸颈的脉

图 9-4　胸外心脏按压

二、止血

（一）出血概述

严重创伤，常伴有不同程度的出血，从而造成人体失血，并给人体健康带来损害。其创伤程度决定出血速度和失血量。

（二）常用的止血方法

1. 加压包扎止血法

加压包扎止血法适用于小动脉、静脉及毛细血管出血。

用消毒过的纱布块或干净的毛巾、手帕等放置在伤口上，用绷带、三角巾或布条加压紧紧地缠绕包扎伤口（见图 9-5），即能达到止血的目的。加压包扎止血法操作时压力不可过大，但又不可过小，以能止住血而又不影响包扎肢体的血液循环为宜。

2. 间接指压止血法

间接指压止血法是一种最方便、及时的临时止血方法。

在紧急情况下，来不及用其他方法止血时，用此方法止血往往可立竿见影，非常迅速，特别是四肢大出血用此法尤为适宜。动脉出血时用手指压住血管近心端，用力把它压住在骨头上即可止血。紧急时可先隔衣压迫止血，然后再换上其他止血法，就可达到救急止血目的。不同的出血部位，压迫的方法不同。

面部出血，压迫颌外动脉。用拇指或食指在下颌角前约半寸的凹陷内，将颌外动脉压于下颌骨上，有时需要双侧同时压迫才能止血。头部出血，压迫颞动脉，方法是用拇指在耳前、颧弓上方用力压迫。用于眼睛以上部位、头顶部和额部出血（见图 9-6）。

头、颈部出血，压迫颈总动脉。常在头、颈部大出血而采取其他止血方法无效时使用。方法是在气管外侧，胸锁乳突肌前缘，将伤侧颈总动脉压于颈椎上，但禁止双侧同时压迫。

上肢（前臂或上臂）出血，一是压迫锁骨下动脉，方法是用拇指在锁骨上凹摸到动脉跳动处（见图 9-7），其余四指向下方压于第一肋骨；二是压迫肱动脉，方法是从伤员后面，用四指压迫上臂内侧动脉血管。

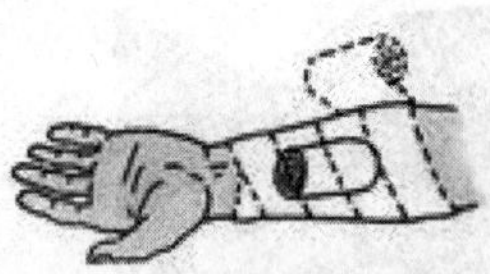

图 9-5　加压包扎止血

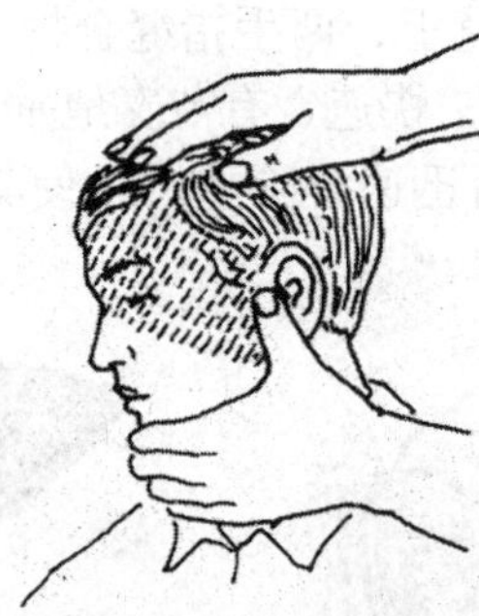

图 9-6　头部指压止血

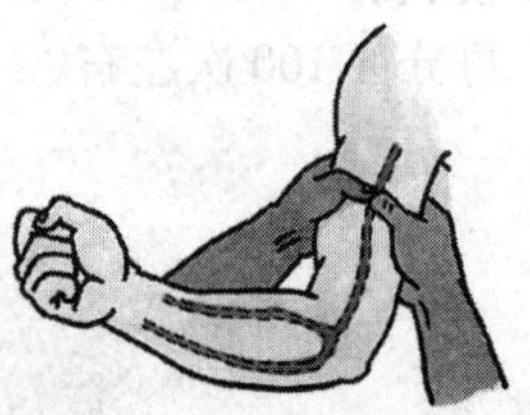

图 9-7　上肢止血

图 9-8　下肢止血

下肢出血，压迫股动脉，方法是在腹股沟韧带中点，用大拇指放在压点上用力向后压，另一手大拇指叠在上边以增加压力（见图 9-8）。

3. 加垫屈肢止血法

在四肢、膝、肘以下部位出血时，如没有骨折或关节损伤时，可将厚棉垫、泡沫或绷带卷塞在窝或肘窝部，屈腿或臂，再用三角巾、宽布条、手帕或绷带等紧紧缠住（见图 9-9）。

4. 止血带止血法

若上述方法无效，或遇到四肢大动脉出血时，可采用止血带止血。使用止血带适当，止血效果较好，往往能挽救伤员生命；但如使用不当，则可造成组织缺血坏死，甚至使伤病员失去肢体，严重者可引起急性肾功能衰竭而导致死亡。

常用的止血带有橡胶止血带、布制止血带和临时止血带等。具体方法是：在紧靠动脉出血部位的上方将伤肢扎紧，把血管压瘪而达到止血的目的。使用止血带止血时应注意：在上止血带前，局部应用毛巾、衣服等软织物加以衬垫，以免绞伤皮肤与肌肉；止血带放置部位尽量靠近伤口，一般情况下，上肢出血扎在上臂上 1/3 处（不可放在上臂下 1/3 处，以免压迫损伤桡神经）（见图 9-10）；下肢出血扎在大腿中、上 1/3 交界处。但在受伤肢体已无法挽救的情况下（须进行截肢者），则止血带应尽量扎在伤口近心端靠近伤口处。

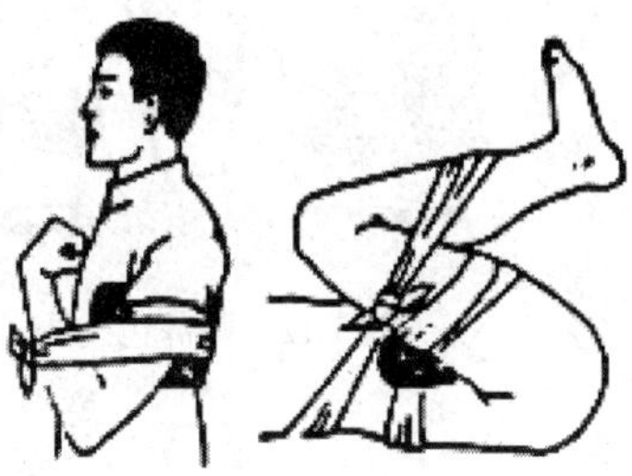

图 9-9　加垫屈肢止血法

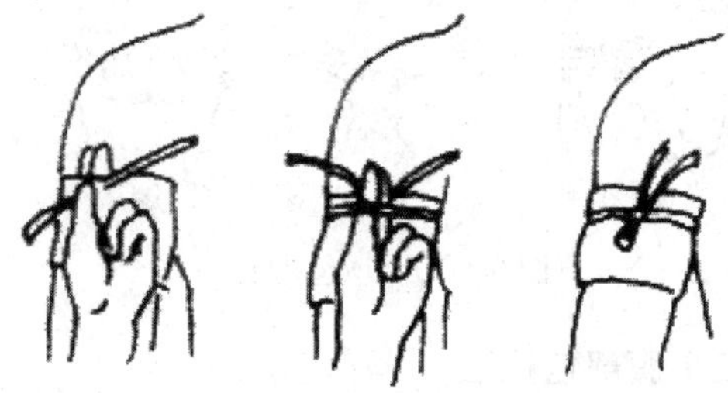

图 9-10　止血带止血

上止血带要松紧适度，以能止住出血为度，扎松了不能止血，扎得过紧则损伤皮肤与神经。上止血带过久，容易引起肢体坏死，因此，相隔半小时或一小时左右要松开一次，每次放松 2～3 分钟。但必须注意，放松止血带时要在伤口处用手指加压，以防止血带突然放松后引起猛烈出血。运送伤病员时，要有明显标志，并注明上止血带与放松止血带的时间。

三、包扎术

外伤造成的伤口，很容易被感染，不仅在局部可引起感染化脓，而且可以引起全身性感染。因此，必须及时包扎好伤口。包扎好伤口不仅可以保护伤口，避免感染，而且还可以固定敷料或药品、伤骨，并起到加压止血的作用。

包扎前，先把衣裤解开或剪开，充分暴露伤口，如需脱掉衣裤，应先脱没有伤的一侧，后脱伤侧；如果伤情严重（如大出血、骨折、大面积烧伤等）和情况紧急时，可连同衣裤一起包扎，也可在伤口相应部位把衣裤剪开一个洞，再盖上敷料进行包扎。

常用的包扎材料有绷带、三角巾和四头带等。如果没有这些材料，也可用伤员或急救者的毛巾、手帕、衣、帽等包扎伤口。总之，包扎材料应利用一切可以利用的消毒或清洁的软性材料，以达到及时包扎的目的。具体包扎方法如下：

（一）头顶包扎法

将三角巾底边折叠 2～3 厘米宽，放于前额眉上，顶角拉至后脑，左右两底角沿两耳上方往后，拉至后脑交叉，并压紧顶角然后再绕到前额打结。顶角拉紧，并向上反折，将顶角塞进两底角交叉处。此方法主要用于头部受伤，有止血、避免伤口感染的作用（见图 9-11）。

（二）胸部包扎法

一是单胸包扎法，将三角巾底边横放在胸部，顶角超过伤肩，并垂向背部，将两底角在背后打结，再将顶角带子与之相接，此法如包扎背部时在胸部打结；二是双胸包扎法，将三角巾打成燕尾状，两燕尾向上，平放于胸部，将两燕尾在颈前打结，将顶角带子拉向对侧腋下打结，此法用于背部包扎时，将两燕尾拉向颈前打结（见图 9-12）。

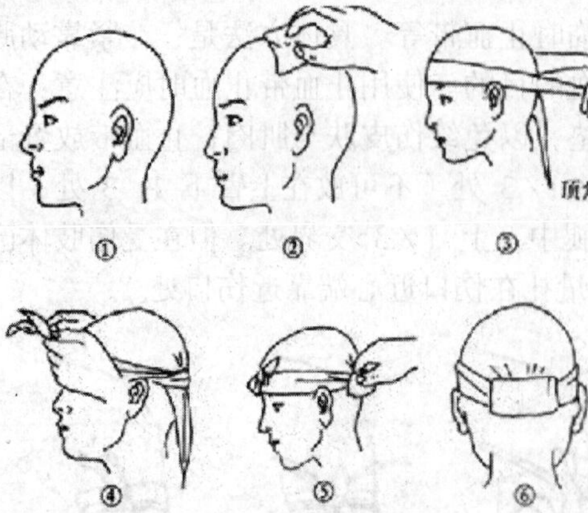

图 9-11 头顶包扎法

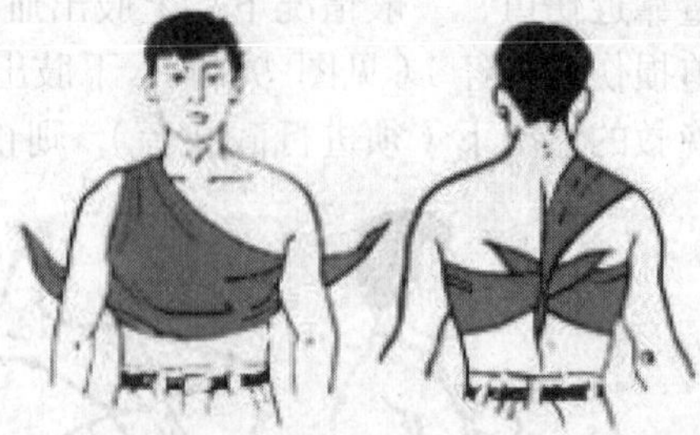

图 9-12 胸部包扎法

（三）腹部包扎法

将三角巾底边向上，放于腹部。将两底角在后腰打结，将顶角从腿间拉向后，并与上结相接。此法适用于腹部、臀部受伤的伤员（见图 9-13）。

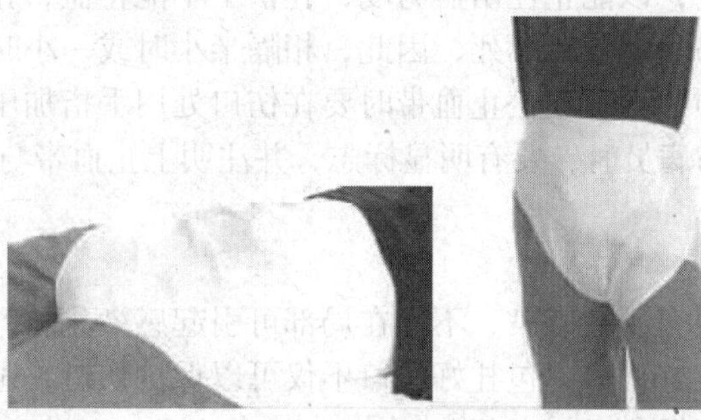

图 9-13 腹部包扎

（四）伤口包扎时要注意

包扎动作要轻柔、迅速，以免增加损伤；敷料接触伤口的一面须保持干净或尽量减少感染；用毛巾包扎时，边要固定，角要拉紧，中心伸展，敷料要贴住；包扎不可过紧，以免妨碍血液循环，也不可过松，以免搬运时滑脱。包扎四肢时，最好将指(趾)露在外边，以便随时观察血液循环的情况。

四、骨折固定

几种骨折的简易固定方法如下。

1. 前臂骨折固定法

先将木板或厚纸板用棉花垫好，放在前臂前后侧，用布带包扎，肘关节屈曲 90°，再用三角巾悬吊（见图 9-14）。

2. 腿部骨折固定法

将伤肢拉直，夹板放在内外侧，外侧夹板长度上至腋窝，下至脚跟，内侧夹板较短，放至大腿根部，关节处垫好棉花，然后用绷带或三角巾固定。如现场无夹板可用，可将伤肢与好腿并排摆正，用三角巾缠绕固定（见图 9-15）。小腿骨折固定法与大腿骨折固定类似。在没有固定材料的情况下，可将患肢固定在健肢上（见图 9-16）。

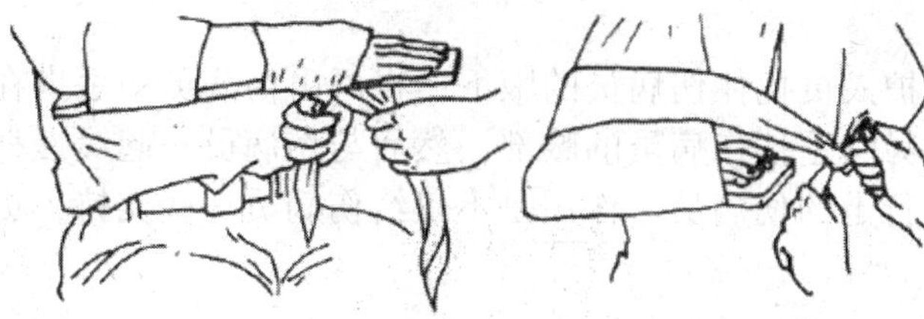

图 9-14　前臂骨折固定法

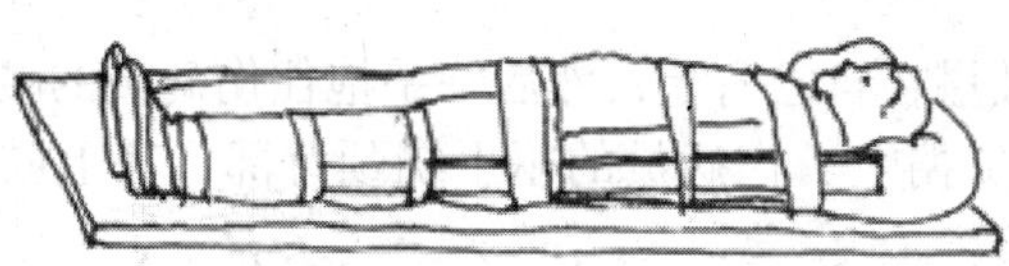

图 9-15　大腿骨折固定法

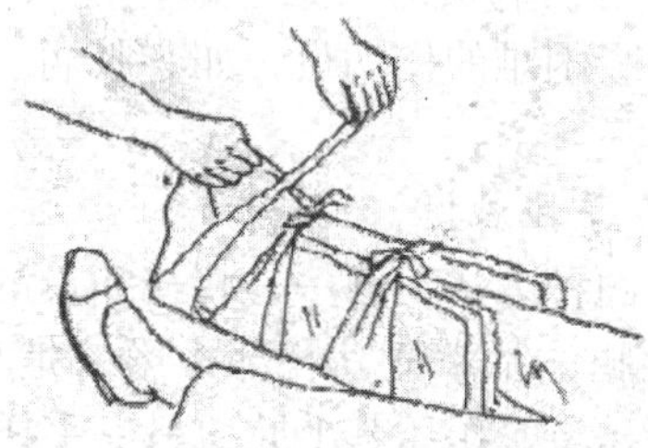

图 9-16　小腿骨折固定法

3. 脊椎骨折固定法

脊椎骨折往往病情严重，严禁不经固定而乱搬动。应在保持脊柱稳定的情况下，将病人轻巧平稳地移至硬板担架，用三角巾固定。切忌扶持伤者走动或躺在软担架上。颈椎骨折最好用颈托固定头、颈部，防止骨折移位压迫中枢神经造成终生截瘫（见图 9-17）。

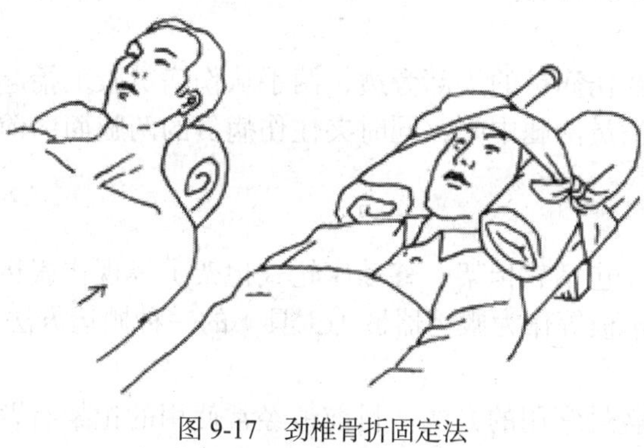

图 9-17　劲椎骨折固定法

五、搬运术

伤病员在现场进行初步急救处理后和在随后送往医院的过程中，必须经过搬运这一重要环节。规范、科学的搬运术对伤病员的抢救、治疗和预后都是至关重要的。从整个急救过程看，搬运是急救医疗不可分割的重要组成部分，仅仅将搬运视作简单的体力劳动是一种错误的观念。搬运方法有徒手搬运和器械（工具）搬运两种方法。

（一）徒手搬运

徒手搬运是指在搬运伤员的过程中凭人力和技巧，不使用任何器具的一种搬运方法。该方法常适用于狭窄的阁楼和通道等担架或其他简易搬运工具无法通过的地方。此法虽实用，但因其对搬运者来说比较劳累，有时容易给伤病员带来不利影响。

1. 搀扶

由一位或两位救护人员托住伤病员的腋下，也可由伤病员一手搭在救护人员肩上，救护人员用一手拉住，另一手扶伤病员的腰部，然后与伤病员一起缓慢移步。搀扶法适用于病情较轻、能够站立行走的伤病员。作用是不仅给伤病员一些支持，更主要能体现对伤病员的关心。

2. 背驮

救护人员先蹲下，然后将伤病员上肢拉向自己胸前，使伤病员前胸紧贴自己后背，再用双手反抱伤病员的大腿中部，使其大腿向前弯曲，然后救护人员站立后上身略向前倾斜行走。呼吸困难的伤病员，如心脏病、哮喘、急性呼吸窘迫综合征等，以及胸部创伤者不宜用此法。

3. 手托肩掮

有两种方法，第一是将伤病员的一上肢搭在自己肩上，然后一手抱住伤病员的腰，另一手起大腿，手掌托其臀部；第二是将伤病员掮上，伤病员的躯干绕颈背部，其上肢垂于胸前，搬运者一手压其上肢，另一手托其臀部。

4. 双人搭椅

由两个救护人员对立于伤病员两侧，然后两人弯腰，各以一手伸入伤病员大腿下方而相互十字交叉紧握，另一手彼此交替支持伤病员背部；或者救护人员右手紧握自己的左手手腕，左手紧握另一救护人员的右手手腕，以形成口字形。这两种不同的握手方法，都形成类似于椅状而命名。此法要点是两人的手必须握紧，移动步子必须协调一致，且伤病员的双臂都必须搭在两个救护人员的肩上。

5. 拉车式

由一个救护人员站在伤病员的头部旁边，两手从伤病员腋下抬起，将其头背抱在自己怀内，另一救护员蹲在伤病员两腿中间，同时夹住伤病员的两腿面向前，然后两人步调一致慢慢将伤病员抬起。

（二）器械搬运

器械搬运指用担架（包括软担架、移动床轮式担架）等现代搬运器械或者因陋就简利用床单、被褥、竹木椅、木板等作为搬运器械（工具）的一种搬运方法。

1. 担架搬运

担架搬运是院前急救最常用的方法。目前最经常使用的担架有普通担架和轮式担架等。床单、被褥搬运，主要是在遇有窄梯、狭道，担架或其他搬运工具难以搬运，且天气寒冷，徒手搬运会使伤病员受凉的情况下所采用的一种方法。

2. 椅子搬运

楼梯比较狭窄和陡直时，可用牢固的竹木椅作为工具搬运伤病员。一般来说，失去知觉的伤病员不宜用此法（见图 9-18）。

3. 危重伤病员的搬运

（1）脊柱、脊髓损伤：遇有脊柱、脊髓损伤或疑似损伤的伤病员，不可任意搬运或扭曲其脊柱部位。在确定性诊断治疗前，按脊柱损伤原则处理。搬运时，顺应伤病员脊柱或躯干轴线，滚身移至硬担架上，一般为仰卧位。搬运时，原则上应有 2～4 人同时进行，动作一致（见图 9-19）。切忌一人抱胸另一人搬腿的双人拉车式的搬运法，因它会造成脊柱的前屈，使脊椎骨进一步压缩而加重损伤。遇有颈椎受伤的伤病员，首先应注意不轻易改变其原有体位，应用颈托固定其颈部。如无颈托，则头部的左右两侧可用软枕衣服等物固定，然后一人托住其头部，其余人协调一致用力将伤病员平直地抬到担架上。搬运时注意用力一致，以防止因头部扭动和前屈而加重伤情。

（注：脊椎伤不能使用）

图 9-18　制作简单担架

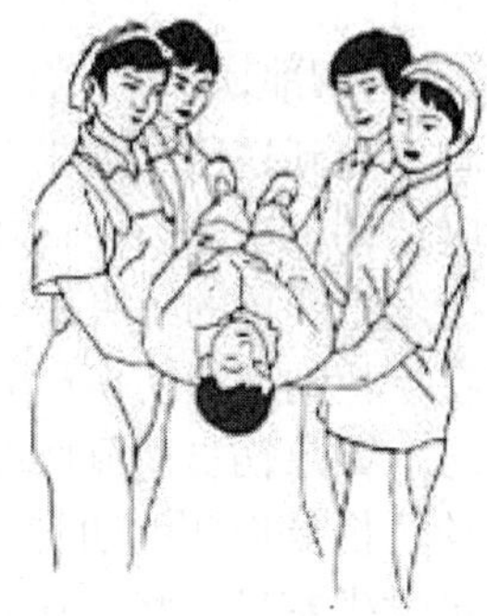

图 9-19　多人平卧托动

（2）颅脑损伤：颅脑损伤者常有脑组织暴露和呼吸道不畅等表现。搬运时应使伤病员取半仰卧位或侧卧位，易于保持呼吸道通畅；脑组织暴露者，应保护好其脑组织，并用衣物、枕头等将伤病员头部垫好，以减轻震动，注意颅脑损伤常合并颈椎损伤。

（3）胸部伤：胸部受伤者常伴有开放性血气胸，须包扎。搬运已封闭的气胸伤病员时，以坐椅式搬运为宜，伤病员取坐位或半卧位。有条件时最好使用坐式担架、折叠椅或担架调整至靠背状。

（4）腹部伤：伤病员取仰卧位，屈曲下肢，防止腹腔脏器受压而脱出。注意脱出的肠段要包扎，不要回纳，此类伤病员宜用担架或木板搬运。

（5）休克病人：病人取平卧位，不用枕头，或脚高头低位，搬运时用普通担架即可。

（6）呼吸困难病人：病人取坐位，不能背驮。用软担架（床单、被褥）搬运时注意不能使病人躯干屈曲。如有条件，最好用折叠担架（或椅）搬运。

（7）昏迷病人：昏迷病人咽喉部肌肉松弛，仰卧位易引起呼吸道阻塞，此类病人宜采用平卧头转向一侧或侧卧位。搬运时用普通担架或活动床。

第三节　常见意外创伤和事故灾害急救

一、常见意外创伤

（一）高处跌下

人从高处跌下后，由于跌下的高度、身体落地的部位及姿势的不同，症状表现各异。轻者安然无恙或只受些皮肉之苦；重者皮开肉绽、流血不止或昏迷不省人事。

当发现有人从高处跌下时，应首先仔细观察伤员的神志是否清醒，是否昏迷、休克，并尽可能了解伤员落地时身体的着地部位。根据伤员的状况，有以下几点处理方法。

（1）如果伤员是头部先着地，同时伴有呕吐、昏迷等症状，很可能是颅脑损伤，应立即迅速送医院抢救；

（2）如果发现伤员的耳朵、鼻子有血液流出，千万不可用手帕、棉花或纱布堵塞，因为这样可能造成颅内高压或诱发细菌感染，会影响伤员的生命安全。

（3）如果伤员是腰背部先着地，可能造成脊柱骨折、下肢瘫痪，这时不能随意翻动，搬动时要三人同时同一方向将伤员平直抬于木板床上，不能扭转脊柱。运送时要平稳，否则会加重伤情。

（二）胸部损伤

胸部受到挤压、撞击时，会使肋骨多处骨折。由于胸廓失去了原有的稳定性，导致正常的呼吸运动无法进行，而出现反常的呼吸运动，即呼气时胸廓扩张，吸气时胸廓反而缩小，伤员会发生严重的呼吸困难。如果胸膜、肺脏受到损伤，情况将更危险。

在抢救胸部损伤伤员时应根据伤员的状况，做如下处理。

（1）如果伤员感到呼吸困难，有可能是肋骨骨折，因此必须让伤员安静，急救者迅速用手支撑住伤员伤侧的肋骨，并协助伤员保持半坐的姿势，使整个身体略倾向受伤一侧，以避免伤员发生窒息；将一块软质护垫放在伤处，将伤员受伤侧的手臂屈曲护住护垫，利用较宽的绷带缠住胸部或用大片条状胶布像叠瓦式贴于胸部肋骨受伤处，以此来固定胸部，这样以减轻反常呼吸的发生。

（2）如果伤员有呼吸困难、咳嗽、咯血痰、口唇发紫，或者表情淡漠，这意味着病情严重，可能合并有心肺损伤，应及时将伤员送往医院抢救。

（3）在运送伤员时，要使伤员保持半卧位或头高足低位，这样会使伤员呼吸顺畅些。

（三）腹部损伤

腹部损伤可以分为两大类：一类是车撞、塌方、脚踢等钝伤；另一类是枪弹片、刀子等锐器所致的开放性损伤。由于腹壁无骨骼等保护，所以腹部损伤容易导致腹部脏器如肝脏、脾脏、胃肠等损伤及内出血，严重者会危及生命。

在抢救腹部损伤伤员时应根据伤员的情况做如下处理。

（1）注意伤员的气色、脉搏，如无腹痛现象，可先让伤员安静躺下，并将膝盖弯曲，绝对不可进食。

（2）如果伤员出现头晕、面色苍白、皮肤湿冷、呼吸微浅、脉搏快而弱，而且伤员干渴、不断地要水喝，可能是发生内出血，应及时送医院诊治。

（3）如果伤员出现呼吸、心跳停止，应采取心肺复苏术；对腹部开放性伤口，应参照“包扎术”一节的内容进行包扎处理。

（四）腰部扭伤

人们在干重活或抬重物时，如果动作不协调、姿势不正确等，往往会发生急性腰扭伤，即“闪腰”。这是由于腰部或骶髂部位的肌肉、韧带、筋膜等软组织突然受到牵拉而超过其弹性限度所致。所以，在处理急性腰扭伤时应注意以下几点。

（1）停止工作、劳动，一定要卧床休息，应仰卧于硬板床上，床上垫一厚被，腰下垫一软枕，可减轻疼痛和缓解肌肉痉挛。

（2）扭伤当天不要用热敷和推拿，以免局部血管扩张，发生渗血或加重水肿，24 小时后，局部可用热敷、推拿按摩、拔火罐等治疗，如用红花油、米酒等涂抹、按揉患处，可促进局部血液循环，调和气血。

（五）异物入眼

在日常生活中，经常会发生异物入眼的事。异物入眼后，可引起不同程度的眼内异物感、疼痛及反射性流泪，严重的会造成角膜损伤。

异物入眼后应先冷静地闭眼休息片刻，等到眼泪大量分泌，不断夺眶而出时，再慢慢地睁开眼睛眨几下，多数情况下，大量的泪水可将异物自动地冲洗出来。如果泪水不能把异物冲出，可采取以下措施。

（1）把眼轻轻闭上。准备好干净的水装在脸盆里，将头、眼浸入水内，在水中眨几下眼，这样也会把眼内异物冲出。也可请旁人将患眼翻开，用装满干净水的杯子冲洗眼睛。

（2）如果各种冲洗法均不能把异物冲出，则可请旁人或自己翻开眼皮，用棉签或干净的手帕蘸点干净的水轻轻将异物擦掉。

（3）如果异物是嵌在眼组织内，则应尽快到医院请眼科医生取出。切勿用针挑或其他不洁物挑剔，以免损伤眼组织，导致眼化脓感染。异物取出后，可适当滴入一些消炎眼药水或涂抹眼药膏，以防感染。

（六）呼吸道异物

气管和食道位于胸部，上端都与咽喉连接，通常由于有会厌等保护，吞咽时食物不会误吸入气管。但如果在进食时大笑、哭闹或讲话，常因伴有短时间吸气，食物就很容易呛入气管；昏迷或醉酒的人也可将假牙误吸入气管。此外，处于昏迷、麻醉状态下的患者也可能将呕吐物呛入气管。

食物或其他异物呛入气管后，病人可突然出现刺激性呛咳、气喘、胸闷，甚至面色青紫。此时，如果意识清醒，可以采取自救方法，即自己一手紧握拳头，拇指藏在拳内，将拳眼面紧按在肚脐上，然后用另一手握住拳头，用力向上按压，如此反复，直至异物排出。此法无论患者站、坐或躺着均可实施，也可将自己的肚脐对着椅背或台边，然后猛然向上一压，重复此动作，直至异物排出。

若患者无法自救，救护者可以从背后抱起患者，用右手握拳压在患者的上腹部(心窝部)，左手按在右拳上用力向后上方按压，紧缩动作，有节奏地一紧一松，反复进行，以促使异物排出（见图 9-20）。一些小异物，如米粒，呛入气管后经过咳嗽多能排出，咳嗽时头部适当低一些，另一人帮助拍击其背部以促使异物受震动后随气流排出（见图 9-21）。如果异物较大，不易咳出，出现面色发青时，应火速送往医院五官科。

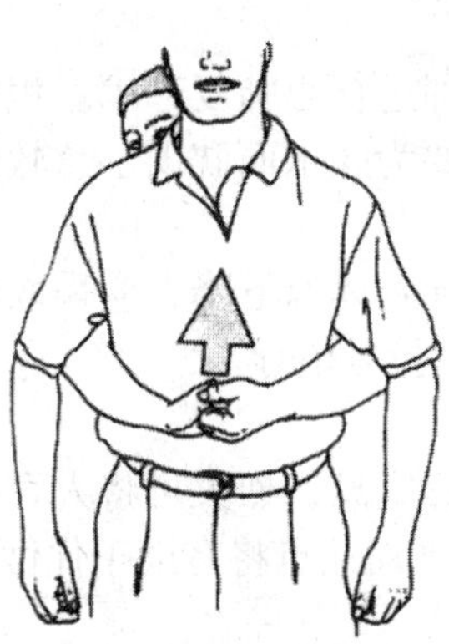

图 9-20　按压清除气管异物

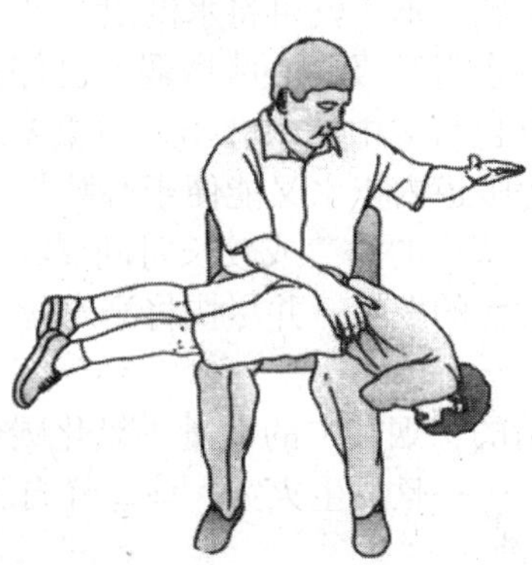

图 9-21　清除气管异物

二、意外事故灾害急救法

（一）触电

由于人体是一种导电体，当遭受强烈电流通过时，可感到局部或全身发麻、肌肉抽搐，严重者造成呼吸肌麻痹、心室纤颤及神经中枢麻痹，导致呼吸、心跳停止，因此必须争分夺秒地进行抢救。

抢救者应立即关闭电源开关或拔掉电源插头，若一时拉不开电源开关的，就立刻用带绝缘的钳子、刀斧等刃具将电线截断，同时要注意割断后的带电导线不要再触到旁人身上。

如果触电人自己还有知觉，应奋力跳起来，离开地面，因为手脚脱离了带电导体和地面，流经人体的电流因失去通路而消失，于是就自行摆脱了危险。

若触电者是被漏电电线或被刮断、割断的电线击倒，抢救者可用木棍、竹竿或带木柄的铁器将电线挑开，或手戴绝缘橡皮手套，站在木板（凳）上将触电者拖开。

如果触电者脱离电源后，自己还能呼吸，但因触电时间较长，或曾经一度昏厥，可将其抬到温暖的地方安静地卧着，并速请医生诊治或送往医院诊治。

若触电者呼吸、心跳微弱而不规则甚至停止，在脱离电源后应立即进行口对口人工呼吸、胸外心脏按压等心肺复苏抢救。

（二）溺水

溺水者往往惊慌失措，拼命抓住够得着的一切东西，包括拯救者。因此，只要有其他办法，尽量不要下水去救。例如将长竹竿递给溺水者，或向水中抛投木板、竹竿等救护器材，让溺水者抓住这些器具游上岸（船）；或从船上拉起溺水者。

把溺水者救上岸后，切不可急于送医院，若抢救不及时，溺水者 4～6 分钟内就可能死亡。在现场可采取如下几种急救措施。

（1）用手帕等物品包住手指，清除溺水者口、鼻腔内的污泥、杂物、杂草，脱下假牙，把舌头拉出口外，解开其衣服领口，以保持呼吸道畅通。

（2）迅速进行控水。控水的方法有多种，如在斜坡地，可把溺水者放到坡地上，使其头向低处仰卧，压其背部，将水控出。如无斜坡，救护者可一腿跪地，另一腿屈膝，将溺水者的腹部横置于屈膝的大腿上，使其头部下垂，按压其背部，把呼吸道及胃中的水从口中倾倒出来，以保持呼吸道通畅。

（3）如果溺水者肺、胃内的水，在躺或俯卧时难以倒出，可将其双脚朝天提起，使其肩部、头部、双下肢下垂，就可将水倒出。

（4）如果溺水者呼吸、心跳微弱或已停止，应立即进行心肺复苏术。积极抢救，抓紧时间进行心肺复苏比将胃中的水吐出来更重要，因此不要为吐水而耽误了急救的时间。总之，以既能倾倒出呼吸道内积水又能便于心肺复苏为最好方式。

（5）如果在寒冷的季节或较长时间浸在水中，而导致体温下降，应采取措施，给身体保温，以减少并发症的发生，并尽快将溺水者送医院继续抢救治疗。

（三）火灾

大火是无情的，烟雾中的大量一氧化碳会令人中毒窒息，烈火可将人吞没，跳楼逃生又可能摔伤致死……一旦发生火灾，该怎样自救逃生呢?下面几点将有助于你做出正确抉择。

- 沉着冷静
- 设法脱离险境
- 注意烟雾毒气

- 辨明逃生方向
- 绝对不能跳楼
- 不可用电梯
- 不要盲目开窗开门
- 防止引火烧身
- 寻求外援帮助

（四）地震

地震发生时若在平房住宅里，应迅速钻到桌子下、床下或墙根下（勿靠近窗户）；如果房屋、围墙、门垛不高而院子又比较宽敞，那么也可头顶被褥、枕头或安全帽，到院子中心躲避。

如果你正在楼房中，就不要盲目逃离，最好躲避在离建筑物中心最近的墙根下，或空间较小、支撑牢固的房间内（如厨房或卫生间等），这些房间空间小，顶板与四面墙体咬结比较紧密，而且上下水管、暖气管道也能起一定的支撑和拉扯阻挡的作用。也可以钻到书桌或床底下，降低重心，伏而待定。在大地抖动一阵之后的短暂平息中，要迅速拉断电闸、浇灭炉火、关闭煤气液化气阀门，然后带上震前准备好的提袋、提箱（可用袋箱护住头部），按震前选定的疏散路线（或当机立断）向安全区转移。楼房居民下楼时切记不要乘电梯。

如果地震时在公共场所（如舞厅、商场、展览厅等），若距离大门口较近，可迅速离开房屋，到空旷处躲避。若距离大门口较远就不要挤到门口人堆里，以免被拥挤的人群挤伤踩伤；可以先躲到适合的地方，如椅子下、桌下、橱柜下，等人群疏散后再离开。

（五）车祸

交通事故造成的伤害大体可分为减速伤、撞击伤、碾挫伤、压榨伤及跌打伤等，以减速伤和撞击伤为最多见。减速伤是由于突然强大而紧急的刹车或两车相撞，强大的减速所致的损伤；撞击伤多由机动车直按撞击伤员所致，由于车速快，一旦被撞击伤势多很严重；碾挫伤及压榨伤多由车辆碾压挫伤，或被变形车厢、车身、驾驶室挤压而致伤。

乘车时，若在发生事故前的瞬间能发现险情，应迅速握紧前面的扶手、椅背，同对两腿微弯，用力向前蹬地，这样，当撞击发生的一瞬间，即使身体有被碰撞的可能，只要双手用力向前推，撞击力消耗在手腕和腿弯之间，能缓解身体前冲的速度，从而减轻受伤害的程度。

如果车祸意外发生得十分突然，来不及做缓冲动作时，就应迅速抱住头部并缩身成球形，这样可以减少头部、胸部受到撞击；如果你乘的车不幸翻倒或翻滚，那么要切记：不要死抓住某个部位，只有抱头缩身才是上策。

思考题：

1. 生命体征包括哪几方面？如何观测？
2. 如何判断呼吸和心跳骤停？
3. 判断心跳骤停的指征有哪些？抢救方法有几种？
4. 简述常用的指压止血的部位、方法。
5. 试述止血带止血的操作要点。
6. 试述现场骨折固定的原则。
7. 当触电或溺水等意外事故发生时，如何进行自救或互救？
8. 当你遇到火灾、地震、水灾等灾害时，怎样才能安全逃生？
9. 煤气中毒有哪些症状？如何进行抢救？
10. 酒精中毒有哪些症状？怎样进行处理？

第十章

我的人生我做主——大学生职业生涯规划

校园生活是短暂的，职业生活则占用人们生命中半数的时间。职业，代表的是一个人社会化过程中承担的社会角色。在中国，大学生是一个特殊的群体，他们从小学、中学一路走来，即使全社会都高喊着“素质教育”，他们依然承受着分数的压力，默默走着流水线似的成才之路。跨入大学校门时，他们开始思考如何将十年寒窗所学转化为未来的求生之本，同时有着诸如“什么专业以后就业更有前途”“什么专业自己更感兴趣”之类的困惑，职业生涯规划显得迫在眉睫。

第一节　职业生涯规划概述

一、职业

百度百科中对于职业是这么解释的：“职业是人们在社会中所从事的作为谋生手段的工作；从社会角度看职业是劳动者获得的社会角色，劳动者为社会承担一定的义务和责任，并获得相应的报酬；从国民经济活动所需要的人力资源角度来看，职业是指不同性质、不同内容、不同形式、不同操作的专门劳动岗位。”美国学者泰勒认为：“职业是与特殊经验有关的且成为模式的人群关系。”在著名教育学家杜威看来，职业就是一种人们可以从中获取所需利益的生活活动。

二、职业生涯

（一）生涯与职业生涯

生涯，主要指一个人的一生。人的一生是不断发展、不断依靠外来和内在的动力来不断成长的。因此，生涯是一个动态、向前的充满生机和动力的过程，是一个社会人特定的人生经历，在此过程中扮演的各种各样的角色。

Career/vocation/occupation，起初是通用的，且界定往往限制在职业工作上。后来，研究者对生涯概念的理解不断扩展和丰富，将时间概念和生活概念纳入生涯界定之中，如舒伯（Super）提出："它是生活里各种事件的连续演进的方向和历程，它统合了人一生中依序发展的各种职业和生活的角色，由此表现出个人独特的自我发展形态；它也是人生自青春期到退休以后，一连串有酬或无酬职位的综合，除了职业之外，还包括任何与工作有关的角色，甚至包括副业、家庭、公民的角色。"这一界定使得人们对生涯的理解进一步扩大，即包括职业前和职业后的活动，也包括其他生活角色。

现在普遍认为"生涯"的概念存在两种意义：一是广义上的生涯，是指社会个体在其整个生命活动的时空中所经历的以接受教育（培训）与职业转换为主轴的一切活动的总和；二是狭义上的生涯，既可以指社会个体在其某一段生命活动的时空里所经历的以教育（培训）与职业转换为主轴的一切活动的总和，也可以指社会个体在其某一生命活动的时空里所经历的以非教育（培训）与职业转换为主轴的一切活动的总和，但核心问题归结为职业问题，比如选择职业角色的标准何在、如何扮演好所选择的角色等。这里的"生涯"等于职业生涯的概念。

美国职业生涯管理专家施恩将职业生涯分为内职业生涯和外职业生涯。内职业生涯主要指依靠自身内在素质和职业技能获取的个人能力、社会地位及荣誉的综合；外职业生涯，则是各种外部环境因素——薪资、工作环境、工作岗位设置、就职内容等。由此可见，职业生涯是内外结合的，外职业生涯是客观因素，内职业生涯是主观因素。

（二）职业生涯发展阶段

美国职业生涯管理专家萨帕认为生涯由时间、广度、深度三个方面构成，提出五阶段职业生涯发展理论。

第一阶段是成长阶段（出生～14岁）：以幻想、兴趣为中心，对自己所理解的职业进行选择与评价。

第二阶段是探索阶段（15～24岁）：主要通过文化基础知识和专业知识、专业技能的学习以及一些社会实践活动的磨砺，评估确定职业目标、职业期望，并进行初步的职业尝试。

第三阶段是建立阶段（25～44岁）：对选定的职业进行满意或不满意的评价、变换，到逐步稳定。

第四阶段是维持阶段（45～64岁）：在工作中已经取得了一定的成绩，获得了一定的社会地位，维持现状，提升社会地位。

第五阶段是衰退阶段（65岁以上）：部分或全部退出职业角色，转换轻松、能维持生命活力的新角色。

三、职业生涯规划

（一）职业生涯规划的含义

职业生涯规划简称生涯规划，又叫职业生涯设计，是对职业发展的一种预期，指组织与个人配合对影响一个人职业生涯的主客观因素进行测定、分析、总结，综合分析与权衡个人的兴趣、爱好、能力、特点等，在社会形势下根据个人的职业倾向制定合适的职业目标，并为实现该目标进行合理的计划安排。

高校中职业生涯规划的主体是大学生，大学生是一个特殊的群体，具有高素质、宽见识、年轻化、高期望值以及心智逐渐成熟的特点，成功的职业生涯规划对于大学生的全面发展、职业选择和价值实现等方面具有重要的现实意义。

(二)大学生职业生涯规划的意义

大学生正处于职业探索和职业准备阶段，具有很强的可塑性。科学的职业生涯规划能帮助大学生正确进行自我评估和职业评估，明确职业目标，促进全面提高自己，实现动态持续的"人—职"匹配，成功就业以及确定一生的发展方向。

1. 有助于大学生明确大学阶段的发展方向和目标

在传统观念的影响之下，初等教育和中等教育都是在高考指挥棒的指引下进行的，无论是社会、学校还是家庭乃至学生本人目标都很明确，一切为了上大学而努力。学生进入大学后，认为自己升大学的目标终于实现了，不同程度地产生松口气的想法，对学习的要求放松，发展的方向和目标也显得有些模糊。在这种情况下，通过职业生涯规划，使大学生明白在每个阶段每个年级应该学习什么以及怎样努力，制定较为清晰的发展目标，促进大学生健康成长。

2. 有助于克服大学生择业过程中的一些误区

现在每年都有相当一部分大学生不能及时正常就业，在一定程度上与大学生在择业的过程中存在的误区有关系。如：有的大学生片面追求高工资、高待遇，忽视专业能力水平和专业需求，忽视单位发展潜力和个体发展前景；有的大学生一心向往大城市、发达城市、东部和沿海地区，不愿意到中小城市、发展中城市和中西部地区工作；有的大学生对自己的兴趣、爱好等各个方面缺少充分了解和掌握，在临近就业时无所适从，不知道自己到底应该干什么。这些误区，都对大学生的就业产生了不利的影响。通过职业生涯规划，大学生能够正确认识自身的特性和潜在优势，对自己的价值进行全面的定位，从而避免在择业过程中出现的各种高不成低不就，最后只好盲目就业甚至不能及时正常就业的现象。

3. 有助于大学生发掘潜能，提升自身竞争力

通过职业生涯规划，大学生可以在了解和认识自己之后，学会如何运用科学的方法采取可行的步骤与措施，参加各种相关的培训、学习和实践，培养和锻炼自己的能力，充分发挥个人的长处，努力克服弱点，激发自我潜能、自我塑造意识，提升就业竞争力。

【知识链接】

哈佛大学25年跟踪调查

哈佛大学有一个非常著名的关于目标对人生影响的跟踪调查。对象是一群智力、学历、环境等条件都差不多的年轻人，25年后再来看当初被调查的人，出现以下结果：

有清晰且长远目标的人：25年来几乎都不曾更改过自己的人生目标。他们都朝着同一个方向不懈地努力，现在，他们几乎都成了社会各界的顶尖成功人士，他们当中不乏白手创业者、行业领袖、社会精英。

有清晰但短期目标的人：大都生活在社会的中上层。他们的共同特点是，那些短期目标不断被达成，生活状态稳步上升，成为各行各业的不可或缺的专业人士。如医生、律师、工程师、高级主管等。

有较模糊目标的人：几乎都生活在社会的中下层面，他们能安稳地生活与工作，但都没有什么特别的成绩。

无目标的人：几乎都生活在社会的最底层，他们的生活都过得很不如意，常常失业。靠社会救济，并且常常都在抱怨他人，抱怨社会，抱怨世界。

第二节　大学生职业生涯规划

一、大学生职业生涯规划的特点

个人的职业生涯规划，应该根据规划时所处的阶段、职业发展现状而进行。大学生正处于职业的学习、准备和起步阶段，其职业生涯规划有着鲜明的年龄特点和阶段特点。

（一）个性化

每个人的生涯发展是独一无二的，职业生涯也是独一无二的。这是由于每个人的个性特点、兴趣爱好和特长、专业素养和知识结构等有所不同造成的。职业生涯规划针对的是个人，大学生在进行职业生涯设计时应根据自身不同的兴趣、能力、自身所处的阶段等制定不同的设计方案，从而使职业定位准确、设计方案科学。

（二）连续性

职业生涯规划是一项连续而系统的工作，从广义而言，职业生涯贯穿人的一生，在个体走上工作岗位之前的所有阶段都是个体为职业做准备的时期，而大学期间进入一个专业学习阶段，尤其显出其职业预备期的特点。因此，大学生职业生涯规划不仅仅是大四阶段的工作与任务，还应该贯穿大学四年，分阶段、分任务逐步做好大学生的职业生涯规划指导。

（三）预期性

职业生涯规划体现了个人对未来职业发展的一种心理预期。大学生在自我定位和选择职业生涯发展道路之前，必须知道即将要走的职业生涯道路的各种可能性，知晓未来的职业世界。只有这样，才能在自我认识的基础上做好自我定位并选择好一条适合自身特点的职业生涯发展道路。

（四）系统性

职业生涯规划是帮助大学生回答“我是谁？”“我要到哪里去？”“我怎样到达那里？”三个问题。解答这三个问题要涉及学校各职能部门和教学环节，是一项系统性工作。职业生涯教育主张通过社会、学校的共同努力，帮助个人建立切合实际的自我评估，并借助职业生涯选择、职业生涯规划以及职业生涯目标的追寻实现与个人才能相适应的职业生涯目标。因此，做好大学生职业生涯规划需要整合学校各方面的力量，利用各方面的资源。

（五）目标性

职业生涯规划是通过设计目标、确定路径、个体有计划分阶段实现目标的过程。职业生涯目标的设定，是职业生涯的核心。职业生涯目标一旦确立，所有的路径和手段都会指向这个目标，成为大学生追求成功的推动力，个体也会努力排除干扰、集中精力，为实现目标而奋斗。

二、大学生职业生涯规划的步骤

要做好职业生涯规划就必须按照职业生涯设计的流程，认真做好每个环节。职业生涯规划的具体步骤主要有以下几个方面：

（一）自我评估

一个有效的职业生涯规划是在充分且正确认识自身条件与相关环境的基础上进行的。自我评估是通过自我分析，审视自己、认识自己、了解自己，包括自己的兴趣、特长、性格、学识、技能、智商、情商、思维方式、道德水准以及组织管理、协调、活动能力等内容。根据家长、老师和同学的评价，借助于职业兴趣测验和性格测验，分析自己想干什么、能干什么、应该干什么。

（二）职业环境评估

职业生涯规划还需要分析环境因素对自己职业生涯发展的影响。环境为每个人提供了活动的空间、发展的条件，个人如果能很好地利用外部环境，就会有助于事业的成功，否则就会寸步难行、事倍功半。因此，在制定个人的职业生涯规划时，要分析环境的发展变化情况、个人与环境的关系、环境中的优势和限制，使职业生涯规划具有实际意义，实现个人的人生价值。

（三）职业定位

在自我评估、职业环境评估的基础上对自己的职业或目标职业进行定位，职业定位过程中要考虑性格与职业的匹配、兴趣与职业的匹配、能力与职业的匹配、专业与职业的匹配等。职业定位应依据客观现实，学会比较鉴别职业的条件与自身条件的匹配情况，扬长避短，不追求十全十美的职业，并根据情况的变化及时调整自己的择业目标，不固执己见。

（四）确立职业生涯目标

研究表明，一个人事业的成功与否很大程度上取决于有无适当的目标。制定职业生涯规划，就是为了实现职业生涯目标，获得自己理想的生活，所以从这个角度讲，确立目标是职业生涯规划的关键。一般我们先确立长期目标，再通过目标分解的方式分化成符合现实需要的中期、短期目标，然后实施目标，逐步调整和修正目标。

（五）实施方案

制定和落实实现职业生涯目标的行动方案，主要围绕之前制定的职业生涯目标，与自身条件比较，寻找其中的差距，制定行动方案并严格执行。制定行动方案要具有可操作性和针对性，多听取他人意见，尤其是老师的建议。行动方案应和职业生涯目标放在一起，经常对照落实情况，促进实施的有效性。

（六）评估与反馈

制定职业生涯规划时，由于对自身及外界的环境都不十分了解，最初确定的职业生涯目标往往是模糊的，有时甚至是错误的。所以在实施的过程中，要自觉总结经验教训，不断对生涯规划进行评估与反馈，及时纠正偏差和找出相应对策。反馈调整的内容包括：职业的重新选择、生涯路线的选择、人生目标的修正、实施措施与计划的变更等。

三、大学生职业生涯规划设计书

大学生职业生涯规划的目的不只是协助个人按照自己的资历、条件找一份工作，实现个人目标，更重要的是帮助个人真正了解自己，为自己订立职业规划，确立一生的方向。

大学生职业生涯规划设计书模板

1. 自我认知

兴趣爱好

性格特征

技能特点

职业价值观

自我认知小结

2. 环境认知

家庭环境

学校环境

社会环境

职业环境

环境认知小结

3. 职业认知

职业优劣势分析

职业测评分析

职业认知小结

4. 职业生涯规划设计

职业生涯规划表

备选方案

【知识链接】

霍兰德职业兴趣倾向测验（测试题）

第一部分　您所感兴趣的活动

下面列举了若干种活动，请就这些活动判断你的好恶。喜欢的计 1 分，不喜欢的不计分。

R：	A：
1. 装配修理电器或玩具	1. 素描/制图或绘画
2. 修理自行车	2. 参加话剧/戏剧
3. 用木头做东西	3. 设计家具/布置室内
4. 开汽车或摩托车	4. 练习乐器/参加乐队
5. 用机器做东西	5. 欣赏音乐或戏剧
6. 参加木工技术学习班	6. 看小说/读剧本
7. 参加制图描图学习班	7. 从事摄影创作
8. 驾驶卡车或拖拉机	8. 写诗或吟诗
9. 参加机械和电气学习班	9. 进艺术（美术/音乐）培训班
10. 装配修理机器	10. 练习书法
I：	**S：**
1. 读科技图书或杂志	1. 参加单位组织的正式活动
2. 在实验室工作	2. 参加某个社会团体或俱乐部的活动
3. 改良水果品种，培育新的水果	3. 帮助别人解决困难
4. 调查了解土和金属等物质的成分	4. 照顾儿童
5. 研究自己选择的特殊问题	5. 出席晚会、联欢会、茶话会
6. 解算术或数学游戏	6. 和大家一起出去郊游
7. 物理课	7. 想获得关于心理方面的知识
8. 化学课	8. 参加讲座或辩论会
9. 几何课	9. 观看或参加体育比赛和运动会
10. 生物课	10. 结交新朋友

续表

E:	C:
1. 鼓动他人	1. 整理好桌面与房间
2. 卖东西	2. 抄写文件和信件
3. 谈论政治	3. 为领导写报告或公务信函
4. 制订计划、参加会议	4. 检查个人收支情况
5. 以自己的意志影响别人的行为	5. 打字培训班
6. 在社会团体中担任职务	6. 参加算盘、文秘等实务培训
7. 检查与评价别人的工作	7. 参加商业会计培训班
8. 结交名流	8. 参加情报处理培训班
9. 指导有某种目标的团体	9. 整理信件、报告、记录等
10. 参与政治活动	10. 写商业贸易信

第二部分　您所擅长获胜的活动

下面列举若干种活动，请选择你能做或大概能做的事计 1 分；从没做过或不擅长做的不计分。

R:	A:
1. 能使用电锯、电钻和锉刀等木工工具	1. 能演奏乐器
2. 知道万用电表的使用方法	2. 能参加二部或四部合唱
3. 能够修理自行车或其他机械	3. 独唱或独奏
4. 能够使用电钻、磨床或缝纫机	4. 扮演剧中角色
5. 能给家具和木制品刷漆	5. 能创作简单的乐曲
6. 能看建筑设计图	6. 会跳舞
7. 能够修理简单的电气用品	7. 能绘画、素描或书法
8. 能修理家具	8. 能雕刻、剪纸或泥塑
9. 能修理收录机	9. 能设计板报、服装或家具
10. 能简单地修理水管	10. 能写一手好文章
I:	S:
1. 懂得真空管或晶体管的作用	1. 有向各种人说明解释的能力
2. 能够列举三种蛋白质多的食品	2. 常参加社会福利活动
3. 理解铀的裂变	3. 能和大家一起友好相处地工作
4. 能用计算尺、计算器、对数表	4. 善于与年长者相处
5. 会使用显微镜	5. 会邀请人、招待人
6. 能找到三个星座	6. 能简单易懂地教育儿童
7. 能独立进行调查研究	7. 能安排会议等活动顺序
8. 能解释简单的化学	8. 善于体察人心和帮助他人
9. 能理解人造卫星为什么不落地	9. 帮助护理病人和伤员
10. 经常参加学术会议	10. 安排社团组织的各种事务

续表

E:	C:
1. 担任过学生干部并且干得不错	1. 会熟练地打印中文
2. 工作上能指导和监督他人	2. 会用外文打字机或复印机
3. 做事充满活力和热情	3. 能快速记笔记和抄写文章
4. 有效利用自身的做法调动他人	4. 善于整理保管文件和资料
5. 销售能力强	5. 善于从事事务性的工作
6. 曾作为俱乐部或社团的负责人	6. 会用算盘
7. 向领导提出建议或反映意见	7. 能在短时间内分类和处理大量文件
8. 有开创事业的能力	8. 能使用计算机
9. . 知道怎样做成为一个优秀的领导者	9. 能搜集数据
10. 健谈善辩	10. 善于为自己或集体做财务预算

第三部分 你所喜欢的职业

下面列举了多种职业，选择你有兴趣的工作计 1 分，不太喜欢或不关心的工作不计分。

R:	S:
1. 飞机机械师	1. 街道、工会或妇联干部
2. 野生动物专家	2. 小学、中学教师
3. 汽车维修工	3. 精神病医生
4. 木匠	4. 婚姻介绍所工作人员
5. 测量工程师	5. 体育教练
6. 无线电报务员	6. 福利机构负责人
7. 园艺师	7. 心理咨询员
8. 长途公共汽车司机	8. 共青团干部
9. 电工	9. 导游
10. 火车司机	10. 国家机关工作人员
I:	**E:**
1. 气象学或天文学者	1. 厂长
2. 生物学者	2. 电视片编制人
3. 医学实验室的技术人员	3. 公司经理
4. 人类学者	4. 销售员
5. 动物学者	5. 不动产推销员
6. 化学家	6. 广告部长
7. 教学者	7. 体育活动主办者
8. 科学杂志的编辑或作家	8. 销售部长
9. 地质学者	9. 个体工商业者
10. 物理学者	10. 企业管理咨询人员

续表

A:	C:
1. 乐队指挥	1. 会计师
2. 演奏家	2. 银行出纳员
3. 作家	3. 税收管理员
4. 摄影家	4. 计算机操作员
5. 记者	5. 簿记人员
6. 画家、书法家	6. 成本核算员
7. 歌唱家	7. 文书档案管理员
8. 作曲家	8. 打字员
9. 电影、电视演员	9. 法庭书记员
10. 电视节目主持人	10. 人口普查登记员

第四部分　您的能力类型简评

下面两张表是您在 6 个职业能力方面的自我评定表。您可先与同龄人比较出自己在每一方面的能力，然后斟酌后对自己的能力作评估。请在表中适当的数字上画圈，数值越大表明您的能力越强。

注意：请勿与他人画同样的数字，因为人的每项能力是不会完全一样的。

R 型	I 型	A 型	S 型	E 型	C 型
机械操作能力	科学研究能力	艺术创作能力	解释表达能力	商业洽谈能力	事务执行能力
7	7	7	7	7	7
6	6	6	6	6	6
5	5	5	5	5	5
4	4	4	4	4	4
3	3	3	3	3	3
2	2	2	2	2	2
1	1	1	1	1	1
R 型	I 型	A 型	S 型	E 型	C 型
体育技能	数学技能	音乐技能	交际技能	领导技能	办公技能
7	7	7	7	7	7
6	6	6	6	6	6
5	5	5	5	5	5
4	4	4	4	4	4
3	3	3	3	3	3
2	2	2	2	2	2
1	1	1	1	1	1

第五部分　统计与解答

请将第二部分至第五部分的全部测验分数按前面已统计好的 6 种职业倾向（R 型、I

型、A 型、S 型、E 型和 C 型）得分填入下表，并作纵向累加。

测试内容		R 型	I 型	A 型	S 型	E 型	C 型
第一部分	感兴趣的						
第二部分	擅长的						
第三部分	喜欢的						
第四部分	能力简评						
总分							

得分说明：

1. 您在六项职业类型中得分越高的，表明您越适合从事该职业环境的相关工作。反之，您在相关类型的得分越低，表明您越不适合从事该职业环境中的工作。如果您有两种（或以上）的职业类型的得分相同，表明那两种（或以上）职业类型都比较适合您。

2. 您在六种职业类型中的得分最高的一项，即为您自身所属的人格特质。

3. 需要注意的是，如果您在某职业类型中的总分低于 7 分，那么您在择业的时候，应该尽量避免选择与该职业环境相关的工作。

第三节　我的职业生涯规划

一、大学阶段职业生涯具体规划

（一）大一：试探期

由于刚从高中那种被动的教育中解脱出来，大多数学生仍习惯于父母或老师替自己考虑，对自己以后的人生不会主动思考，缺乏职业生涯规划目标或目标模糊不清。有些学生表现出兴趣爱好不在所学专业，花过多精力和时间在和所学专业关系不大的事情上；有些学生对自我认知和职业认知不足，出现迷茫和犹豫；还有些学生缺乏上进心，对外界不感兴趣，凡事都需要别人帮助，依赖性强，以及执行能力差，缺乏意志力，不能有效管理时间，坚持实施制定的职业生涯规划。

在本阶段，职业生涯规划的任务是尽快熟悉、适应新环境、新学习和生活方式；融入新的集体中，锻炼自己的沟通能力；树立职业意识，明白职业生涯规划的重要意义，进行职业生涯规划。具体做法如下：

首先，了解自己，发现自己。“我擅长什么？”“我将来想做什么？”“我选择的专业适合我吗？”“我应该学习什么知识？”促进职业生涯规划意识的初步形成。自我分析时要客观、冷静，对自己的职业兴趣、气质、性格、能力等进行全面认识，清楚自己的优势和特长、劣势和不足，只有这样才能避免在职业生涯规划中的盲目性。

然后，通过各种学生社团组织的课外活动和社会实践等发展和完善自己的兴趣爱好；搜集职业信息，了解当前的就业形势，对不同职业有一定的认识；和家人、朋友、老师等能够给出具体建议的人进行讨论，了解本专业或本院系校友发展的概况、培养目标、职业分布等基本情况；努力学习，学会自我管理，养成良好的学习习惯。

（二）大二：定向期和冲刺期

一般而言，大学生进入到二年级时对环境已经熟悉，有了相对稳定的交际圈子，对大学生活和就业有了自己的看法；开始专注于自己的生涯目标，在学习和社会实践中深化对自己的认识，有意识地进行能力、职业素养的提高和经验积累；专业课的学习任务加重，部分学生进入到学习疲劳期，学习热情减退，开始厌倦学习、无所事事，更有甚者学习困难，自我放纵，出现旷课、迷恋网络现象。

在本阶段，职业生涯规划的任务是对职业环境和职位进行探索；确定合适的定位，制订能力提升计划，在执行职业生涯规划时及时反思并进行调整。

针对此阶段的发展情况，职业生涯规划的重点是拓展职业发展领域的信息，通过征询已经工作的人或者社会活动体验，搜集在职业选择方面的知识，将所有感兴趣的职位和行业做一个列表，细分可能的选择。同时主动积极地投入学习和生活中，学会科学合理地安排时间，多参加与专业和目标职业、职位相关的社会实践，并尽可能考取相关职业资格证，为自己的发展打下坚实的基础。在此过程中，要注意根据实际情况适时调整和修正自己的职业生涯目标。

（三）大三：分化期

随着毕业临近，大多数学生在校外实习，开始思考就业问题并利用各种机会参加招聘会。面对抉择，对未来的思考更加现实，既充满幻想又有着担忧，有的学生出现紧张焦虑，担心求职中的困难和结果，不知道该如何下手，影响到学习，以致在最后一年中成绩不理想。

在本阶段，职业生涯规划的任务是了解就业政策、学习就业相关的技巧和方法，检验自己的职业目标是否明确，前两年的准备是否充分，做出正确的职业选择。

这一阶段的职业生涯规划的做法是要让学生树立正确的就业观念，充分利用各种渠道收集信息，学习各种技巧和策略；调整心态，以开朗而积极的心态去迎接挑战，不怕挫折，勇往直前。与此同时，大学生要认识到创业也是一种值得提倡的就业方式，通过参加相关的创业理论和实践课程的学习，增强自主就业能力，变求职者为创业者，从寻找工作机会变为创造就业机会。

二、大学阶段职业准备

（一）简历

求职简历是大学生与用人单位进行交流并使他们了解自己的第一途径，没有高质量的求职简历，或许就没有面试的机会。所以，在当前就业形势严峻的情况下，大学生感到莫大的就业压力，写出一份令用人单位满意且重视的求职简历会增加就业的砝码，从众多应聘者中脱颖而出。但大学生往往存在的实际问题是简历不能与目标职业相匹配，只是简单地将个人经历罗列出来，条理性和有效性都十分有限。写求职简历时，应当把握以目标职业为导向的原则，遵循以下五个步骤。

第一步，根据自身实际情况，通过职业性向测验发现自己可能适合的职业选项，在这些职业选项中按照自身意愿程度的高低进行排序。

第二步，逐条分析意愿中的职业在实际工作中所要求的能力和素质。

第三步，以时间为坐标，按阶段分析自己的经历以及在这些经历中学到的经验，将在当中表现出的能力和素质记录下来。在这个过程中，可以与老师、同学、家长等进行讨论，从其他人的视角发现自己具备的能力和素质。

第四步，将目标职业的能力素质要求与自身经历经验中表现出来的能力素质进行匹配，同时结合自己的职业意愿程度，进一步选择。这里可能出现四种匹配结果：高匹配高意愿、高匹配低意愿、低匹配高意愿、低匹配低意愿。高匹配高意愿是个人职业生涯规划的最佳选择；高匹配低意愿可以作为职业生涯规划的备选项；对于低匹配高意愿的目标职业，要么选择根据目标职业的能力素质要求进行再学习、再积累，要么选择放弃这一职业意愿；对于低匹配低意愿的目标职业，直接排除在职业生涯规划范围之外。

第五步，根据前面完成的目标职业能力素质要求与自身能力素质的匹配结果，形成以目标职业为导向的个性化简历。

这样一来，不仅帮助学生进一步完成了职业生涯规划的探索，而且完成了一份与目标职业紧密联系的求职简历，有的放矢，简便直观，利于决策。

（二）面试

毕业之际，大学生要经历各种大大小小的面试。面试成功是职业生涯正式开始的关键环节，如何把握好面试这一关，如何在激烈的求职竞争中胜出？如果在面试前或面试过程中运用一些技巧，把自己的优势、特长充分展现出来，成功的概率就会更大，具体可以从以下几个方面做起：

1. 要有正确的认知

不是每一次面试都会成功，也不是每一次都会愉快，有时面试官会故意出一些难以回答的问题来考察求职者的知识、性格。无论结果好坏，都要保持一种平和的心境，不卑不亢，给人留下良好的印象，不因为没有被录取而自暴自弃，努力将每一次面试都当成一次挑战，鼓足信心，轻松应对。

2. 提前做好面试准备

在面试前，查询用人单位的相关信息，了解其历史、文化、工作范围等。对用人单位的信息掌握得越多，在面试的时候就越能做到心中有数，回答流利，同时会让面试官感觉到你是一个非常用心的人。

准备一份具有个人特色的求职简历，力求简单、突出、主题明确。除了列上专业课成绩外，在校期间参加过什么样的社会活动，有过哪些行业项目的经验，取得过什么样的成绩，有什么样的教育背景，这些都应该列上。求职者还可以把在过去学习生活、实习实训中最成功的作品或成果附在简历的后面展示出来，让面试官看到自己的实力。

面试过程中必有自我介绍环节，所以需要准备一段简短有力的自我介绍，最好事先以文字的形式写好牢记于心。介绍要简明扼要讲清楚自己的姓名、年龄、来自哪里、什么学校、什么专业等，用口头语言的方式把自己的优点展示出来。

3. 面试中的技巧

提前到场，沉着冷静。一般不要提前太早，更不要迟到，大约提前 15 分钟达到即可，一来可以熟悉环境，二来可以调整心态，保持冷静，三来也是表示对对方的诚意和信任。注意礼仪、服装得体。良好的第一印象是成功的一半，这主要取决于你的服饰和仪容仪表。求职时最好理合理的发型、着适宜的服装，可以穿得正式一些，也可以化淡妆，体现出对面试的重视，给面试官留下好的印象。

先打招呼，礼貌落座。轮到自己面试时，要主动与主考官打招呼，当听到对方说“请坐”时先说谢谢再坐下；如果是站着，有主持人，要主动走上前和主持人问好、握手，握手的力度要适中，时间要适当。

面带微笑，轻松自信。在整个面试过程中不能表情过于严肃，也不可大笑，更不可有失态之举，而应该以一种轻松自信、面带微笑的表情，积极主动地回答问题。切忌表现出不耐烦、浮躁。

认真倾听，坦诚回答。对面试官提出的问题一定要认真倾听，用心揣摩，清楚回答。对比较容易回答的问题经过思考后要简明扼要地直接回答，切不可答非所问。如果是比较难回答或回答不上来的问题，可以用请教、探讨的方式回答，既不使自己回答不上来而尴尬，又显得谦虚谨慎。有一点要值得注意的是在回答问题时千万不可撒谎和编造，否则会让面试官觉得你有作假的倾向。

暴露缺点，讲究方法。在面试中坦白自己的缺点和不足是难能可贵的，但一定要讲究方法和策略，不能和盘托出，甚至使致命的弱点也暴露无遗，这是很不可取的。

学会提问，表达意愿。在面试过程中，要问对的问题。透过提问机会，表达自己的见解。比如："某经理，公司在过去一直发展得非常好，那么在未来五年，我们的发展目标是什么？"薪酬问题放到被录用后再问。最后，一定要强烈表达自己希望到该单位工作的意愿，如果能够实现，自己一定会好好表现。

4. 面试后的注意事项

为了增加自己被录取的概率，在面试后三天内写一封信函给面试官，感谢他们给予的这次机会，还可以表示你对他提出的某一个问题很感兴趣并陈述自己的见解，让对方感受到你对这份工作的热爱以及你是这份工作的理想人选。必要的时候，可以致电面试官，加深他们对自己的印象。

总之，要想求职成功，就要好好把握以上的求职技巧。即使面试没有成功，也不用气馁，及时总结没有成功的原因，下一次面试时改进，再接再厉。

【知识链接】

畅谈毕业后的选择

选择一继续深造

选择二就业工作

公务员

国企、事业单位

私企

外企

自由职业

选择三创业

思考题：

1. 如何看待大学生职业选择中的挫折？
2. 如何应对面试时的心理压力？
3. 给20年后的自己写一封信。

第十一章

历经风雨见彩虹——大学生心理危机干预

据有关调查资料显示，我国大学生的心理健康状况令人担忧，有相当数量的大学生存在负面心理情绪。大学生因心理疾病退学的，达到退学总人数的 50%以上，心理危机已成为影响大学生个体发展和学校稳定的重要因素，如何应对心理危机是高校无法回避的紧迫问题。本章主要介绍心理危机的基本知识、大学生常见的心理危机、大学生的心理危机干预等内容。

第一节　心理危机概述

一、危机

危机（crisis）是一种改变或破坏平衡状态的现象，也可以认为是系统的失衡状态。美国《韦氏大词典》将危机定义为“决定性或至关紧要的时间、阶段或事件”。《辞海》解释危机为“危机是一种紧急状态”。

危机是一种认识，当事人认为某一事件或境遇是个人的资源和应付机制无法解决的困难时，就会产生紧张、焦虑等情绪，如果不能及时缓解，危机会导致情感、认知和行为方面的功能失调。其本质是矛盾、冲突而导致的一种紧张状态。

在我国传统文化中，危机是一个玄妙的词语，认为危机可能造成危险，也可能变成一种机遇。凡是有危机的地方都隐藏着机遇，个体如果能寻求到新的解决问题的办法，学会新的应对技能，重新获得心理平衡，甚至得到进一步的成熟和提高，这就时危机就成功地转化成了机遇。

二、心理危机

（一）心理危机的含义

心理学家 G.Caplan 认为，当一个人面对困难情境，而他先前处理问题的方式及其惯常的支持系统不足以应对眼前的处境时，这个人就会产生暂时的心理困扰，这种暂时性的心理失衡状态就是心理危机。心理危机的产生不但与应激事件有关，还取决于个体解决应激的有效资源及个体对困难情境的评估。因此，心理危机的程度与危机事件的强度不一定成正比，心理危机不是个体经历的事件本身，而是他对自己所经历的困难情境的情绪反应状态。不同的人在同样的压力情境下，有的产生了心理危机，有的却适应良好。

大学生心理危机主要是指高校学生由于无法克服心理冲突或外部刺激，对所遇到的内外部应激事件运用寻常应付方式不能处理而发生的一种反应。

（二）心理危机的特点

1. 普遍存在

应激发生时，个体原有的平衡状态会受到影响，比如思维不清、意志失控、情感紊乱等，这时的危机状态无人能够幸免。平静、稳定地处理任何危机不太容易，但通过努力或者得到适当有效的帮助可以打破原有的定势，顺利渡过危机。

2. 症状复杂

心理危机是个体的生活环境、家庭教养、朋友交往等关系相互交织的综合反映，可能会让个体觉得无法控制。因此，心理危机是复杂的、难以理解的，不遵守一般的因果关系规律。

3. 无迅速的解决办法

对于处于心理危机中的人，基本上不存在迅速的解决办法。企图寻找迅速解决问题的想法，往往会忽略对造成危机原因的处理，最终导致危机的严重化。

4. 成长和改变的动力

心理危机中常常包含着个体成长和改变的动力。伴随危机出现在个体身上的焦虑情绪是个体发生变化的动力，当个体的焦虑情绪达到其能忍受的极限时，个体承认对问题失去控制，寻求帮助，及时调整，适应变化，则能形成动力，促进心理健康，得到变化和成长。

5. 危险与机遇并存

危机意味着危险，又蕴藏着机会。一方面，心理危机可能会导致个体严重的病态，包括自杀和杀人；另一方面，心理危机带来的痛苦会迫使当事人寻求帮助，如果问题得到积极解决，当事人的应付能力增强，功能失调的行为减少，也就是心理危机使个体获得了成长和自我实现，心理发展更为成熟。

6. 时间限制性

危机通常最多持续 6～8 周，在危机的最后，主观不适的感觉会减轻。但是，危机事件后立即发生的事情决定了危机是否会变成一种疾病倾向。

（三）心理危机的发展阶段

心理危机是一个动态发展的过程，每个发展阶段有不同的特点，当事人也会表现出不同的心理和行为。一般认为，心理危机中的个体会经历四个阶段：

第一阶段：当个体感觉到自己的生活突然出现变化或即将出现变化时，内心的基本平衡被打破，表现为警觉性提高，开始体验到紧张。为了重新获得平衡，个体试图用以前惯用的策略做出反应。处于这一阶段的当事人一般不会向他人求助，也不喜欢他人对自己的策略指手画脚。

第二阶段：经过一段时间的努力，个体发现自己习惯的解决问题的策略无效，焦虑程度明显加深，开始尝试各种办法解决问题。这个阶段中，个体高度紧张的情绪会影响其思考，从而不能采取有效的行动。

第三阶段：经过各种尝试后仍未能有效解决问题，个体的内心会更加紧张，并设法寻求和尝试新的解决办法。个体的求助动机在这一阶段表现得最为强烈，常常不分时间、地点、场合和对象发出求助信号。

第四阶段：如果当事人经过前面三个阶段都没有解决问题，就容易产生习惯性无助，对自我的评价降低，挫败感增强，甚至对生命的意义感到怀疑和动摇。

第二节　大学生常见的心理危机

根据大学生心理危机产生的原因和表现，主要有以下几种常见危机。

一、适应危机

主要发生在新生群体之中，指大学生由于对大学新的学习、生活、人际关系等环境不适应造成的心理失衡状态。从中学到大学是人生的一个重要转折点，对于刚进大学的学生来说，生活方式、学习方式、交往方式、心理方式等都发生了较大的变化，适应大学环境就是他们面临的首要问题。一些学生在进入大学后自理能力较差，缺乏独立决策的能力，适应不良，出现厌学、人际关系紧张等问题，所以环境适应能力差是引起大一学生心理危机的主要原因之一，需要格外关注和重视。

二、学习危机

对大学生来说，学习是首要任务，也是他人评价自己的主要依据。大学的学习内容信息量大，学习方法有别于中学，在学科设置、课程数量等方面任务普遍较重，大学生除了要完成较重的学业外，还要面对外语、计算机等过级的硬性要求以及参加各种形式的资格考试和等级考试，这些会让不少学生感到精神紧张、学习压力大。还有的学生对专业不适应、排斥所学专业产生的冲突和痛苦也会造成学业上的压力。这些学习上的压力容易使大学生长期感觉身心疲惫，引发心理危机。

三、人际关系危机

和谐的人际关系是大学生心理健康不可或缺的条件，也是大学生获得心理健康的重要途径。大学生人际关系危机主要是指大学生在与他人相处和交往的过程中表现出的不适、自闭、逃避、自恋、自负以及难以调和与他人关系的不良心理状态和行为表现。现在的大学生以独生子女居多，容易以自我为中心，缺乏与人沟通的能力，缺少交往中必需的宽容、热情、信任和技巧，这一弱点往往在大学集体生活中暴露无遗。另外，大学的同学来自五湖四海，每个人的家庭背景、生活方式、价值观、兴趣爱好都不一样，这些差异必然带来摩擦和冲突，大学寝室同学间的关系紧张是大学生心理危机爆发的重大隐患。如果在碰到人际关系挫折后，没有及时地解决，很容易产生心理危机，影响大学生的身心健康。

四、情感危机

情感危机是指一个人在情感中遭到突然的打击，无法控制和驾驭自己的感情，从而严重地干扰其正常思维和对事物的判断处理能力，甚至使工作、学习无法进行。大学生正处于人生阶段的青年期，对情感问题能否正确认识与处理，直接影响到大学生心理健康。有的学生心理发展还不成熟，情感经验缺乏，一旦出现感情挫折，就容易陷入到恋爱情感引发的心理危机中，做出莽撞的事来，酿成悲剧。

五、境遇危机

面对突如其来、无法预料和难以控制的自然灾害或人为事件的影响，大学生无法承受其带来的压力而产生的心理危机就是境遇危机。近年来发生的洪水、雪灾、地震、内涝等自然灾害，以及大学生个人及家人在灾害中受到的影响和伤害，往往会对大学生的心理产生影响，甚至产生心理危机，从而形成继发性伤害事件。而生活中突发的人为事件，如亲友突然死亡、父母离异、家庭经济破产、家人受到刑事处罚、自身遭遇身体的侵害或财产的侵占等偶然性事件一经发生，大学生没有任何心理准备，无助感、挫折感、丧失感和自责感都有可能产生，极易爆发心理危机。

六、经济危机

目前，我国大学生中有一定比例的贫困生和特困生，虽然近年来国家出台的奖、助、贷政策，一定程度上缓解了大学生学费的问题，但是日益上涨的生活费仍然是家庭经济困难的大学生要面对的难题。部分学生可以通过兼职收入缓解一定的经济压力，而那些既困难又没能找到兼职的学生，在巨大的经济压力面前容易感到无助和自卑，从而产生心理压力。还有些学生虚荣心强，经不起贫困带来的精神压力，觉得贫困很没面子，不敢面对贫困，与同学相处敏感而自卑，采取逃避、自闭的做法，形成严重的心理负担。

七、就业危机

由于社会竞争的加剧，高等教育的大众化，大学生不再是“天之骄子”，找工作或找理想的工作越来越困难。一些学生表现出严重的危机感，对前程感到担忧，不知道毕业后该干什么、能干什么，害怕辜负父母的期望，也担心失业。这种就业压力一直伴随整个大学生活，为了缓解就业带来的压力，不断给自己施压设置一些不切实际的目标，长期处于紧张状态之中，一旦努力失败就会体验到严重的心理挫败感。所以就业压力已经成为大学生面临的最大的心理应激源，是产生心理危机的主要原因。

第三节　大学生心理危机干预

一、心理危机干预的含义

危机干预（Crisis intervention）也译为危机调解，是一个短期的帮助过程，其目的是随时对那些经历个人危机、处于困境或遭受挫折和将要发生危险（自杀）的人提供支持和帮助，使之恢复心理平衡。

每一个人在一生中都会遭受各种各样的危机，对面临困境或遭受挫折的处于危机状态的个体给予关怀、支持及使用一定的心理干预方法，帮助他们走出绝望、无助的心态，最大限度降低社会负面影响，这称为心理危机干预。广义的危机干预可以是全方位的帮助，而狭义的危机干预则是指心理治疗的危机干预。

大学生心理危机干预是指对面临心理危机的大学生采取迅速而有效的应对措施，给予支持与帮助，解决危机造成的心理功能损害，逐渐恢复至心理平衡。

二、心理危机干预的对象

存在心理危机倾向和处于心理危机状态的学生是高校心理危机关注与干预的对象。

（1）对存在下列因素之一的学生，应作为心理危机干预的高危群体予以特别关注

① 在心理健康测评中筛查出来的有心理障碍、心理疾病或自杀倾向的学生。

② 遭遇突发事件而出现心理或行为异常的学生，如家庭发生重大变故、遭遇性危机、受到自然或社会意外刺激、受到学校严重处分等情形的学生。

③ 患有严重心理疾病，如患有抑郁症、恐惧症、强迫症、癔症、焦虑症、精神分裂症和情感性精神病等疾病的学生。

④ 既往有自杀未遂史或家族中有自杀者的学生。

⑤ 身体患有严重疾病、个人很痛苦、治疗周期长的学生。

⑥ 学习压力过大、学习困难而出现心理异常的学生。

⑦ 个人感情受挫后出现心理或行为异常的学生。

⑧ 人际关系失调后出现心理或行为异常的学生。

⑨ 性格过于内向、孤僻、缺乏社会支持的学生。

⑩ 严重环境适应不良导致心理或行为异常的学生。

⑪ 家境贫困、经济负担重、深感自卑的学生。

⑫ 由于身边的同学出现个体危机状况而受到影响，产生恐慌、担心、焦虑、困扰的学生。

⑬ 经危机干预治疗后复原、复学的学生。

⑭ 其他有情绪困扰、行为异常的学生。

（2）对于近期发出下列警示信号的学生，应作为心理危机干预的重点对象，及时进行危机评估与干预

① 谈论过自杀并考虑过自杀方法，包括在信件、日记、图画或乱涂乱画的只言片语中流露出死亡念头者。

② 不明原因突然给同学、朋友或家人送礼物、请客、赔礼道歉、述说告别的话等行为明显改变者。

③ 情绪突然明显异常者，如特别烦躁、高度焦虑、恐惧、易感情冲动，情绪异常低落、或情绪突然从低落变为平静，或是睡眠受到严重影响等。

三、心理危机干预的目标和基本原则

（一）目标

通过构建学生心理危机干预工作网络体系，做到心理困扰早期预防、早期发现、早期诊断、早期应对，降低心理危机的发生率；通过心理危机干预教育和宣传，加强学生对危机的了解与认知，提高学生承受挫折的能力，为应对危机做好准备；协助处于危机中的学生把握现状，重新认识危机事件，尽快恢复心理平衡，顺利渡过危机。

（二）基本原则

1. 生命高于一切的原则

自杀或伤人事件一旦发生，对于一个家庭来说是一场巨大的灾难，对学生本人来说，可能失去生命，对于周围的同学来说，是一种强烈的刺激，对学校和社会来说，可能造成较大

的损失和影响。因此，心理危机干预的重要原则是“生命高于一切”，在进行大学生心理危机干预时，要以保证学生生命安全为主要目的。

2. 及时性原则

当人经历或目睹重大突发事件发生时，一旦超过其平时身心所能承受的压力，又无法通过常规的问题解决手段去对付面临的困难时，便会陷入惊慌失措的情绪状态，从而使个人失去方向及自我控制力。所以，心理危机干预必须尽早干预，避免引起个体心理结构颓败的可能性。一般在数小时、数天以内为佳，强调以目前的问题为主，立即采取相应措施。

3. 发展性原则

心理危机干预应遵循“促进当事人和当事人所在团体的发展”为基本原则。通过心理危机干预，充分调动当事人的积极性，使之能够从不利中看到有利，从绝望中看到希望，从危机中看到生机，使自己变得坚强和自信，全面提高应对未来的心理素质和能力。

4. 价值中立原则

当学生因为学业压力、就业受挫、恋爱失败、人际冲突等原因导致心理危机时，干预人员应遵循“价值中立”的原则。在尊重、理解、共情的基础上，避免以任何个人或社会的价值规范影响当事人，不对导致危机的原因、行为等进行道德、情感或法律等方面的判断，只给当事人关怀和帮助，使他们迅速脱离危险。

5. 支持性原则

处在心理危机之中的当事人比平时需要更多的支持。干预人员除了需要提供当下的直接的支持外，还需要帮助当事人寻求来自家庭及社会支持系统的支持。在心理危机干预结束后，当事人还可以进一步接受更具体的长期心理治疗，在此阶段干预人员要让当事人明白无论何时，只要他需要就会提供给他必要的支持。最后，鼓励当事人建立自信，不要产生依赖心理。

四、心理危机干预技术

一般来说，危机干预主要应用三类技术：沟通技术、支持技术和干预技术。

（一）沟通技术

危机干预技术首要是运用沟通技术，如果不能与危机当事人建立良好的沟通合作关系，干预技术较难执行和贯彻，就不会起到干预的最佳效果。因此，建立和保持干预人员与危机当事人双方的良好沟通和相互信任，有利于当事人恢复自信和减少对生活的绝望，保持心理稳定、有条不紊的生活，以及改善人际关系。

一般来说，影响人际沟通的因素有许多，其中包括心理学、社会学、文化人类学、生态学和社会语言学等方面，因此，危机干预工作人员必须注意与当事人建立良好的沟通和合作关系。在运用沟通技术时应该注意以下几项。

（1）消除内部的干扰，以免影响双方诚恳沟通，提高表达能力。

（2）避免双重和矛盾的信息交流，如干预人员口头上对当事人表示关切，但在态度和举止上却并不给予专心的注意或体贴。

（3）避免给予过多的保证，因为一个人的能力是有限的。

（4）避免应用专业性或技术性难懂的语言，多用通俗易懂的言语交谈。

（5）具备必要的自信，利用可能的机会改善当事人的自我内省和感知。

（二）支持技术

支持技术主要是指给予当事人心理支持，而不是支持当事人的错误观点或行为。这类技术的应用旨在尽可能地解决目前的心理危机，使当事人的情绪得以稳定，可以应用暗示、保证、疏泄、环境改变、镇静药物等方法，如果有必要，可考虑短期的住院治疗。同时，在干预过程中须注意，不应带有教育的目的，教育虽说是干预人员的任务，但应是危机过后和康复过程中的工作重点。

（三）干预技术

干预技术也称为解决问题的技术，危机干预技术是以求助者的认知为前提，一般可以采用以下的干预策略。

（1）主动倾听并热情关注，给予心理上的支持。

（2）提供疏泄机会，鼓励当事人将自己的内心情感表达出来。

（3）解释危机的发展过程，使当事人理解目前的境遇，理解他人的情感，树立自信。

（4）给予希望和保持乐观的态度和心境。

（5）学习问题的解决技巧和应对方式。

（6）培养兴趣、鼓励积极参与有关的社交活动，积极面对现实。

（7）注意社会支持系统的作用，多与家人、亲友、同学接触和联系，减少孤独和心理隔离。

五、心理危机干预的步骤

了解如何识别和处理心理危机，制定心理危机的预防和处理措施，是心理危机干预的重点工作内容。虽然危机干预没有一个统一固定的程序，但一些基本的步骤是共同的。这里重点介绍危机干预六步法。

（一）确定问题

从当事人的角度，确定和理解当事人本人所认识的问题。在整个危机干预过程中，危机干预人员应该围绕所确定的问题来把握倾听和应用有关技术。

（二）保证当事人安全

在危机干预过程中，危机干预人员要将保证当事人安全作为首要目标，把当事人对自我和他人的生理、心理危险性降到最低。在检查评估、倾听和制定行动策略的过程中，安全问题都必须予以首要的、同等的、足够的关注。

（三）给予支持

强调与当事人的沟通和交流，使当事人了解危机干预人员是完全可以信任，是能够给予其关心帮助的人。危机干预人员必须无条件地以积极的方式接纳所有的当事人，不去评价当事人的经历或感受是否值得称赞，或是否心甘情愿，而是提供一个机会，让当事人相信这里有一个人确实很关心他。

（四）提出并验证变通的应对方式

危机干预人员要让当事人认识到有许多变通的应对方式可供选择，其中有些选择比别的选择更合适。如当事人要知道有哪些人现在或过去能关心自己；可以用来战胜目前危机的行动、行为或环境资源；可以用来改变自己对问题的看法并减轻应激与焦虑水平的积极的、建设性的思维方式。

（五）制订计划

危机干预人员要与当事人共同制定行动步骤来矫正当事人情绪的失衡状态。在制订计划时，要让当事人感到没有剥夺他们的权利、独立性和自尊，确定当事人能够理解和把握行动步骤。

（六）得到承诺

让求助者复述所制订的计划，并从当事人那里得到会明确按照计划行事的保证。

第四节　学校心理危机干预的组织构建

一、学校心理危机干预组织机构

学校的心理危机干预靠单一的心理咨询中心的力量是远远不够的，而是要依靠由校、院（系）和学生骨干共同构成的团队力量，建立三级危机干预网络。

（一）学校级

一级网络为学校层面（领导、机关、专职机构），主要任务是组织开展心理健康教育工作，制定文件、政策，督促相关单位、人员各尽其责，开展心理健康教育研究和面向心理危机干预网络的工作人员开展培训，组织心理危机的筛查、建档、跟踪，建立工作预案，指导学生心理社团开展心理活动，增强学生的心理健康意识。

（二）院系级

二级网络为院系层面（院系领导、辅导员、班主任），主要任务是建立院系学生心理档案，在学校指导下搞好筛查工作，及时了解、掌握学生的心理健康动态，组织学生心理委员积极履行职责，进行心理健康知识宣传，为学生提供基本的心理支持。要特别关注重点对象，在学习、生活、心理上给予关心帮助。辅导员、班主任、心理委员要善于发现和识别危机信号，及时报告，有效阻止危机恶性发展。

（三）学生骨干级

三级网络为学生心理自助组织（学生社团、心理委员），主要任务是发现存在心理问题的同学，为他们提供基本的心理支持，及时向辅导员汇报，协助校、院系开展心理健康教育活动，优化人际关系，帮助大家健康成长，营造健康的氛围。

二、学校心理危机干预工作流程

（一）心理危机预警机制

1. 建立学生心理健康普查机制

心理健康教育与咨询中心每年对全校新生进行心理健康测评，根据测评结果筛选出心理危机高危个体，与专职学生工作干部、班主任一起对这些学生做好危机预防和转化工作。

2. 建立学生心理健康汇报机制

（1）班级汇报机制

各学生班心理委员及学生干部要随时掌握全班同学的心理状况，发现同学有明显的心理异常情况要及时向院（系）汇报。

班主任和辅导员要随时掌握学生的心理状况，发现学生有明显的心理异常情况要及时向所在院（系）党总支汇报。

（2）院（系）汇报机制

对学生中存在的严重的心理危机、发生的心理危机事故及其处理情况，院（系）党总支副书记要在第一时间向学校学生主管部门、学校心理健康教育与咨询中心反馈，向学校分管领导汇报，并视危机具体情况需要通知公安处、校医院等相关部门。

（3）校医院汇报机制

校医院应将前来求医的有心理危机的学生的相关信息记载清楚，并及时通报院（系）党总支和心理健康教育与咨询中心。

（4）心理健康教育与咨询中心汇报机制

心理健康教育与咨询中心专、兼职教师在咨询值班期间发现存在心理危机的学生，应及时报告给中心负责人和院（系）党总支副书记，中心负责人和院（系）党总支副书记应及时向学校学生主管部门负责人汇报。

3. 建立学生心理健康教育培训机制

心理健康教育与咨询中心定期对院（系）专职学生工作干部、班主任、辅导员及班长等相关人员进行心理健康知识及教育方面的培训，并在全校开设大学生心理健康教育等选修课程，开展心理健康讲座等活动，以增强师生鉴别心理疾病的能力、提高心理健康水平，达到减少危机发生、降低危机损失的目的。

（二）心理危机干预机制

1. 心理危机程度较轻且能保证正常学习、生活者

院（系）应及时将学生情况通报给家长，若家长同意其继续在校学习，则院（系）应了解、关注其心理与行为状况，并给予一定的指导与帮助。心理健康教育与咨询中心及时为当事人提供心理辅导与咨询服务。

2. 心理危机程度较高但能在校坚持学习并接受治疗者

院（系）应将学生家长请来学校，向家长说明情况，家长如愿意将其接回家，则让学生休学回家治疗；家长如不愿意接其回家，则在与家长签订书面协议后由家长陪伴监护。心理健康教育与咨询中心为当事人提供心理辅导与咨询服务。各部门密切合作谨防危机升级。

3. 经相关专业医疗机构或校心理健康教育与咨询中心确认有严重心理危机者

院（系）应通知学生家长立即来校，要求学生家长将其接回家或送医院治疗，并视情况办理休学或退学手续。

4. 突发严重心理危机者

对于突发学生自杀、自毁或伤及他人的紧急事故，学生所在院（系）的专职学生工作干部和班主任或辅导员，应在闻讯后赶赴现场，并报告给学校学生主管部门、心理健康教育与咨询中心、公安处、校医院等部门。上述各部门在接到报告后应协调合作，如有需要则全力配合公安与医疗部门进行紧急援救。

（三）心理危机后期跟踪机制

因心理危机而休学的学生申请复学时，按学校学生学籍管理规定，向校医院、教务处、所在院（系）提供学校认可的县级以上医院或专业医疗机构认证的心理疾病康复证明，经学校批准方可复学。学生复学后，院（系）应对其学习生活进行妥善安排，帮助其建立良好的支持系统，引导其他同学避免与其发生矛盾冲突。应安排班主任或辅导员对其密切关注，通过学生干部、班级同学等途径了解其心理变化情况，并及时向学校心理健康教育与咨询中心反馈。

【知识链接】

心理咨询自查量表

心理问题要“防患于未然”，而不要等心理问题成了堆再解决，自己认为是小毛病的地方，很可能是已经存在的心理问题的信号。

1. 我不知道为什么经常感到烦恼，看什么都烦，无心思做事。
2. 我见了生人就脸红心跳，在人多的场合，我说不出话来。
3. 我想和别人打上一架心里才觉得舒服。
4. 我常把自己锁在房间里独处，不愿出门，总想痛哭一场。
5. 有个人得罪了我，我想狠狠报复他。
6. 我经常失眠，惧怕夜晚来临。
7. 我入睡前一定要多次检查房门是否锁牢。
8. 我的手好像很脏，洗多少遍都觉得没有洗干净。
9. 我的几个朋友都先后不理我了，不知怎么得罪他们了。怎样才能拥有好朋友呢？
10. 我换了几个单位，总是和领导不对味，我该怎么办？
11. 我和异性在一起就紧张，怎样也感觉不自然。
12. 现有的工作（学科）非常不适合我的性格，我到底是什么样的性格？
13. 我经常不由自主地大发脾气。
14. 当让我拿主意时，我的脑子里就一片空白。
15. 即使别人在谈论天气，我也觉得是在议论我。
16. 我经常无故地感到自己有罪。
17. 我从来就不敢从高处往下看。
18. 我平常聊天很健谈，可是在正式场合当众发言就紧张或口吃。
19. 我和爱人在一起，经常找不到快感。
20. 快考试了，我又进入了脑子一片空白的状态。
21. 我总是在走路时控制不住地数脚下的地砖。
22. 我一紧张就要到厕所小便，不然就要尿裤子。
23. 我很正派，但是一见到异性，就不自觉地往“敏感部位”看。
24. 小时候使我不安的事至今还在困扰着我。
25. 其实我已经把事情做得很好了，可是我还是不满意，狠狠地自责。
26. 有些很脏的东西，对我毫无用处，可我仍想抚摸或存集。
27. 我总觉得自己很优秀，可从来得不到赏识，因此常常怨恨他人。
28. 我越是努力要把一件事情做好，效果反而越差。我错在哪里？
29. 我很喜欢虐待小动物来寻开心。
30. 与其这样烦恼，还不如死了好。

以上问题中如果其中有与自己相似的，并且在一段时间里困扰着你，那么，请你到学校心理咨询中心寻求帮助。

思考题：

1. 什么是心理危机？
2. 如果生活中有出现心理危机事件，如何进行心理危机干预？
3. 了解本校的心理危机干预系统。设想你是宿舍楼层管理员，在检查过程中发现有同学出现自伤行为，你会怎么处理？

参考文献

[1] 倪海．大学生心理健康教育[M]．成都：西南财经大学出版社，2010.
[2] 邓丽芳，邓日昌．大学生心理健康教育[M]．北京：开明出版社，2012.
[3] 张大均．大学生心理健康教育[M]．北京：科学出版社，2010.
[4] 郑日昌．高职学生心理健康教育[M]．北京：开明出版社，2012.
[5] 郑日昌．学生心理辅导[M]．北京：开明出版社，2012.
[6] 李汉华．大学生心理健康教育[M]．北京：北京理工大学出版社，2011.
[7] 郑日昌，朱仙桃．高职学生心理健康教育[M]．北京：开明出版社，2012.
[8] 张大钧，郭成．教育心理学[M]．北京：开明出版社，2012.
[9] 林崇德．教育心理学[M]．北京：人民教育出版社，2000.
[10] 张公社，周喜华．教育心理学[M]．北京：中国人民大学出版社，2012.
[11] 郑日昌，朱仙桃．高职学生心理健康教育[M]．北京：开明出版社，2012.
[12] 欧阳辉，袁忠霞．大学生心理健康应用教程[M]．沈阳：辽宁教育出版社，2012.
[13] 方平．大学生心理健康教育[M]．北京：教育科学出版社，2010.
[14] 樊富珉．当代大学生心理健康教材[M]．武汉：武汉大学出版社，2006.
[15] 明晓辉，曹炳志，魏桂娟．大学生心理健康教育实用教程[M]．长春：吉林大学出版社，2009.
[16] 陈德富，王振武．当代大学生心理健康[M]．北京：冶金工业出版社，2009.
[17] 戚昕．大学生心理健康教程[M]．北京：人民邮电出版社，2010.
[18] 谭谦章．大学生心理健康教育[M]．广州：华南理工大学出版社，2007.
[19] 焦雨梅，王健．大学生心理健康教育[M]．北京：航空工业出版社，2009.